UTB **2131**

W0089093

Eine Arbeitsgemeinschaft der Verlage

Wilhelm Fink Verlag München
A. Francke Verlag Tübingen und Basel
Paul Haupt Verlag Bern · Stuttgart · Wien
Hüthig Fachverlage Heidelberg
Verlag Leske + Budrich GmbH Opladen
Lucius & Lucius Verlagsgesellschaft Stuttgart
Mohr Siebeck Tübingen
Quelle & Meyer Verlag Wiebelsheim
Ernst Reinhardt Verlag München und Basel
Ferdinand Schöningh Verlag Paderborn · München · Wien · Zürich
Eugen Ulmer Verlag Stuttgart
Vandenhoeck & Ruprecht in Göttingen und Zürich
WUV Wien

Udo Sautter

Die Vereinigten Staaten
Daten, Fakten,
Dokumente

A. Francke Verlag Tübingen und Basel

Udo Sautter wurde nach langjähriger Lehrtätigkeit an nordamerikanischen Universitäten 1996 auf die Professur für nordamerikanische Geschichte an der Universität Tübingen berufen.

Die Deutsche Bibliothek – CIP-Einheitsaufnahme

Sautter, Udo:
Die Vereinigten Staaten : Daten, Fakten, Dokumente. – Tübingen ; Basel : Francke, 2000
   (UTB für Wissenschaft : Uni-Taschenbücher ; 2131)
   ISBN 3-8252-2131-8 (UTB)
   ISBN 3-7720-2278-2 (Francke)

© 2000 · A. Francke Verlag Tübingen und Basel
Dischingerweg 5 · D-72070 Tübingen
ISBN 3-7720-2278-2

Das Werk einschließlich aller seiner Teile ist urheberrechtlich geschützt. Jede Verwertung außerhalb der engen Grenzen des Urheberrechtsgesetzes ist ohne Zustimmung des Verlages unzulässig und strafbar. Das gilt insbesondere für Vervielfältigungen, Übersetzungen, Mikroverfilmungen und die Einspeicherung und Verarbeitung in elektronischen Systemen. Gedruckt auf chlorfrei gebleichtem und säurefreiem Werkdruckpapier.

Einbandgestaltung: Atelier Reichert, Stuttgart
Gesamtherstellung: Pustet, Regensburg
Printed in Germany

ISBN 3-8252-2131-8 (UTB-Bestellnummer)

Inhalt

Wirtschaft

Streitkräfte

Vorwort

Die Vereinigten Staaten von Amerika sind heute unbestritten die einzige Supermacht der Erde, und das Interesse an ihnen und ihrer Geschichte ist groß. Trotzdem ist es für Historiker, Politikwissenschaftler, Amerikanisten und viele andere Interessierte vielfach schwierig, sich über einzelne Fakten des amerikanischen Lebens rasch und zuverlässig zu unterrichten. Das hier vorgelegte Kompendium will dazu beitragen, diesem Mangel abzuhelfen. Es versammelt in übersichtlicher Form wichtige Gegebenheiten, Daten und Dokumente aus Vergangenheit und Gegenwart. Die Zusammenstellung ist in erster Linie für akademische Zwecke gedacht, doch wird sich zweifelsohne ihre Nützlichkeit auch anderwärts, etwa im Medienbereich, in der Schule oder in der Politik erweisen.

Bei der Abfassung und Druckvorbereitung des Materials haben mir eine Reihe wissenschaftlicher Mitarbeiter mit viel Tatkraft und Spürsinn beigestanden, unter ihnen besonders Michael Schoberth, Jan Ott und Annette Hell; Christine Haas hat die *Articles of Confederation* ins Deutsche übertragen; Daniel Hörsch hat mit seinem Computerwissen manchen Engpaß überwinden helfen. Ihnen allen sei auch an dieser Stelle Dank und Anerkennung ausgesprochen.

Tübingen, im Januar 2000   Udo Sautter

Abkürzungen

A	=	American	FL	=	Florida
Ad	=	Administration (Regie-rungsseite)	FL	=	Farmer-Labor
			FS	=	Free Soil
AFL	=	American Federation of Labor	G	=	Greenback
			GA	=	Georgia
AI	=	American Independent	Gen.	=	General
AK	=	Alaska	GL	=	Greenback-Labor
AL	=	Alabama	HEW	=	Health, Education, and Welfare
AM	=	Anti-Masonic			
AR	=	Arkansas	HHS	=	Health and Human Services
Art.	=	Artikel			
Att.	=	Attorney	HI	=	Hawaii
Aug.	=	August	HUD	=	Housing and Urban Development
AZ	=	Arizona			
Bde.	=	Bände	I	=	Independent
BUS	=	Bank of the United States	IA	=	Iowa
CA	=	California	ID	=	Idaho
CIA	=	Central Intelligence Agency	IL	=	Illinois
			IN	=	Indiana
CIO	=	Congress of Industrial Organizations	IR	=	Independent-Republican
			J	=	Jacksonian
Co.	=	Company	Jan.	=	Januar
CO	=	Colorado	j.g.	=	junior grade
CT	=	Connecticut	KS	=	Kansas
CU	=	Constitutional Union	KY	=	Kentucky
D	=	Democratic	L	=	Liberty
DC	=	District of Columbia	LA	=	Louisiana
DE	=	Delaware	Lb	=	Libertarian
Dem.	=	Demokrat	MA	=	Massachusetts
ders.	=	derselbe	MD	=	Maryland
Dez.	=	Dezember	ME	=	Maine
DM	=	Deutsche Mark	MI	=	Michigan
DR	=	Democratic Republican	Mio	=	Millionen
ebd.	=	ebenda	M.L.Tr.	=	Marinelandetruppen ("Marines")
F	=	Federalist			
Feb.	=	Februar	MN	=	Minnesota

MO	=	Missouri	RI	=	Rhode Island
MS	=	Mississippi	RM	=	Reichsmark
MT	=	Montana	S	=	Socialist
n.b.	=	nicht bekannt	S.	=	Seite
n.Br.	=	nördlicher Breite	SALT	=	Strategic Arms Limitation
NC	=	North Carolina			Talks
ND	=	North Dakota	SC	=	South Carolina
NE	=	Nebraska	separat.	=	separatistisch
NH	=	New Hampshire	Sept.	=	September
NJ	=	New Jersey	SR	=	States' Rights
NM	=	New Mexico	TN	=	Tennessee
NR	=	National Republican	Tsd.	=	Tausend
NV	=	Nevada	TX	=	Texas
NY	=	New York	U	=	Unionist
OH	=	Ohio	u.a.	=	unter anderem;
OK	=	Oklahoma			und andere
Okt.	=	Oktober	U.S.	=	United States
Op	=	Opposition	UL	=	Union Labor
OR	=	Oregon	UN	=	United Nations
P	=	People's	UT	=	Utah
PA	=	Pennsylvania	VA	=	Virginia
Pb	=	Prohibition	VT	=	Vermont
Postm.	=	Postmaster	W	=	Whig
Pr	=	Progressive	WA	=	Washington
purit.	=	puritanisch	WI	=	Wisconsin
R	=	Republican	WV	=	West Virginia
Rep.	=	Republican	WY	=	Wyoming

Zeittafel

Wichtige Ereignisse der amerikanischen Geschichte

1492	Kolumbus entdeckt Amerika.
1603–25	König Jakob I. (Stuart).
1607	Erste Siedler gründen Jamestown in Virginia (Mai).
1620	Pilgrims schließen *Mayflower-Compact* (21.11.) und gründen Plymouth im heutigen Massachusetts (25.12.).
1624	Virginia wird Kronkolonie.
1625–49	König Karl I.
1630	Puritaner gründen Boston.
1649–60	England ist Republik.
1651	*Navigation Act* (Einfuhr nach England nur auf englischen Schiffen).
1660–85	König Karl II.
1660	*Navigation Act* schränkt Handel der Kolonien ein.
1663	*Navigation Act* schränkt die Einfuhr der Kolonien ein.
1664	Das holländische Neu-Amsterdam wird britisch (New York).
1673	*Navigation Act* (Zoll ist im Abfahrtshafen zu erheben).
1685–88	König Jakob II.
1688–1702	König Wilhelm III. von Oranien.
1689–97	"King William's War" (in Europa: Pfälzischer Krieg).
1692–93	Hexenprozesse in Salem (Massachusetts).
1696	*Navigation Act* (Einrichtung von *admiralty courts*).
1699	*Wool Act* (Ausfuhr von Wollprodukten aus den Kolonien wird untersagt.

1702–14	Königin Anne.
1702–13	"Queen Anne's War" (Spanischer Erbfolgekrieg).
1714–27	König Georg I. (Haus Hannover).
1727–60	König Georg II.
1732	*Hat Act* (Hutfertigung in den Kolonien wird eingeschränkt).
1740–48	"King George's War" (Österreichischer Erbfolgekrieg).
1750	*Iron Act* (Eisenverarbeitungsstätten in den Kolonien werden untersagt, Roheisenausfuhr nach England bleibt erlaubt).
1754–63	"French and Indian War" (in Europa: Siebenjähriger Krieg).
1760–1820	König Georg III.
1763	Friede von Paris (10.2.; Frankreich verläßt den nordamerikanischen Kontinent). Pontiacs Rebellion (Mai). Proklamation von 1763 (7.10.).
1764	*Sugar Act. Currency Act.*
1765	*Stamp Act.*
1767	*Townshend Acts.*
1770	"Boston Massacre" (5.3.).
1773	*Tea Act.* "Boston Tea Party" (16.12.)
1774	*Intolerable (Coercive) Acts. Quebec Act* (1775 in Kraft). Erster Kontinentalkongreß (5.9.–26.10.; in Philadelphia).
1775	Gefechte bei Lexington und Concord (19.4.; unweit Boston). Zweiter Kontinen-

talkongreß (ab 10.5.; in Philadelphia und anderwärts).

1776 Unabhängigkeitserklärung der 13 Kolonien (4.7.).

1776–83 Unabhängigkeitskrieg.

1777 *Articles of Confederation* angenommen (15.11.).

1778 Französisch-amerikanische Allianz (6.2.).

1781 *Articles of Confederation* ratifiziert und in Kraft (1.3.). Die Briten unter Cornwallis strekken bei Yorktown (Virginia) die Waffen (19.10.).

1783 Im Frieden von Paris gewährt Großbritannien den USA die Unabhängigkeit (3.9.).

1785 *Land Ordinance* regelt Landverteilung im Ohio-Gebiet (20.5.).

1787 *Northwest Ordinance* regelt Verwaltung des Ohio-Gebiets (13.7.). Verfassungskonvent in Philadelphia (25.5.–20.9.).

1788 Die neue Verfassung tritt in Kraft (21.6.). New York vorläufige Hauptstadt.

1789 George Washington erster Präsident der USA (30.4.). *Federal Judiciary* Act (24.9.).

1790 Philadelphia vorläufige Hauptstadt.

1791 *Bank of the United States (BUS)* gegründet.

1793 Washingtons Neutralitätserklärung (22.4.).

1794 Vertrag mit Großbritannien (*Jay Treaty*; 19.11.).

1795 Vertrag von San Lorenzo mit Spanien (*Pinckney Treaty*; 27.10.).

1798 *Alien and Sedition Acts.*

1800 Konvention von 1800 (Vertrag von Mortefontaine; 30.9.) beendet Allianz mit Frankreich. (Stadt) Washington wird Regierungssitz.

1803 Supreme Court etabliert gerichtliche Kontrolle der Legislative (*Marbury gegen Madison*; 24.2.). Kauf des Louisiana-Gebiets von Frankreich.

1804–05 Lewis-Clark-Expedition von St. Louis zur Pazifikküste.

1807 *Embargo Act* (22.12). Erstes Dampfboot auf dem Hudson.

1812–14 Krieg mit Großbritannien; 1814 Friede von Gent (24.12.).

1816 Neugründung der *BUS.*

1817 Rush-Bagot-Abkommen mit Großbritannien (keine Kriegsschiffe auf den Großen Seen; 28./29.4.).

1818 Konvention von 1818 (Grenzabsprache mit Großbritannien; 20.10.).

1819 Wirtschaftspanik. Adams–Onís-Vertrag mit Spanien (Florida zu USA; 22.2.).

1820 Missouri-Kompromiß über die Ausdehnung der Sklaverei nach Westen (3.3.).

1823 Monroe-Doktrin (2.12.).

1824 Vertrag mit Rußland über die Grenze Alaskas (17.4.).

1825 Erie-Kanal eröffnet (Oktober).

1827 Eisenbahnbau beginnt in den USA (Massachusetts).

1828 "Tariff of Abominations" (23.4.).

1830 Webster-Hayne-Debatte über Staatenrechte (13.–27.1.). *Indian Removal Act* (28.5.).

1831 *The Liberator* (gegen Sklaverei gerichtete Zeitschrift) beginnt Erscheinen in Boston (Januar).

1832 Präsident Jackson legt gegen die Erneuerung des *BUS*-Charters Veto ein (10.7.). South Carolina "nullifiziert" Tarifgesetze der Union (24.11.).

1835 Alexis de Tocqueville, *De la démocratie en Amérique.*

1837 Wirtschaftspanik; Depression bis 1843.

1839 H. Mann gründet erste Lehrerbildungsanstalt (Lexington MA).

1842 Webster-Ashburton-Vertrag legt nördliche Grenze bis zum Wälder-See fest.

1845 Texas wird in die Union aufgenommen.

1846 Oregon-Vertrag bestimmt 49° n.Br. als Grenze bis zum Pazifik.

1846–48 Krieg mit Mexiko; 1848 Friede von Guadalupe Hidalgo (Kalifornien und Neumexiko an die USA; 2.2.).

1847 Mormonenzug nach Utah beginnt.

1848 Gold in Kalifornien entdeckt; Goldrausch beginnt.

1850 Kompromiß von 1850 regelt die Ausdehnung der Sklaverei nach Westen; California wird Staat der Union.

1852 Harriet Beecher Stowe, *Uncle Tom's Cabin*.

1854 Commodore M.C. Perry öffnet Japan für amerikanischen Handel (März). *Kansas-Nebraska Act* widerruft Missouri-Kompromiß von 1820 (30.5.). Republikanische Partei gegründet (Feb.–Juli).

1856 Blutige Unruhen in Kansas.

1857 Sklavereifreundliche *Dred–Scott*-Entscheidung des *Supreme Court* (6.3.). Finanz-Panik.

1858 Lincoln-Douglas-Debatten über die Sklaverei (21.8.–15.10.).

1860 South Carolina sagt sich von der Union los (20.12.).

1861 6 Südstaaten bilden die Konföderierten Staaten von Amerika (4.2.); in der Folge treten 5 weitere Staaten bei. 1861–65 Bürgerkrieg zwischen Union und Konföderierten (Beginn 12.4.1861; Ende April/Mai 1865); 1863 Schlacht bei Gettysburg (1.–3.7.) und Einnahme von Vicksburg (4.7.).

1862 *Homestead Act* erleichtert Siedlung im Westen (20.5.). *Morrill Land-Grant Act* fördert das Bildungswesen (2.7.).

1865 Präsident Lincoln ermordet (14.4. angeschossen; stirbt 15.4.). XIII. Verfassungszusatz verbietet Sklaverei in den USA (18.12.).

1866 *Civil Rights Act* gibt Schwarzen Staatsbürgerschaft (9.4.). *National Labor Union* gegründet (August).

1867 *Reconstruction Act* unterteilt Süden in 5 Militärdistrikte (2.3.). Kauf Alaskas von Rußland (30.3./18.10.). Patrons of Husbandry (Grangers) gegründet (4.12.).

1868 *Impeachment* Präsident Johnsons (24.2.).

1869 Erste transkontinentale Eisenbahn fertiggestellt (10.5.).

1871 Vertrag von Washington beseitigt Differenzen mit Großbritannien (8.5.).

1873 Wirtschaftspanik; Depression bis 1879.

1876 Sioux unter Sitting Bull besiegen General Custer am Little Big Horn (in Montana; 25.6.).

1877 Kompromiß von 1877 (2.3.): Hayes Präsident, *Reconstruction* endet.

1879–93 T.V. Powderly Präsident der *Knights of Labor* (1869 gegründet).

1881 Präsident Garfield ermordet (2.7.).

1883 *Pendleton Act* (Prüfungen für Bundesbeamte; 16.1.).

1886 *American Federation of Labor (AFL)* gegründet (8.12.);

S. Gompers Präsident bis
1924.

1887 *Interstate Commerce Act* beginnt
Regulierung der Eisenbahnen
(4.2.). *Dawes Severalty Act*
schwächt indianische Stam-
messtruktur (8.2.).

1890 *Sherman Antitrust Act* schränkt
Kartellbildung ein (2.7.).
Zollerhöhung durch McKin-
ley-Tarif (1.10.). Volkszählung zeigt Ende der "Grenze".

1892 *People's Party (Populists)* gegründet (22.2.).

1893 Wirtschaftspanik; Depression
bis 1897.

1895 USA intervenieren im vene-
zolanischen Grenzstreit.

1896 *Supreme Court (Plessy gegen
Ferguson)* etabliert den Grund-
satz "separate but equal" im
Verhältnis der Rassen.

1897 *Dingley Tariff,* höchster Zolltarif der amerikanischen
Geschichte (7.7.).

1898 Krieg mit Spanien (span.
Kriegserklärung 24.4.); im
Frieden von Paris (10.12.)
erhalten die USA die Philippinen, Puerto Rico und
Guam. Hawaii wird annek-
tiert (7.7.).

1899 Erste Offene-Tür-Note Hays
(6.9.). Samoa wird teilweise
annektiert (2.12.).

1900 USA helfen, die Boxer-Rebel-
lion niederzuschlagen. Zweite
Offene-Tür-Note (3.7.).

1901 Präsident McKinley ermordet
(6.9. angeschossen; stirbt
14.9.). *Platt Amendment* gibt
den USA Interventionsrecht
in Kuba (2.3.).

1904 *Supreme Court* ordnet Auflö-
sung der *Northern Securities
Company* an (14.3.). Roosevelt–Korrolar zur Monroe-

Doktrin beansprucht "Polizei-
gewalt" in der westlichen
Hemisphäre (6.12.).

1906 San Francisco wird von Erd-
beben zerstört (18.4.). *Hepburn Act* erlaubt die Regulierung von Frachtpreisen
(29.6.).

1908 Root-Takahira-Abkommen
mit Japan über Offene Tür in
China (30.11.).

1909 *National Association for the Ad-
vancement of Colored
People (NAACP)* gegründet
(12.2.). Zollsenkung durch
Payne-Aldrich Tariff (5.8.).

1913 Underwood-Simmons-Tarif
senkt Zölle und erhebt Ein-
kommensteuer (3.10.).
Federal Reserve Act ordnet
Bankwesen (23.12.).

1914 USA intervenieren in Mexiko
(ab 21.4.). Panama-Kanal
eröffnet (15.8.). *Federal Trade
Commission Act* (26.9.)
und *Clayton Antitrust Act*
(15.10.) bekämpfen unfaire
Geschäftspraktiken.

1915 Deutsches U-Boot versenkt
Lusitania mit 128 Amerika-
nern an Bord (7.5.).

1916 USA intervenieren erneut in
Mexiko (15.3.1916–13.3.1917).

1917 USA erklären Deutschland
den Krieg (6.4.). *Selective
Service Act* (18.5.). *National
Defense Act* stipuliert Heeres-
erweiterung (3.6.). *Espionage
Act* (15.6.). *War Revenue Act*
(3.10.).

1918 Präsident Wilsons 14-Punkte-
Programm (8.1.). *Sedition Act*
(16.5.). 2 Millionen amerikanische Soldaten in Europa.

1919 Wilson auf der Pariser Frie-
denskonferenz (mit Unter-
brechung).

1920 *Prohibition* beginnt in USA (16.1.). Der Senat lehnt den Vertrag von Versailles endgültig ab (19.3.).

1921 Friedensvertrag mit Deutschland (18.10.).

1921/22 Wirtschaftsrezession. Washingtoner Flottenkonferenz regelt Flottenstärken (12.11.1921–6.2.1922).

1922 *Fordney-McCumber Tariff* hebt Zölle auf Schutzniveau (19.9.).

1924 Harding-Skandale. *National Origins Act* beschränkt Einwanderung erheblich (26.5.).

1928 Kellogg-Briand-Pakt ächtet Krieg (27.8.).

1929 Börsenkrach (Ende Oktober); Beginn der Großen Depression.

1930 *Hawley-Smoot Tariff* hebt Zölle weiter an (17.6.).

1931 Hoover-Moratorium für internationale Kriegsschulden– und Reparationszahlungen (Beginn 6.7.).

1932 Stimson-Doktrin: Nichtanerkennung japanischer Eroberungen in China (7.1.). *Reconstruction Finance Corporation* gegründet (22.1).

1933 New-Deal-Maßnahmen: *Emergency Banking Act* (9.3.); *Unemployment Relief Act* (31.3.); *Federal Emergency Relief Act* (12.5.); *Agricultural Adjustment Act* (12.5.); *Tennessee Valley Authority Act* (18.5.); *National Industrial Recovery Act* (16.6.). USA nehmen diplomatische Beziehungen zur Sowjetunion auf (16.11.).

1934 *Securities Exchange Act* (6.6.).

1935 Weitere New-Deal-Maßnahmen: *Emergency Relief Appropriation Act* (8.4.); National *Labor Relations (Wagner-Connery) Act* (5.7.); *Social Security Act* (14.8.); *Banking Act* (23.8.); *Public Utility Holding Company Act* (28.8.). *Neutrality Act* (31.8.). *Committee for Industrial Organization (CIO)* gegründet (9.11).

1937 Präsident F.D. Roosevelts Auseinandersetzung mit dem Supreme Court (Feb.–Aug.). *Neutrality Act* (1.5.).

1938 *Fair Labor Standards Act* (Mindestlohn; 25.6.).

1939 *Neutrality Act* (4.11.).

1940 Zerstörer-Abkommen mit Großbritannien (2.9.).

1941 *Lend-Lease Act* (11.3.). Atlantikcharta verkündet (14.8.). Japanischer Angriff auf Pearl Harbor (7.12.). USA erklären Japan den Krieg (8.12.). Deutschland und Italien erklären USA den Krieg (11.12.).

1942 Schlacht bei den Midway-Inseln bringt Wende im Pazifik (Anfang Juni). Anglo-amerikanische Landung in Nordafrika (8.11.).

1943 Konferenz von Casablanca (14.–24.1.) fordert bedingungslose Kapitulation der Achsenmächte. Anglo-amerikanische Landung auf Sizilien (10.7.) und auf dem italienischen Festland (3.9.). Konferenzen von Kairo (22.–26.11.) und Teheran (28.11.–1.12.).

1944 Anglo–amerikanische Landung in der Normandie (6.6.) und in Südfrankreich (15.8.). Konferenzen von Bretton Woods (1.–22.7.) und Dumbarton Oaks (21.8.–7.10.) über Nachkriegsfragen, in Quebec (11.–16.9.) über Besatzungspolitik.

1945 Konferenz von Jalta (4.–
11.2). Auf der Konferenz von
San Francisco (25.4.–26.6.)
werden die Vereinten
Nationen gegründet. Kapitulation Deutschlands (7./9.5.).
Konferenz von Potsdam
(17.7.–2.8.). Atombomben
auf Hiroshima (6.8.) und
Nagasaki (9.8.). Kapitulation
Japans (2.9.).
1947 Truman-Doktrin fordert Ein-
dämmungspolitik gegen die
Sowjetunion (12.3.). Mar-
shallplan-Hilfsprogramm für
europäische Nationen (be-
ginnt 1948). *Labor Management Relations Act (Taft-Hartley
Act*; 23.6.). *National Security
Act* (26.7.).
1948 Luftbrücke nach Berlin (ab
25.6.). Alger-Hiss-Affäre beginnt (3.8.).
1949 Präsident Truman fordert Fair
Deal (5.1.). *North Atlantic
Treaty Organization (NATO)*
gegründet (4.4.).
1950 Senator McCarthy beginnt
Kommunistenverfolgung (ab
9.2.).
1950–53 Korea-Krieg (Nordkoreani-
scher Angriff 25.6.; Waffenstillstand 27.7.1953).
1954 Supreme Court widerspricht
dem Grundsatz "separate but
equal" (*Brown gegen Board of
Education of Topeka*; 17.5.).
USA unterstützen Staats-
streich in Guatemala (ab
18.6.). *South East Asia Treaty
Organisation (SEATO)* gegründet (8.9.).
1955 *AFL* und *CIO* vereinigen sich
(5.12.). M.L. King beginnt
Busboykott in Montgomery
AL (5.12.).
1957 Eisenhower-Doktrin sanktio-

niert Waffengebrauch im
Nahen Osten (7.3.). Rassenunruhen in Little Rock AR
(3.9.). *Civil Rights Act* (9.9.).
1958 *National Defense Education Act*
(2.9.).
1959 Präsident Eisenhower trifft
den sowjetischen Machthaber
Chruschtschow in Camp
David (Berlinfrage; 23.9.).
1960 U-2-Krise (ab 1.5.). *Civil
Rights Act* (6.5.).
1961 *Alliance for Progress* (13.3./
2.7.). Fehlschlag der Invasion
an der kubanischen Schweinebucht (17.4.). Berlinkrise
nach Mauerbau (13.8.).
1962 Kubakonflikt mit der Sowjetunion (22.10.–20.11.).
1963 Präsident Kennedy ermordet
(22.11.). Rassenunruhen in
Birmingham AL.
1964 *South East Asia Resolution*
(Tonking-Golf-Resolution;
7.8.) bringt massiven amerikanischen Einsatz in Vietnam. Rassenunruhen in vielen Städten (18.7.–30.8.).
1965 Intervention in der Domini-
kanischen Republik (28.4.1965–
22.9.1966). *Voting Rights Act*
(6.8.). Rassenunruhen in Los
Angeles (Watts; 11.–16.8.).
Einwanderungsgesetzgebung
beendet Quotensystem
(3.10.).
1967 Starke Rassenunruhen in vielen Städten.
1968 M.L. King (4.4.) und R.F.
Kennedy (6.6.) ermordet.
1969 Höchste amerikanische Trup-
penpräsenz in Vietnam
(März; 541 000). Der Amerikaner N.A. Armstrong betritt
als erster Mensch den Mond
(20.7.).
1970 Amerikanisch-südvietname-

sische Invasion Kambodschas (ab 30.4.).

1972 Aussöhnung mit der Volksrepublik China; Präsident Nixon in Peking (21.–28.2.). Erstes *SALT*-Abkommen ratifiziert (25.9.).

1973 Letzte amerikanische Truppen verlassen Vietnam (März). Senatsuntersuchung der Watergate-Affäre (ab 17.5.). Vizepräsident Agnew tritt zurück (10.10.).

1974 Watergate-Krise. Präsident Nixon tritt zurück (9.8.). Nachfolger Ford. Energie- und Wirtschaftskrise.

1975 Kambodscha, Südvietnam und Laos werden kommunistisch.

1978 Panama-Verträge ratifiziert. Supreme Court gegen Rassenquoten (Fall *Bakke*; 28.6.).

1979 USA nehmen diplomatische Beziehungen zur Volksrepublik China auf (1.1.). Friede zwischen Ägypten und Israel (Präsident Carters Vermittlung; 26.3.). US-Botschaft in Teheran von iranischen Studenten besetzt (4.11.).

1980 Afghanische Krise (sowjetische Invasion 27.12.1979). USA brechen Beziehungen zu Iran ab (7.4.).

1981 Erstes "shuttle"-Raketenflugzeug im Weltraum (12.–14.4.). S.D. O'Connor wird die erste Richterin am *Supreme Court* (21.9.).

1982 *Equal Rights Amendment* scheitert endgültig (30.6.).

1983 Invasion der Inselrepublik Grenada durch die USA (25.10.).

1985 *Gramm-Rudman Act* zur Haushaltssanierung (12.12.).

1986 Amerikanischer Bombenangriff auf Libyen als Terrorvergeltung (14.4.).

1987 Iran-Contra-Affäre vor dem Kongreß. Größter Börsenkrach seit 1929 (19.10.). Amerikanisch-sowjetischer Vertrag zur Abrüstung von Mittelstreckenraketen (8.12.).

1990 Mitte des Jahres Beginn einer längeren Wirtschaftsrezession. Invasion Panamas und Gefangensetzung von dessen Präsident M. Noriega (ab 20.12.).

1991 Erfolgreiche Luft-/Bodenoffensive (Januar/Februar) von hauptsächlich aus amerikanischen Kontingenten bestehenden UN-Streitkräften gegen Irak (Golfkrieg).

1992 Amerikanische Truppen mit UN-Befriedungsauftrag in Somalia (9.12.1992–3.3.1995).

1994 Amerikanische Truppen in Haïti (19.9.1994–30.11.1997).

1995 Vereinbarung in Dayton OH über Bosnien (14.12.); amerikanische Friedenstruppen in Bosnien.

1998 Monica-Lewinsky-Skandal erschüttert Präsident Clintons Präsidentschaft (ab Januar).

1999 USA führende Macht beim NATO-Militäreinsatz im Kosovo (März-Juni).

Exekutive

1. Präsident und Vizepräsident

1.1 Allgemeines

Der Präsident

Der Präsident ist zugleich Staatsoberhaupt und Regierungschef. In der Verfassung umschreibt Artikel II seine Position. Um seine Unabhängigkeit sicherzustellen, wird der Präsident nicht von der Legislative gewählt, sondern von den im *Electoral College* zusammentretenden *electors* (siehe S. 208). Seine Amtsperiode beträgt vier Jahre. Wiederwahl war früher im Prinzip unbeschränkt möglich; seit Inkrafttreten des 22. Verfassungszusatzes (1951) kann ein Präsident nur noch einmal wiedergewählt werden. Bis einschließlich 1933 begann die Amtsperiode eines Präsidenten jeweils an dem der Wahl folgenden 4.3.; seit Inkrafttreten des 20. Verfassungszusatzes (1933) beginnt sie am 20.1. (erstmals 1937). Die Verfassung gewährt dem Präsidenten prinzipiell eine starke Stellung innerhalb des Regierungsgefüges, nicht zuletzt durch die Zuweisung der Vertretung des Landes nach außen und die Übertragung des Oberbefehls über die Streitkräfte. Trotzdem war der Einfluß des Präsidenten, abhängig von den Zeitumständen und der jeweiligen Persönlichkeit, stets Schwankungen unterworfen. Insgesamt ist festzustellen, daß die Ausweitung der Regierungsanforderungen in der modernen Gesellschaft die Expansion der Funktionen des Präsidenten begünstigte.

Wahl des Präsidenten und Vizepräsidenten

Der Präsident wird in der seit 1792 alle vier Jahre stattfindenden Präsidentschaftswahl gewählt. Die letztere erfolgt dabei in zwei Stufen, dem Nominierungsprozeß und der eigentlichen Wahl. Der Nominierungsprozeß, also die Kandidatenaufstellung, ist in der Verfassung nicht vorgeschrieben und hat sich im Lauf der Zeit gewandelt. Zu Beginn der amerikanischen Republik nominierte der jeweilige *congressional caucus* (siehe S. 208) seinen Präsidentschaftskandidaten. Ab den 1830er Jahren verbreiterte sich die Nominierungsbasis; nun übernahmen diese Aufgabe die sog. *national conventions* (siehe Tabelle 20; auch S. 210 (Glossar)) der verschiedenen Parteien, wohin Delegierte von den Parteiorganisationen auf Staaten- und Lokalebene entsandt wurden. Da auch hier auf Dauer oft der Verdacht der Steuerung durch die Parteioberen laut wurde, bürgerten sich in vielen Staaten seit Beginn des 20. Jahrhunderts wegen der größeren Volksnähe die sogenannten *primaries* (siehe S. 211) ein. Dabei wählen die Wähler, die nicht überall notwendig Parteimitglieder sein müssen, mindestens einen Teil der Delegierten für die *national convention* einer Partei; diese Delegierten sind für gewöhnlich einem bestimmten Präsidentschaftskandidaten verpflichtet, für dessen Nominierung sie sich dann auf der *convention* einsetzen. Hat sich die *national convention* für einen Präsidentschaftskandidaten entschieden, so gibt dieser in der Regel bekannt, wen er zu seinem mit ihm in den Wahlkampf ziehenden Vizepräsidentschaftskandidaten bestimmt.

Der Gang der eigentlichen Wahl ist durch den 12. Verfassungszusatz (1804) festgelegt. (Zuvor war gemäß Artikel II,1 der Verfassung derjenige Kandidat Präsident geworden, auf den die meisten *electors*-Stimmen entfielen; der Kandidat mit den zweitmeisten Stimmen wurde Vizepräsident.) Der Präsident und der Vizepräsident werden nicht direkt gewählt, sondern durch die sogenannten *electors* (Wahlmänner, die auch Frauen sein können) bestimmt. Die Wahl findet seit 1848 am ersten Dienstag nach dem ersten Montag im November des Präsidentschaftswahljahrs statt. Durch die Wählerschaft werden in jedem Staat so viele *electors* gewählt, wie der Staat Abgeordnete plus Senatoren in den Kongreß entsendet. Da seit 1964 auch der District of Columbia 3 electors entsendet, beträgt deren Gesamtzahl heute somit 538 (435 Abgeordnete plus 100 Senatoren plus 3). Die einfache Mehrheit von 270 *electors* ist nötig für die Wahlentscheidung.

In jedem Staat siegt die Liste derjenigen Partei, die bei der Dienstagswahl die meisten Stimmen gewinnt; die anderen Parteien erhalten keine *electors* in diesem Staat. Am ersten Montag nach dem zweiten Mittwoch im Dezember treffen sich dann die *electors* jedes Staates und wählen für gewöhnlich, obwohl gesetzlich hierzu nicht verpflichtet, den Präsidentschafts- und den Vizepräsidentschaftskandidaten ihrer Partei. Die Ergebnisse dieser Wahl werden versiegelt an den Vorsitzenden des amerikanischen Senats gesandt, der sie Anfang Januar vor versammeltem Kongreß öffnet und offiziell zählen läßt.

Falls kein Kandidat eine *electors*-Mehrheit erhält, bestimmt das Repräsentantenhaus den künftigen Präsidenten aus den drei Kandidaten mit den meisten *electors*-Stimmen; alle Abgeordneten eines Staats haben hierbei gemeinsam eine einzige Stimme. (Die Präsidentschaftswahlen 1800 und 1824 wurden auf diese Weise entschieden.) Wenn kein Vizepräsidentschaftskandidat eine *electors*-Mehrheit hat, wählt der Senat den künftigen Vizepräsidenten aus den zwei Kandidaten mit den meisten *electors*-Stimmen; jeder Senator hat hierbei eine Stimme. (1836 wurde der Vizepräsident auf diese Weise bestimmt.)

Da die Wahl prinzipiell durch die Mehrheiten in den einzelnen Staaten entschieden wird, kann es geschehen, daß ein Kandidat Präsident wird, der im Gesamtgebiet der Vereinigten Staaten in der Dienstagswahl weniger Stimmen erhält als ein Gegner. (Dies war 1876 und 1888 der Fall.)

Der Vizepräsident

Die Hauptaufgabe des Vizepräsidenten ist es, sich bereitzuhalten für die Nachfolge in das Präsidentenamt, falls dieses durch Tod, Amtsenthebung, Amtsverzicht oder Amtsunfähigkeit des amtierenden Präsidenten frei wird. Darüberhinaus führt der Vizepräsident den Vorsitz im Senat. Seitdem der 25. Verfassungszusatz 1967 in Kraft trat, benennt der Präsident, falls das Amt des Vizepräsidenten vorzeitig frei wird, einen Nachfolger, der dann der Bestätigung durch eine Mehrheit in beiden Kammern des Kongresses bedarf. (Dies war 1972 der Fall.)

Außerordentliche Präsidentennachfolge

Wenn es wegen Todesfalls, Rücktritts, Amtsenthebung oder Amtsunfähigkeit keinen Präsidenten oder Vizepräsidenten gibt, der die Aufgaben des Präsidentenamts erfüllen kann, wird der Vorsitzende *(Speaker)* des Repräsentantenhauses, nach Rücktritt von seinen Ämtern als Vorsitzender und Abgeordneter, entsprechend tätig. Falls kein Speaker zur Verfügung steht, wird der *President Pro Tempore* des Senats, nach Rücktritt von seinen Ämtern als President Pro Tempore und Senator, entsprechend tätig. Falls kein President Pro Tempore des Senats zur Verfügung steht, wird derjenige Amtsinhaber entsprechend tätig, der auf der folgenden Liste am höchsten steht: *Secretary of State* (Außenminister), *Secretary of the Treasury* (Finanzminister), *Secretary of Defense* (Verteidigungsminister), *Attorney General* (Justizminister), *Secretary of the Interior* (Innenminister), *Secretary of Agriculture* (Landwirtschaftsminister), *Secretary of Commerce* (Handelsminister), *Secretary of Labor* (Arbeitsminister), *Secretary of Health and Human Services* (Gesundheits- und Sozialminister), *Secretary of Housing and Urban Development* (Wohnungs- und Stadtentwicklungsminister), *Secretary of Transportation* (Transportminister), *Secretary of Energy* (Energieminister), *Secretary of Education* (Erziehungsminister), *Secretary of Veterans Affairs* (Kriegsteilnehmerminister).

1.2 Präsidenten und Vizepräsidenten

Wahlergebnisse der Präsidentschaftswahlen

■ **Tabelle 1:** Präsidentschaftswahlen (seit 1789)

Jahr	Zahl der Staaten	Kandidaten	Partei	Anzahl der Wahlmänner	Anzahl der Stimmen	Stimmenanteil in Prozent	Wahlbeteiligung in Prozent
1789	11	George Washington	–	69			
		John Adams	–	34			
		Andere	–	35			
1792	15	George Washington	–	132			
		John Adams	–	77			
		George Clinton	–	50			
		Andere	–	5			
1796	16	John Adams	F	71			
		Thomas Jefferson	DR	68			
		Thomas Pinckney	F	59			
		Aaron Burr	DR	30			
		Andere		48			
1800	16	Thomas Jefferson	DR	73			
		Aaron Burr	DR	73			
		John Adams	F	65			
		Charles C. Pinckney	F	64			
		John Jay	F	1			
1804	17	Thomas Jefferson	DR	162			
		Charles C. Pinckney	F	14			
1808	17	James Madison	DR	122			
		Charles C. Pinckney	F	47			
		George Clinton	DR	6			
1812	18	James Madison	DR	128			
		DeWitt Clinton	F	89			
1816	19	James Monroe	DR	183			
		Rufus King	F	34			
1820	24	James Monroe	DR	231			
		John Quincy Adams	IR	1			
1824	24	John Quincy Adams	DR	84	108 740	30,5	26,9
		Andrew Jackson	DR	99	153 544	43,1	
		William H. Crawford	DR	41	46 618	13,1	
		Henry Clay	DR	37	47 136	13,2	
1828	24	Andrew Jackson	D	178	642 553	56,0	57,6
		John Quincy Adams	NR	83	500 897	44,0	
1832	24	Andrew Jackson	D	219	687 502	55,0	55,4

Jahr	Zahl der Staaten	Kandidaten	Partei	Anzahl der Wahlmänner	Anzahl der Stimmen	Stimmenanteil in Prozent	Wahlbeteiligung in Prozent
		William Wirt	AM	7 ⎱	33 108	2,6	
		John Floyd	NR	11 ⎰			
1836	26	Martin van Buren	D	170	765 483	50,9	57,8
		William H. Harrison	W	73 ⎤	739 795	49,1	
		Hugh L. White	W	26 ⎟			
		Daniel Webster	W	14 ⎟			
		W.P. Mangum	W	11 ⎦			
1840	26	William H. Harrison	W	234	1 274 624	53,1	80,2
		Martin Van Buren	D	60	1 127 781	46,9	
1844	26	James K. Polk	D	170	1 338 464	49,6	78,9
		Henry Clay	W	105	1 300 097	48,1	
		James G. Birney	L		62 300	2,3	
1848	30	Zachary Taylor	W	163	1 360 967	47,4	72,7
		Lewis Cass	D	127	1 222 342	42,5	
		Martin Van Buren	FS		291 263	10,1	
1852	31	Franklin Pierce	D	254	1 601 117	50,9	69,6
		Winfield Scott	W	42	1 385 453	44,1	
		John P. Hale	FS		155 825	4,0	
1856	31	James Buchanan	D	174	1 832 955	45,3	78,9
		John C. Frémont	R	114	1 339 932	33,1	
		Millard Fillmore	A	8	871 731	21,6	
1860	33	Abraham Lincoln	R	180	1 865 593	39,8	81,2
		Stephen A. Douglas	D	12	1 382 713	29,5	
		John C. Breckinridge	D	72	848 356	18,1	
		John Bell	CU	39	592 906	12,6	
1864	36	Abraham Lincoln	R	212	2 206 938	55,0	73,6
		George B. McClellan	D	21	1 803 787	45,0	
1868	37	Ulysses S. Grant	R	214	3 013 421	52,7	78,1
		Horatio Seymour	D	80	2 706 829	47,3	
1872	37	Ulysses S. Grant	R	286	3 596 745	55,6	71,3
		Horace Greeley	D		2 843 446	43,9	
1876	38	Rutherford B. Hayes	R	185	4 034 311	48,0	81,8
		Samuel J. Tilden	D	184	4 288 546	51,0	
		Peter Cooper	G		75 973	1,0	
1880	38	James A. Garfield	R	214	4 453 295	48,5	79,4
		Winfield S. Hancock	D	155	4 414 082	48,1	
		James B. Weaver	GL		308 578	3,4	
1884	38	Grover Cleveland	D	219	4 879 507	48,5	77,5
		James G. Blaine	R	182	4 850 293	48,2	
		Benjamin F. Butler	GL		175 370	1,8	
		John P. St. John	Pb		150 369	1,5	
1888	38	Benjamin Harrison	R	233	5 477 129	47,9	79,3

Jahr	Zahl der Staaten	Kandidaten	Partei	Anzahl der Wahlmänner	Anzahl der Stimmen	Stimmenanteil in Prozent	Wahlbeteiligung in Prozent
		Grover Cleveland	D	168	5 537 857	48,6	
		Clinton B. Fisk	P		249 506	2,2	
		Anson J. Streeter	UL		146 935	1,3	
1892	44	Grover Cleveland	D	277	5 555 426	46,1	74,7
		Benjamin Harrison	R	145	5 182 690	43,0	
		James B. Weaver	P	22	1 029 846	8,5	
		John Bidwell	Pb		264 133	2,2	
1896	45	William McKinley	R	271	7 102 246	51,1	79,3
		William J. Bryan	D	176	6 492 559	47,7	
1900	45	William McKinley	R	292	7 218 491	51,7	73,2
		William J. Bryan	D	155	6 356 734	45,5	
		John C. Wooley	Pb		208 914	1,5	
1904	45	Theodore Roosevelt	R	336	7 628 461	57,4	65,2
		Alton B. Parker	D	140	5 084 223	37,6	
		Eugene V. Debs	S		402 283	3,0	
		Silas C. Swallow	Pb		258 536	1,9	
1908	46	William H. Taft	R	321	7 675 320	51,6	65,4
		William J. Bryan	D	162	6 412 294	43,1	
		Eugene V. Debs	S		420 793	2,8	
		Eugene W. Chafin	Pb		253 840	1,7	
1912	48	Woodrow Wilson	D	435	6 296 547	41,9	58,8
		Theodore Roosevelt	Pr	88	4 118 571	27,4	
		William H. Taft	R	8	3 486 720	23,2	
		Eugene V. Debs	S		900 672	6,0	
		Eugene W. Chafin	Pb		206 275	1,4	
1916	48	Woodrow Wilson	D	277	9 127 695	49,4	61,6
		Charles E. Hughes	R	254	8 533 507	46,2	
		A.L. Benson	S		585 113	3,2	
		J. Frank Hanly	Pb		220 506	1,2	
1920	48	Warren G. Harding	R	404	16 143 407	60,4	49,2
		James N. Cox	D	127	9 130 328	34,2	
		Eugene V. Debs	S		919 799	3,4	
		P.P. Christensen	FL		265 411	1,0	
1924	48	Calvin Coolidge	R	382	15 718 211	54,0	48,9
		John W. Davis	D	136	8 385 283	28,8	
		Robert M. La Follette	Pr	13	4 831 289	16,6	
1928	48	Herbert C. Hoover	R	444	21 391 993	58,2	56,9
		Alfred E. Smith	D	87	15 016 169	40,9	
1932	48	Franklin D. Roosevelt	D	472	22 809 638	57,4	56,9
		Herbert C. Hoover	R	59	15 758 901	39,7	
		Norman Thomas	S		881 951	2,2	
1936	48	Franklin D. Roosevelt	D	523	27 752 869	60,8	61,0

Jahr	Zahl der Staaten	Kandidaten	Partei	Anzahl der Wahlmänner	Anzahl der Stimmen	Stimmenanteil in Prozent	Wahlbeteiligung in Prozent
		Alfred M. Landon	R	8	16 674 665	36,5	
		William Lemke	U		882 479	1,9	
1940	48	Franklin D. Roosevelt	D	449	27 307 819	54,8	62,5
		Wendell L. Willkie	R	82	22 321 018	44,8	
1944	48	Franklin D. Roosevelt	D	432	25 606 585	53,5	55,9
		Thomas E. Dewey	R	99	22 014 745	46,0	
1948	48	Harry S Truman	D	303	24 105 812	49,5	53,0
		Thomas E. Dewey	R	189	21 970 065	45,1	
		Strom Thurmond	SR	39	1 169 063	2,4	
		Henry A. Wallace	Pr		1 157 172	2,4	
1952	48	Dwight D. Eisenhower	R	442	33 936 234	55,1	63,3
		Adlai E. Stevenson	D	89	27 314 992	44,4	
1956	48	Dwight D. Eisenhower	R	457	35 590 472	57.6	60,6
		Adlai E. Stevenson	D	73	26 022 752	42,1	
1960	50	John F. Kennedy	D	303	34 227 096	49,7	62,8
		Richard M. Nixon	R	219	34 108 546	49,5	
		Harry F. Byrd	I	15	502 363	0,7	
1964	50	Lyndon B. Johnson	D	486	43 126 506	61,1	61,7
		Barry M. Goldwater	R	52	27 176 799	38,5	
1968	50	Richard M. Nixon	R	301	31 770 237	43,4	60,6
		Hubert H. Humphrey	D	191	31 270 533	42,7	
		George C. Wallace	AI	46	9 906 141	13,5	
1972	50	Richard M. Nixon	R	520	47 169 911	60,7	55,2
		George S. McGovern	D	17	29 170 383	37,5	
1976	50	Jimmy Carter	D	297	40 827 394	49,9	53,5
		Gerald R. Ford	R	240	39 145 977	47,9	
1980	50	Ronald W. Reagan	R	489	43 899 248	50,8	52,6
		Jimmy Carter	D	49	35 481 435	41,0	
		John B. Anderson	I		5 719 437	6,6	
		Ed Clark	Lb		920 859	1,0	
1984	50	Ronald W. Reagan	R	525	54 451 521	58,8	53,1
		Walter F. Mondale	D	13	37 565 334	40,5	
1988	50	George H.W. Bush	R	426	47 946 422	54,0	50,2
		Michael S. Dukakis	D	112	41 016 429	46,0	
1992	50	W.J. (Bill) Clinton	D	370	44 908 889	43,3	55,0
		George H.W. Bush	R	168	39 104 545	37,7	
		H. Ross Perot	I		19 742 267	19,0	
1996	50	W.J. (Bill) Clinton	D	379	47 402 357	50,1	49,0
		Robert J. Dole	R	159	39 198 755	41,4	
		H. Ross Perot	I		8 085 402	8,5	

Amtsperioden der Präsidenten und Vizepräsidenten

■ **Tabelle 2:** Präsidenten und Vizepräsidenten (seit 1789)

Präsident	Partei	Amtsdauer	Vizepräsident	Kongreß
1. G. Washington	–	30. 4. 1789 – 3. 3. 1797	J. Adams	1, 2, 3, 4
2. J. Adams	F	4. 3. 1797 – 3. 3. 1801	T. Jefferson	5, 6
3. T. Jefferson	DR	4. 3. 1801 – 3. 3. 1805	A. Burr	7, 8
derselbe	DR	4. 3. 1805 – 3. 3. 1809	G. Clinton	9, 10
4. J. Madison	DR	4. 3. 1809 – 3. 3. 1813	ders. († 20.4.1812)	11, 12
derselbe	DR	4. 3. 1813 – 3. 3. 1817	E. Gerry († 23.11.14)	13, 14
5. J. Monroe	DR	4. 3. 1817 – 3. 3. 1825	D.D. Tompkins	15, 16, 17, 18
6. J.Q. Adams	(DR)	4. 3. 1825 – 3. 3. 1829	J.C. Calhoun	19, 20
7. A. Jackson	D	4. 3. 1829 – 3. 3. 1833	ders. (28.12.1832 zurückgetreten)	21, 22
derselbe	D	4. 3. 1833 – 3. 3. 1837	M. Van Buren	23, 24
8. M. Van Buren	D	4. 3. 1837 – 3. 3. 1841	R.M. Johnson	25, 26
9. W.H. Harrison († 4.4.1841)	W	4. 3. 1841 – 4. 4. 1841	J. Tyler	27
10. J. Tyler	W	6. 4. 1841 – 3. 3. 1845		27, 28
11. J.K. Polk	D	4. 3. 1845 – 3. 3. 1849	G.M. Dallas	29, 30
12. Z. Taylor († 9.7.1850)	W	5. 3. 1849 – 9. 7. 1850	M. Fillmore	31
13. M. Fillmore	W	10. 7. 1850 – 3. 3. 1853		31, 32
14. F. Pierce	D	4. 3. 1853 – 3. 3. 1857	W.R. King († 18.4.1853)	33, 34
15. J. Buchanan	D	4. 3. 1857 – 3. 3. 1861	J.C. Breckinridge	35, 36
16. A. Lincoln	R	4. 3. 1861 – 3. 3. 1865	H. Hamlin	37, 38
ders. († 15.4.1865)		4. 3. 1865 – 15. 4. 1865	A. Johnson	39
17. A. Johnson	R	15. 4. 1865 – 3. 3. 1869		39, 40
18. U.S. Grant	R	4. 3. 1869 – 3. 3. 1873	S. Colfax	41, 42
derselbe	R	4. 3. 1873 – 3. 3. 1877	H. Wilson († 25.11.1885)	43, 44
19. R.B. Hayes	R	4. 3. 1877 – 3. 3. 1881	W.A. Wheeler	45, 46
20. J.A. Garfield († 19.9.1881)	R	4. 3. 1881 – 19. 9. 1881	C.A. Arthur	47
21. C.A. Arthur	R	20. 9. 1881 – 3. 3. 1885		47, 48
22. G. Cleveland	D	4. 3. 1885 – 3. 3. 1889	T.A. Hendricks († 25.11.1885)	49, 50
23. B. Harrison	R	4. 3. 1889 – 3. 3. 1893	L.P. Morton	51, 52
24. G. Cleveland	D	4. 3. 1893 – 3. 3. 1897	A.E. Stevenson	53, 54
25. W. McKinley	R	4. 3. 1897 – 3. 3. 1901	G.A. Hobart († 21.11.1899)	55, 56

Präsident	Partei	Amtsdauer	Vizepräsident	Kongreß
ders. († 14.9.1901)	R	4. 3. 1901 – 14. 9. 1901	T. Roosevelt	57
26. T. Roosevelt	R	14. 9. 1901 – 3. 3. 1905		57, 58
derselbe	R	4. 3. 1905 – 3. 3. 1909	C.W. Fairbanks	59, 60
27. W.H. Taft	R	4. 3. 1909 – 3. 3. 1913	J.S. Sherman († 30.10.1912)	61, 62
28. W. Wilson	D	4. 3. 1913 – 3. 3. 1921	T.R. Marshall	63, 64, 65, 66
29. W.G. Harding († 2.8.1923)	R	4. 3. 1921 – 2. 8. 1923	C. Coolidge	67
30. C. Coolidge	R	3. 8. 1923 – 3. 3. 1925		68
derselbe	R	4. 3. 1925 – 3. 3. 1929	C.G. Dawes	69, 70
31. H.C. Hoover	R	4. 3. 1929 – 3. 3. 1933	C. Curtis	71, 72
32. F.D. Roosevelt	D	4. 3. 1933 – 20. 1. 1941	J.N. Garner	73, 74, 75, 76
derselbe	D	20. 1. 1941 – 20. 1. 1945	H.A. Wallace	77, 78
ders. († 12.4.45)	D	20. 1. 1945 – 12. 4. 1945	H.S Truman	79
33. H.S Truman	D	12. 4. 1945 – 20. 1. 1949		79, 80
derselbe	D	20. 1. 1949 – 20. 1. 1953	A.W. Barkley	81, 82
34. D.D. Eisenhower	R	20. 1. 1953 – 20. 1. 1961	R.M. Nixon	83, 84, 85, 86
35. J.F. Kennedy († 22.11.1963)	D	20. 1. 1961 – 22. 11. 1963	L.B. Johnson	87, 88
36. J.B. Johnson	D	22. 11. 1963 – 20. 1. 1965		88
derselbe	D	20. 1. 1965 – 20. 1. 1969	H.H. Humphrey	89, 90
37. R.M. Nixon	R	20. 1. 1969 – 9. 8. 1974	S.T. Agnew (10.10.1973 zurückgetreten)	91, 92, 93
ders. (9.8.1974 zurückgetreten)			G.R. Ford (ab 6.12.1973)	93
38. G.R. Ford	R	9. 8. 1974 – 20. 1. 1977	N.A. Rockefeller (ab 19.12.1974)	93, 94
39. J.E. Carter, Jr.	D	20. 1. 1977 – 20. 1. 1981	W.F. Mondale	95, 96
40. R.W. Reagan	R	20. 1. 1981 – 20. 1. 1985	G.H.W. Bush	97, 98
derselbe	R	20. 1. 1985 – 20. 1. 1989	derselbe	99, 100
41. G.H.W. Bush	R	20. 1. 1989 – 20. 1. 1993	D. Quayle	101, 102
42. W.J. Clinton	D	20. 1. 1993 – 20. 1. 1997	A. Gore, Jr.	103, 104
derselbe	D	20. 1. 1997 –	derselbe	105

1.3 Kurzbiographien der Präsidenten (seit 1789)

Washington, George, *22.2.1732 Westmoreland County VA, † 14.12.1799 Mount Vernon VA, 1. Präsident. Nach dem Tod des Vaters 1743, eines Plantagenbesitzers, erhielt er nur noch sporadische Ausbildung und arbeitete ab 1749 als Landvermesser. Als Offizier in der Miliz von Virginia kämpfte er im *French and Indian War* gegen die Franzosen (1754–58). 1759 heiratete er die vermögende Witwe Martha Dandridge Custis (1732–1802) und ließ sich auf dem Landgut Mount Vernon (unweit des heutigen Washington DC) nieder, das er von seinem Halbbruder Lawrence W. († Juli 1752) geerbt hatte. Einer der reichsten Leute in der Kolonie, saß er ab 1759 im virginischen Parlament. Von dort aus wurde W. zu einem der Anführer der Unabhängigkeitsbewegung und war virginischer Delegierter in beiden Kontinentalkongressen, deren zweiter ihn zum Befehlshaber der *Continental Army* ernannte (15.6.1775). Den Revolutionskrieg führte er mit wechselndem Erfolg, doch gelang es ihm 1781 schließlich, durch den Sieg bei Yorktown die Briten zur Aufgabe zu zwingen. 1783 zog er sich nach Mount Vernon zurück, ließ sich aber 1787 von Virginia in den Verfassungskonvent nach Philadelphia entsenden, wo er dann den Vorsitz innehatte. 1789 einstimmig zum ersten Präsidenten der Vereinigten Staaten gewählt, trat er sein Amt in der vorläufigen Hauptstadt New York an (30.4.1789) und wurde 1792 wiederum einstimmig wiedergewählt. W. war sich des präzedenzsetzenden Charakters seiner Amtszeit bewußt und suchte durch die Bildung eines Kabinetts, die Unterstützung des Programms A. Hamiltons und festes Auftreten (etwa während der Whiskey-Rebellion 1794) sowie durch Neutralitätspolitik nach außen das junge Staatswesen und dessen Exekutive zu festigen. Die sich abzeichnende Parteienbildung faßte er als diesem Ziel schädlich auf. Eine dritte Kandidatur lehnte er ab, um seinen Nachfolgern diesbezüglich ein Beispiel zu geben. W. war der berühmteste und am meisten verehrte Amerikaner seiner Zeit. Seine Verdienste um die Unabhängigkeit und die Gründung der Vereinigten Staaten in ihrer heutigen Form verleihen ihm die Statur eines Nationalhelden.

Adams, John, *30.10.1735 Braintree (heute Quincy) MA, † 4.7.1826 ebd., 2. Präsident, Vater des 6. Präsidenten John Quincy Adams. Er besuchte Harvard College und wurde 1758 als Rechtsanwalt zugelassen. 1764 heiratete er die durch ihre Briefe Nachruhm erwerbende Abigail Adams. Den *Stamp Act* 1765 denunzierte er in einer Reihe von Artikeln in der Bostoner *Gazette* als einen Verstoß gegen die Menschenrechte, doch verteidigte er 1770 die wegen des Massakers von Boston angeklagten britischen Soldaten vor Gericht. 1770–71 gehörte er dem *General Court*, 1774–75 dem *Revolutionary Provincial Congress* an. Als Delegierter im Kontinentalkongreß (1774–78) empfahl er die Wahl G. Washingtons zum Oberkommandierenden der *Continental Army*. In seinen *Thoughts on Government* (1776) betonte er die Notwendigkeit einer zweiten Kammer als Mittler zwischen den Volksvertretern und der Exekutive. Er hatte dann wesentlichen Anteil daran, daß

T. Jefferson mit der Abfassung der Unabhängigkeitserklärung beauftragt wurde. Als amerikanischer Emissär in Frankreich handelte er zusammen mit B. Franklin und J. Jay den Vertrag von Paris 1783 mit Großbritannien aus. 1785–88 weilte er als amerikanischer Gesandter in Großbritannien. Während dieser Zeit schrieb er seine *Defence of the Constitutions of Government of the United States of America* (3 Bde., 1787–88), worin er die Notwendigkeit einer starken Exekutive vertrat. Vizepräsident unter Washington, folgte A. diesem als Präsident (1797–1801) nach. Trotz seiner anglophilen Grundhaltung wußte er durch den Vertrag von Mortefontaine einen Krieg mit Frankreich zu vermeiden, was ihn in Gegensatz zu den Hochföderalisten und A. Hamilton brachte. Die Durchführung der *Alien and Sedition Acts* zeigte ihn andererseits als parteilichen Opponenten der *Democratic-Republican Party*. Die aus beidem resultierende politische Schwäche trug dazu bei, daß er 1800 Jefferson in der Präsidentschaftswahl unterlag. Sein Konservatismus stand zwischen dem Zentralismus Hamiltons und dem agrarischen Demokratieverständnis Jeffersons. Er wußte um die Schwächen und Laster der Menschen, was ihn dazu führte, die "natürliche Aristokratie" der Wenigen zu postulieren, die, wie er selbst, die ihnen verliehene Macht für das Wohlergehen des Volks, nicht zum eigenen Nutzen, ausüben würden.

Jefferson, Thomas, *13.4.1743 Shadwell VA, † 4.7.1826 Monticello VA, 3. Präsident. Der aus mütterlicherseits wohlhabender Familie stammende J. wuchs auf einer sklavenhaltenden Plantage nahe Richmond VA auf, erhielt eine juristische Ausbildung und wurde 1767 als Rechtsanwalt zugelassen. 1769 wurde er in das virginische Parlament gewählt, wo er sich der revolutionären Partei anschloß. Führend an den Vorbereitungen für den Kontinentalkongreß beteiligt, fungierte er auf demselben als Delegierter und konzipierte die Unabhängigkeitserklärung. Er arbeitete danach am Entwurf der Verfassung für den Staat Virginia mit und wurde dessen zweiter Gouverneur (1779–81). 1785–89 war er amerikanischer Gesandter in Frankreich, wo er seine die Verhältnisse in seinem Heimatstaat beschreibenden *Notes on the State of Virginia* (1785) veröffentlichte. Ab 1789 Außenminister unter Präsident Washington, profilierte er sich in dem entstehenden Parteiensystem als Führer der *Democratic-Republican Party*. Wegen seines Gegensatzes zu den zentralistischen Bestrebungen A. Hamiltons und der von diesem beeinflußten Regierungsmehrheit trat er 1794 von seinem Ministeramt zurück. 1797–1801 war er Vizepräsident unter Präsident J. Adams, verfaßte jedoch, zusammen mit J. Madison, die *Virginia and Kentucky Resolutions*. In der Präsidentenwahl 1800 erhielt er die gleiche Anzahl von Stimmen im *Electoral College* wie A. Burr, ging aber aus der Abstimmung im Repräsentantenhaus als Sieger hervor. Bedeutende Ereignisse seiner ersten Amtszeit waren die Barbary Wars, die Zulassung Ohios als Staat und der Louisiana-Kauf. Mit großer Mehrheit wiedergewählt, gab er den Auftrag für die Lewis/Clark-Expedition und veranlaßte das Embargo (1807). Seine späten Jahre auf seinem Herrensitz Monticello verbringend, beriet er seine Nachfolger Madison und J. Monroe und gründete 1819 die University of Virginia.

Ein überzeugter Anhänger der Aufklärung, betonte J. die natürlichen Rechte des Individuums, die er am besten in einer agrarisch orientierten, dezentralisierten Gesellschaft gewahrt sah.

Madison, James, *16.3.1751 Port Conway VA, † 28.6.1836 Montpelier VA, 4. Präsident. Der Sohn eines wohlhabenden Pflanzers arbeitete 1776 am Entwurf der Verfassung für Virginia mit, saß 1780–83 im Kontinentalkongreß und 1784–86 im virginischen Staatsparlament. Nachdem er aktiv an der Vorbereitung der *Annapolis Convention* mitgewirkt hatte, war er während der Verfassungsversammlung in Philadelphia 1787 als Urheber des *Virginia Plan* nicht nur führend an der Ausarbeitung der amerikanischen Verfassung beteiligt, sondern förderte als Autor von 29 der *Federalist Papers* auch deren Ratifizierung. Im Repräsentantenhaus (1789–97, VA) brachte er den Vorschlag zur Annahme der ersten zehn Verfassungszusätze *(Bill of Rights)* ein. Ein Anhänger der von T. Jefferson angeführten *Democratic-Republican Party*, verfaßte er die sogenannten *Virginia Resolutions*. Als Jeffersons Außenminister (1801–09) stand er im Schatten des Präsidenten, doch konnte er dann selbst die beiden nächsten Präsidentschaftswahlen gewinnen. Während seiner Amtszeit (1809–17) litt seine Popularität durch den von ihm ungeschickt geführten Krieg von 1812. In dessen Folge zeigte seine Regierung mit der Gründung der (zweiten) *Bank of the United States* und dem Anheben des Zolltarifs 1816 eine gewisse Tendenz zur Annäherung an die Denkweise A. Hamiltons.

Monroe, James, *28.4.1758 Westmoreland County VA, † 4.7.1831 New York, 5. Präsident. Der Sohn eines wohlhabenden Pflanzers diente während der amerikanischen Revolution in der *Continental Army* und erhielt danach eine juristische Ausbildung (1780–83). Einer kurzen Periode im Parlament von Virginia (1783) folgte die Mitgliedschaft im Kontinentalkongreß (1783–86). Obwohl er sich als Befürworter größerer Staatenrechte 1788 gegen die Ratifizierung der neuen amerikanischen Verfassung stellte, wurde er später Mitglied des Senats (1790–94, VA), wo er sich der Gruppierung T. Jeffersons *(Democratic-Republican Party)* anschloß. Als Gesandter in Frankreich (1794–96) gelang es ihm nicht, dort die durch den Abschluß von *Jay's Treaty* entstandene Mißstimmung zu beseitigen, was zu seiner Abberufung führte. Nach dreijähriger Gouverneurszeit in Virginia (1799–1802) ging er als Sonderbeauftragter wiederum nach Frankreich (1802–03), wo er zusammen mit R.R. Livingston den Louisiana-Kauf tätigte. Anschließend war er Gesandter in Großbritannien (1803–06). Unter Präsident Madison diente er als Außenminister (1811–17) und zeitweilig auch als Kriegsminister (1814–15). Diese Erfahrung bildete eine gute Grundlage für seine Präsidentschaft (1817–25), die durch das Schwinden der jahrzehntealten Rivalität zwischen der Federalist Party und der Democratic-Republican Party gekennzeichnet war ("Era of Good Feelings"). Während derselben wurden Grenzkonflikte mit Kanada in der Konvention von 1818 beigelegt, durch den Adams-Onís-Vertrag Florida erworben und durch den Missouri-Kompromiß die Sklaverei auf die Südstaaten begrenzt. 1823 proklamierte er die Monroe-Doktrin.

Adams, John Quincy, *11.7.1767 Braintree (heute Quincy) MA, † 23.2.1848 Washington DC, 6. Präsident. Der älteste Sohn Präsident J. Adams' beendete nach Ausbildung in Paris und Leiden sein Rechtsstudium 1787 an der Harvard University. 1790 begann er eine Rechtsanwaltskarriere in Boston. In einer Artikelreihe unter dem Pseudonym *Publicola* (1791) wandte er sich, der Linie der späteren *Federalist Party* folgend, gegen die in T. Paines *Rights of Man* postulierte Prärogative des Mehrheitswillens. Amerikanischer Gesandter in den Niederlanden (1794–96) und in Preußen (1797–1801), wurde er 1803 in den Senat (Fed., MA) gewählt, doch brach er mit den Föderalisten, als er das Embargo von 1807 unterstützte, und gab 1808 seinen Sitz auf. Nach mehreren Auslandspostierungen, darunter als Gesandter in Rußland (1809–14) und Großbritannien (1815–17), wurde er unter Präsident Monroe Außenminister (1817–25) und hatte großen Anteil an der Proklamierung der Monroe-Doktrin. In der Präsidentenwahl 1824 erhielt A. Jackson im *Electoral College* mehr Stimmen als er (99:84), doch da kein Kandidat eine absolute Mehrheit besaß, fiel die Entscheidung verfassungsgemäß dem Repräsentantenhaus zu. Als er mit Unterstützung von H. Clay, der die wenigsten Stimmen erhalten hatte, gewählt wurde und diesen daraufhin zum Außenminister ernannte, witterten die Anhänger Jacksons ein "corrupt bargain", und die *Democratic-Republican Party* spaltete sich. Als Präsident trat A. für ein umfangreiches nationales Förderprogramm *(American System)* ein, doch stärkte die Empörung über den Zolltarif von 1828 *(Tariff of Abominations)* seine Gegner, und er verlor die nächste Präsidentschaftswahl gegen Jackson. Ins Repräsentantenhaus gewählt (1831–48), tat er sich dort durch Unterstützung des Abolitionismus (gag rule) hervor.

Jackson, Andrew, *15.3.1767 Waxhaw SC, † 8.6.1845 nahe Nashville TN, 7. Präsident. Nach juristischer Ausbildung nahm er 1787 in North Carolina eine Rechtsanwaltstätigkeit auf. 1788 zum Staatsanwalt für den westlichen Distrikt dieses Staats (des heutigen Tennessee) ernannt, zog er nach Nashville. Erst Mitglied der verfassungsgebenden Versammlung von Tennessee (1796), saß er danach für den neuen Staat im amerikanischen Repräsentantenhaus (1796–97) und im Senat (1797). Er verließ den letzteren, als er zum Richter am Obersten Gericht Tennessees ernannt wurde (1798–1804). Differenzen mit Präsident Jefferson, die teilweise in seiner Sympathie für Aaron Burr gründeten, und anderes bestimmten ihn zum Rückzug aus dem politischen Leben für einige Jahre. Als Generalmajor der Miliz bekämpfte er im Krieg von 1812 die Creek. Zum Generalmajor des amerikanischen Heeres ernannt, besiegte er (unwissentlich nach Abschluß des Friedens von Gent) die Engländer in der Schlacht bei New Orleans. Seine hieraus resultierende Popularität nahm noch zu durch seine Niederwerfung der Seminolen im ersten Seminolen-Krieg. Kurzfristig Militärgouverneur von Florida (1821) und Senator (1823–25, TN), erhielt er als Kandidat der *Democratic-Republican Party* in den Präsidentschaftswahlen von 1824 die meisten Stimmen im *Electoral College*, jedoch nicht deren Mehrheit. Nach überzeugendem Wahlsieg 1828 Präsident (1829–37), führte er das Spoils System ein (siehe S. 212), umgab sich mit dem

Kitchen Cabinet und beschnitt die Bundesausgaben für Strukturverbesserungen *(Maysville Road Veto)*. Mit seinem Vizepräsidenten J.C. Calhoun überwarf er sich wegen der *Nullification*-Kontroverse, die ihn zur Unterzeichnung des Force Act motivierte. Ein Gegner von Machtkonzentration, verhinderte er durch sein Veto das Fortbestehen der *Bank of the United States* und löste damit den Bank War aus. Als Führer einer von agrarisch-kleinbürgerlichen Interessen getragenen liberal-demokratischen Bewegung *(Jacksonian Democracy)* wurde er so zum Erneuerer des sogenannten "Jeffersonianism". Er gilt, vorzüglich wegen seiner zielstrebigen Vertretung der Unionsinteressen gegenüber den partikularistischen Bestrebungen im Süden und trotz Mißbilligung, besonders in neuerer Zeit, seiner durch Umsiedlung gekennzeichneten Indianerpolitik als einer der bedeutendsten Präsidenten der Vereinigten Staaten.

Van Buren, Martin, *5.12.1782 Kinderhook NY, † 24.7.1862 ebd., 8. Präsident. Der Rechtsanwalt wurde Mitglied (1812–20) im Senat von New York (State) und war in letzterem zeitweilig auch Justizminister (1815–19). Als Haupt der sogenannten *Albany Regency* und Mitglied des amerikanischen Senats (1821–28; Dem.-Rep., NY) unterstützte er die Wahl A. Jacksons zum Präsidenten, was dieser dem zum Gouverneur von New York (State) Gewählten (1829) mit der Berufung zum Außenminister (1829–31) lohnte. 1831–32 vertrat er die Vereinigten Staaten als Gesandter in London, doch mußte er zurückkehren, als J.C. Calhoun seine Bestätigung durch den Senat vereitelte. Während Jacksons zweiter Amtsperiode war er dessen Vizepräsident (1833–37) und wurde von ihm für seine Nachfolge favorisiert. Die Wahl 1836 gewann er dann mit knappem Stimmenvorsprung gegen die vier Kandidaten der *Whig Party*. Seine Amtszeit (1837–41) litt unter den Auswirkungen der Finanzpanik von 1837, doch gelang es ihm, den *Independent Treasury Act* durchzubringen. 1840 verlor er als Kandidat der Demokratischen Partei die Präsidentschaftswahl gegen W.H. Harrison und 1848 als Kandidat der *Free-Soil Party* gegen Z. Taylor. Er kehrte später zur Demokratischen Partei zurück.

Harrison, William Henry, *9.2.1773 Charles City County VA, † 4.4.1841 Washington DC, 9. Präsident, Großvater des späteren Präsidenten B. Harrison. Der Sohn eines wohlhabenden Pflanzers diente kurz als Hauptmann im amerikanischen Heer und nahm 1798 seinen Abschied. 1798 Sekretär des Nordwest-Territoriums, ging er 1799 als dessen erster Vertreter in den Kongreß und amtierte danach als erster Gouverneur des Indiana-Territoriums (1801–12). Er schloß mit mehreren Indianerstämmen Gebietsverträge ab und brach indianischen Widerstand in einem blutigen Gefecht beim Tippecanoe-Flüßchen im heutigen Indiana (7.11. 1811). Im Krieg von 1812 gelang dem zum Generalmajor Ernannten ein Sieg über die verbündeten Briten und Indianer in der Schlacht an der Thames im südlichen Ontario (5.10.1813). Danach saß er im Repräsentantenhaus (1816–19, OH), war Senator im Staatsparlament (1819–21), amerikanischer Senator (1825–28, OH) und Gesandter in Kolumbien (1828-29). 1840 gewann er als Kandidat der *Whig*

Party die Präsidentschaftswahl, doch starb er einen Monat nach Amtsantritt an Lungenentzündung.

Tyler, John, *29.3.1790 Charles City County VA, † 18.1.1862 Richmond VA, 10. Präsident. Der Rechtsanwalt war Mitglied des Staatsparlaments von Virginia (1811-16; 1838-40), Demokratisch-Republikanisches Mitglied des amerikanischen Repräsentantenhauses (1816–21, VA) und Gouverneur von Virginia (1825–27). Als amerikanischer Senator (1827–36, Dem., VA) brach er mit Präsident Jackson wegen dessen Haltung gegenüber der *Bank of the United States*. 1838–40 wiederum im virginischen Staatsparlament, sympathisierte er mit der *Whig Party*, die ihn 1840 als Vizepräsidentschaftskandidaten aufstellte. Nach dem Tod von Präsident W.H. Harrison wurde er dessen Nachfolger (4.4.1841–1845). Er überwarf sich mit der von H. Clay geführten Mehrheit der Whigs, als er gegen die Neugründung einer Nationalbank sein Veto einlegte, was noch 1841 zum Rücktritt des Kabinetts (mit Ausnahme Daniel Websters) führte. Greifbare Ergebnisse seiner Amtszeit waren der *Preemption Act* (1841), der die Erschließung des Westens durch billige Überlassung von Regierungsland an Siedler förderte, der Webster-Ashburton-Vertrag und die Annexion von Texas. Er zog sich früh vom politischen Leben zurück. 1861 wurde er in den Kongreß der *Confederate States of America* gewählt, starb jedoch vor dessen Zusammentritt.

Polk, James Knox, *2.11.1795 Mecklenburg County NC, † 15.6.1849 Nashville TN, 11. Präsident. Rechtsanwalt in Columbia TN, saß er erst im Staatsparlament von Tennessee (1823–25), danach im Repräsentantenhaus (1825–39, Dem., TN), davon vier Jahre als dessen Vorsitzender (1835–39). In der Tradition T. Jeffersons trat er für Staatenrechte und eine enge Auslegung der Verfassung ein. Nach kurzer Amtszeit als Gouverneur von Tennessee (1839–41) wurde er 1844 als Kandidat der Demokratischen Partei zum Präsidenten der Vereinigten Staaten gewählt (1845–49), wobei er den *Whig*-Kandidaten H. Clay vor allem aufgrund seiner beharrlichen Befürwortung der Annexion von Texas schlug. Während seiner Präsidentschaft gelang es ihm, praktisch jedes seiner Wahlversprechen zu erfüllen. Texas wurde in die Union aufgenommen, das Problem Oregon wurde gelöst, der Zolltarif gesenkt, das System des Independent Treasury wieder eingeführt, und durch den Mexikanischen Krieg wurden Kalifornien und Neu-Mexiko erworben.

Taylor, Zachary, *24.11.1784 Montebello VA, † 9.7.1850 Washington DC, 12. Präsident. Er zog als Kind mit seiner Familie nach Kentucky. Im Dienst des amerikanischen Heeres (1808–48) stieg er vom Leutnant zum Generalmajor auf. Nach Einsatz im Krieg von 1812, gegen Black Hawk und im zweiten Krieg gegen die Seminolen kommandierte er die Besatzungsarmee an der mexikanischen Grenze (1845–46), wo es am 25.4.1846 zu dem Zwischenfall kam, der den Mexikanischen Krieg auslöste. Nach einigen siegreichen Gefechten mißachtete er Präsident Polks Befehl, nur zu verteidigen, und drang in Mexiko ein. Nach der Eroberung von

Monterrey schlug er den Mexikaner Santa Anna bei Buena Vista (23.2.1847). In den Vereinigten Staaten als Nationalheld gefeiert, wurde "Old Rough and Ready" 1848 von der *Whig Party* als Präsidentschaftskandidat aufgestellt und gewann die Wahl. Als Präsident (1849–50) förderte er die Zulassung von California als Staat und stellte sich gegen Konzessionen an den Süden in der Frage der Sklaverei. Er starb während seiner Amtszeit an einer Magen-Darm-Entzündung.

Fillmore, Millard, *7.1.1800 Locke NY, † 8.3.1874 Buffalo NY, 13. Präsident. In einer Blockhütte geboren, war er erst Textilarbeiter und wurde 1823 Rechtsanwalt. 1829–31 saß er als einer der Anti-Masons im Staatsparlament von New York (State). Als Mitglied des amerikanischen Repräsentantenhauses (1833–35; 1837–43, NY) ging er 1834 zur *Whig Party* und wurde deren Fraktionsvorsitzender. 1849 Vizepräsident neben Präsident Taylor, wurde er nach dessen Tod Präsident (9.7.1850). Außenpolitisch bedeutend war die von ihm in die Wege geleitete Expedition *Commodore* M.C. Perrys nach Japan. Er förderte das Zustandekommen des Kompromisses von 1850, doch kostete ihn dann seine Bemühung um Durchführung des *Fugitive Slave Act* viele Sympathien in den nördlichen Staaten und damit auch die erneute Kandidatur 1852. Als Präsidentschaftskandidat der *Know-Nothing Party* 1856 gewann er nur ein gutes Fünftel der Stimmen.

Pierce, Franklin, *23.11.1804 Hillsborough NH, † 8.10.1869 Concord NH, 14. Präsident. Der Jurist war 1829–33 Mitglied des Staatsparlaments von New Hampshire, davon zwei Jahre als Präsident, danach Mitglied des Repräsentantenhauses (1833–37, Dem., NH) und des Senats (1837–42). Ein eifriger Verfechter der Annexion von Texas, diente er im Mexikanischen Krieg als Brigadegeneral. Kompromißkandidat der Demokratischen Partei in der Präsidentschaftswahl 1852, besiegte er den Kandidaten der *Whig Party*, W. Scott, mit gutem Vorsprung. In seine Amtszeit fielen der Gadsden-Kauf und die Mission M.C. Perrys nach Japan. Der Einfluß des sklavenhaltenden Südens auf seine Amtsführung war spürbar in seiner Unterzeichnung des *Kansas-Nebraska Act*, der Unterstützung W. Walkers in Nicaragua und seiner Politik hinsichtlich Kansas'. Die letztere kostete ihn die Sympathie des Nordflügels der Demokratischen Partei und damit 1856 die erneute Präsidentschaftskandidatur.

Buchanan, James, *23.4.1791 nahe Mercersburg PA, † 1.6.1868 Lancaster PA, 15. Präsident. Ab 1812 als Rechtsanwalt tätig, wurde er Mitglied des Repräsentantenhauses (1821–31, PA). Der als Anhänger der Federalist Party gewählte B. wurde 1824 zum Parteigänger Andrew Jacksons, was dieser ihm mit dem Gesandtschaftsposten in Rußland (1832–33) lohnte. Nach Mitgliedschaft im Senat (1835–45, Dem., PA) wurde er Außenminister (1845–49) unter Präsident Polk. Er legte den Streit um das Oregon-Territorium bei und bot Spanien an, Kuba zu kaufen. Gesandter in Großbritannien 1853–56, war er einer der Verfasser des *Ostend Manifesto*. Als Präsident (1857–61) hielt er zwar die Sklaverei für moralisch falsch, begrüßte aber das Urteil des *Supreme Court* in *Dred Scott gegen Sandbury* und befürwortete die Aufnahme von Kansas als Sklavenstaat in die Union. Die Sezession der Südstaaten in den Wochen seiner auslaufenden Amtszeit hielt er für verfassungswidrig, tat jedoch wenig, sie zu unterbinden.

Lincoln, Abraham, *12.2.1809 nahe Hodgenville KY, † 15.4.1865 Washington DC, 16. Präsident. Der Sohn eines Farmers kam 1816 mit seinen Eltern in das südwestliche Indiana, ging aber 1830 nach Illinois, wo er in New Salem erst Ladengehilfe, dann Ladenbesitzer und Postmaster (1833–36) war. Mitglied des Staatsparlaments für die *Whig Party* (1834–42), begann er 1837 eine durch kurze Mitgliedschaft im Repräsentantenhaus (1847–49, Whig, IL) unterbrochene Rechtsanwaltspraxis in der Staatshauptstadt Springfield. 1854 sprach er sich in einer aufsehenerregenden Rede in Peoria IL gegen den *Kansas-Nebraska Act* aus. Als (erfolgloser) Senatskandidat der von ihm mitgegründeten Republikanischen Partei gewann er 1858 durch die Lincoln-Douglas-Debatten landesweite Bekanntheit. 1860 wurde er als Republikanischer Präsidentschaftskandidat aufgestellt, was im Süden trotz L.s vergleichsweise gemäßigter Haltung zur Sklaverei als unzumutbar empfunden wurde. Sein mit knapp 40 Prozent der Stimmen schwacher Wahlsieg löste die Sezession der Südstaaten und die Konstituierung der Konföderierten Staaten von Amerika aus. L. vertrat hiergegen den Standpunkt, daß die Union der Vereinigten Staaten unauflösbar sei und ordnete die Verproviantierung von Fort Sumter an. Im ausbrechenden Bürgerkrieg machte er zum Zweck effektiver Kriegführung teilweise diktatorisch-ausweitenden Gebrauch von seinen Vollmachten. Zögernd in der Frage der Sklavenbefreiung, fand er sich erst nach der Schlacht am Antietam zu der dann immer noch wenig wirksamen *Emancipation Proclamation* bereit. Sein politisches Geschick sicherte ihm 1864 die Präsidentschaftskandidatur der Union Party, und die Erfolge der Generäle U.S. Grant und W.T. Sherman brachten ihm die Wiederwahl. Sein Plan für die *Reconstruction* sah die rasche Rückkehr der abtrünnigen Staaten in das Unionsgefüge vor, doch blieb ihm der Versuch der Verwirklichung verwehrt. Am 14.4.1865 schoß der Südstaatensympathisant J.W. Booth (1838–65) im Theater auf ihn; der Wunde erlag er am nächsten Tag. L.s Ruf als einer der größten Präsidenten der Vereinigten Staaten beruht zunächst auf seiner Leistung, die Union unter schwierigsten Umständen zusammengehalten oder wiederhergestellt zu haben, dann aber auch auf seinem Werdegang, der in der amerikanischen Tradition den Aufstieg des einfachen, ehrbaren, zielstrebigen Menschen zu höchster Position exemplifiziert. Kritiker haben andererseits seinen Hang zu taktischem Finassieren, seine lediglich lauwarme Haltung den Schwarzen gegenüber sowie seine gelegentlich fast skrupellose Machtausübung bemängelt.

Johnson, Andrew, 29.12.1808 Raleigh NC, † 31.7.1875 Carter Station TN, 17. Präsident. Der aus dürftigen Verhältnissen stammende J. kam als Schneider ab 1827 in Greenville TN zu Wohlstand und ging in die Politik. Erst Mitglied des

Staatsparlaments (1835–37; 1839–43) und dann des amerikanischen Repräsentantenhauses (1843–53, Dem., TN), war er 1853–57 Gouverneur von Tennessee. Im Senat (1857–62) unterstützte er als einziger Vertreter des Südens die Union. Von Präsident Lincoln zum Militärgouverneur von Tennessee im Rang eines Brigadegenerals (1862–64) ernannt, bemühte er sich ernsthaft, aber vergeblich, den Staat wieder der Union zuzuführen. Im November 1864 zum Vizepräsidenten gewählt, folgte er Lincoln nach dessen Ermordung in das Präsidentenamt nach (15.4.1865). Sein Versuch, hinsichtlich der *Reconstruction* eine versöhnliche Haltung einzunehmen, brachte ihn in Gegensatz zum radikalen Flügel der Republikanischen Partei, dem es im Kongreß mehrmals gelang, Maßnahmen über J.s Veto hinweg durchzusetzen. Während des wachsenden Koflikts handelte J. dem *Tenure of Office Act* zuwider, wofür er vom Repräsentantenhaus des Amtsmißbrauchs bezichtigt wurde *(Impeachment)*. Bei der Abstimmung im Senat (16.5. 1868) fehlte für die zur Amtsenthebung erforderliche Zweidrittelmehrheit eine Stimme (35:19). 1875 wurde J. nochmals in den Senat gewählt, dem er dann einen Monat lang angehörte.

Grant, Ulysses Simpson, *27.4.1822 Point Pleasant OH, † 23.7.1885 Mount McGregor NY, 18. Präsident. Hiram Ulysses G., der Sohn eines Gerbers, änderte beim Besuch der Militärakademie in West Point (1839–43) seinen Namen in Ulysses Simpson G. Im Mexikanischen Krieg wurde er für Tapferkeit ausgezeichnet. Nach Dienst auf Posten in California und Oregon nahm er 1854 seinen Abschied und widmete sich in St. Louis der Landwirtschaft und dem Immobilienhandel. Während des Bürgerkriegs zuerst im Westen eingesetzt, wurde er rasch zum Brigadegeneral und, nach der Einnahme von Fort Henry und Fort Donelson (1862), zum Generalmajor befördert. Die Eroberung von Vicksburg und der Sieg bei Chattanooga (25.11.1863) trugen ihm den Rang eines Generalleutnants und den Oberbefehl über die gesamten Streitkräfte der Union ein (12.3.1864). Seine Ermattungsstrategie erschöpfte den Süden, dessen Kapitulation bei Appomattox Court House er schließlich entgegennehmen konnte. 1866 General, befehligte er das Heer während der ersten Jahre der *Reconstruction* und der Indianerkriege im Westen. Von der Republikanischen Partei als Kandidat aufgestellt, gewann er die Präsidentschaftswahl 1868 und wurde 1872 wiedergewählt. G.s Armeeführung ermangelte strategischer Genialität. Er wußte vielmehr die zahlenmäßige und materielle Überlegenheit der Unionsseite zu nutzen, indem er die Kräfte des Südens konstant unter Druck hielt und notfalls auch enorme eigene Verluste in Kauf nahm. Sein Verhalten als Präsident hat manche Kritik erfahren, so wegen seines hartnäckigen Versuchs, Santo Domingo (Haïti) zu erwerben, wegen seiner schwachen Politik gegenüber den die *Reconstruction* unterlaufenden *Redeemers* im Süden und vor allem wegen der Skandale, die besonders seine zweite Amtszeit kennzeichneten.

Hayes, Rutherford Birchard, *4.10.1822 Delaware OH, † 17.1.1893 Fremont OH, 19. Präsident. Er absolvierte die Harvard Law School (1845) und praktizierte als Rechtsanwalt erst in Fremont OH, dann ab 1849 in Cincinnati. Er schloß sich der *Whig Party* und 1854 der Republikanischen Partei an. 1860–65 kämpfte er im Bürgerkrieg, den er als Generalmajor beendete. 1868–72 sowie 1876–77 war er Gouverneur von Ohio. In der Präsidentschaftswahl 1876 kandidierte er für seine Partei. Obwohl der Demokratische Bewerber S.J. Tilden die Stimmenmehrheit errang, erklärte eine nicht ganz unparteiische Wahlkommission H. für gewählt (Kompromiß von 1877). Als Präsident beendete er durch Abzug der Bundestruppen auch aus South Carolina die Periode der *Reconstruction* (1877). Er machte einige Schritte in Richtung auf eine *Civil-Service*-Reform, zeigte sich aber in der Arbeiterfrage konservativ, indem er den Eisenbahnerstreik durch Truppen beenden ließ.

Garfield, James Abram, *19.11.1831 Cuyahoga County OH, † 19.9.1881 Elberon NJ, 20. Präsident. Der Sohn eines Farmers wuchs vaterlos auf. Lehrer, dann Präsident des späteren Hiram College (1857–61), wurde der Anhänger der Republikanischen Partei 1859 in den Senat von Ohio gewählt. Im Bürgerkrieg stieg er zum Generalmajor auf. Im Repräsentantenhaus (1863–81, Rep., OH) zeichnete er sich als Redner und Vertreter einer gemäßigten Schutzzollpolitik aus. Obwohl vom *Crédit-Mobilier*-Skandal nicht unberührt, wurde er 1880 in den Senat und im gleichen Jahr, als "dark horse"-Kandidat aufgestellt, zum Präsidenten der Vereinigten Staaten gewählt. Am 2.7.1881 schoß ihn ein enttäuschter Stellenbewerber an, so daß er bis zu seinem Tod amtsunfähig blieb.

Arthur, Chester Alan, *5.10.1830 Fairfield VT, † 18.11.1886 New York, 21. Präsident. In New York 1853 als Rechtsanwalt zugelassen, setzte er sich für den Abolitionismus ein. Während des Bürgerkriegs diente er in der Stadt als Generalquartiermeister. Von Präsident Grant 1871 zum *Collector of the Port of New York* ernannt, wurde er 1878 von Präsident Hayes wieder entlassen, weil er gegen das Verbot der Parteitätigkeit öffentlich Angestellter verstoßen hatte. 1880 wurde er zum Vizepräsidenten unter Präsident Garfield gewählt. Nach dessen Ermordung folgte er ihm am 19.9.1881 in das Präsidentenamt nach. Obwohl in mancher Hinsicht der Prototyp des korruptionsverdächtigen "machine"-Politikers, erwies sich A. als fähiger Amtsträger. Herausragende Leistungen seiner Regierung waren die Verabschiedung des *Pendleton Act* und der Beginn eines Marinebauprogramms. Die ihn anfeindende Gruppe der *Stalwarts* innerhalb der Republikanischen Partei verhinderte seine Kandidatur für eine weitere Amtszeit.

Cleveland, Stephen Grover, *18.3.1837 Caldwell NJ, † 24.6.1908 Princeton NJ, 22. und 24. Präsident. Der Sohn eines presbyterianischen Geistlichen wurde 1859 in New York (State) als Rechtsanwalt zugelassen. Im Bürgerkrieg entging er durch die (legale) Bezahlung eines Ersatzmannes dem Wehrdienst. Nachdem er verschiedene Posten im öffentlichen Dienst innehatte, wurde er nach einem die Korruption anprangernden Wahlkampf 1881 zum Bürgermeister von Buffalo NY, kurz darauf zum Gouverneur des Staats (1883–84) und dann zum ersten Demokratischen Präsidenten der Vereinigten Staaten nach dem Bürgerkrieg gewählt. Während der folgenden Amtsperiode im Weißen Haus (1885–89) verlor er Sympathien (und damit die Wiederwahl 1888) durch eine konziliante Haltung dem Süden gegenüber, durch Vetos gegen Pensionsansprüche und durch Vorschläge zur Senkung des Zolltarifs. Er gewann dann jedoch die Wahl 1892 und regierte 1893–97 während der bis dahin schwersten wirtschaftlichen Depression. Der letzteren versuchte er durch strikte Beibehaltung des Goldstandards zu begegnen. Sein Truppeneinsatz im Pullman-Streik brachte die Arbeiterschaft gegen ihn auf. In der Außenpolitik zeigte er sich als Gegner des Imperialismus und verwarf den Vertrag, der die Annexion Hawaiis (1893) vorsah. Im Grenzstreit zwischen Großbritannien und Venezuela (1895) erzwang er im Sinne der Monroe-Doktrin eine friedliche Regelung.

Harrison, Benjamin, *20.8.1833 North Bend OH, † 13.3.1901 Indianapolis, 23. Präsident, Enkel von W.H. Harrison. Er eröffnete 1854 eine Rechtsanwaltspraxis in Indianapolis. 1860–62 und 1864–68 arbeitete er als *reporter* (Referent) am Obersten Gericht von Indiana; dazwischen diente er im Bürgerkrieg als Oberst. Seine Bewerbung um den Gouverneursposten in Indiana (1876) blieb erfolglos. Im amerikanischen Senat (1881–87, Rep., IN) stellte er sich gegen die Vetos, mit denen Präsident Cleveland Pensionsansprüche zu Fall brachte. In der Präsidentschaftswahl 1880 besiegte er dann Cleveland, obwohl er weniger Stimmen als dieser erhielt. Während seiner Präsidentschaft (1889–93) wurden die Bürgerkriegspensionen erhöht, der *Dependent Pensions Act* und der *Sherman Silver Purchase Act* verabschiedet und der McKinley-Tarif eingeführt. Der Eindruck in der Öffentlichkeit, daß er ein schwacher Agent spezieller Interessen sei, führte dann zum Verlust seines Amts an Cleveland nach der Wahl 1892. In späteren Jahren war er wieder als Rechtsanwalt tätig. Im Grenzkonflikt zwischen Großbritannien und Venezuela 1895 diente er dem letzteren als Berater.

McKinley, William, *29.1.1843 Niles OH, † 14.9.1901 Buffalo NY, 25. Präsident. Nach Teilnahme am Bürgerkrieg (1865 Major) und Jurastudium ließ er sich 1867 in Canton OH als Rechtsanwalt nieder. Als Mitglied des Repräsentantenhauses (1876–83 und 1885–91, Rep., OH) trat er für Hochzoll-Politik ein. Aus diesem Grund abgewählt, gewann er 1891 und 1893 die Wahl zum Gouverneur von Ohio. Durch die Unterstützung M.A. Hannas gelang es ihm 1896, die Präsidentschaftskandidatur zu erringen und dann, gegen den Demokraten W.J. Bryan, gewählt zu werden. Wichtige Ereignisse seiner ersten Amtszeit waren die Einführung des höchsten Zolltarifs in der amerikanischen Geschichte (1897), die Annexion Hawaiis (1898) und die Etablierung des Goldstandards (1900). Nach dem *Maine*-Zwischenfall ließ er sich in den Spanisch-amerikanischen Krieg treiben. Der erfolgreiche Ausgang desselben sicherte seine Wiederwahl 1900, doch wurde er am 6.9.1901 von dem Anarchisten L. Czolgosz in Buffalo NY angeschossen und erlag nach einigen Tagen seiner Verletzung.

Roosevelt, Theodore, *27.10.1858 New York, † 6.1.1919 Oyster Bay NY, 26. Präsident. In eine wohlhabende Familie geboren, studierte er an der Harvard University und betätigte sich dann als Historiker (*The Naval War of 1812*, 1882; *The Winning of the West*, 4 Bde., 1889–96). Nach kurzer Mitgliedschaft (1882–84, Rep.) im Parlament von New York (State) verbrachte er zwei Jahre auf einer Rinderfarm in North Dakota (1884–86), kehrte dann aber ins politische Leben zurück und wurde u.a. Polizeichef der Stadt New York (1895–97). Seine Stellung als *Assistant Secretary of the Navy* (1897–98) verließ er bei Ausbruch des Spanisch-amerikanischen Kriegs und erstürmte mit den *Rough Riders* San Juan Hill auf Kuba, was ihm große Popularität in den Vereinigten Staaten verschaffte. Als Gouverneur von New York (State, 1898–1901) brachte er durch seinen Reformeifer Unruhe in das politische Establishment, das dann 1900 für seine Nominierung als Vizepräsidentschaftskandidaten sorgte. In der Wahl erfolgreich, wurde er nach dem Tod Präsident McKinleys Präsident (14.9.1901) und 1904 mit großer Mehrheit wiedergewählt. Während seiner Amtszeit löste er die *Northern Securities Co.* auf ("trust buster") und erwarb sich große Verdienste in Umwelt- und Verbraucherschutz *(Forest Reserve Act; Pure Food and Drug Act; Hepburn Act)*. Außenpolitisch kraftvoll auftretend, gelang es ihm, den Bau des Panamakanals in die Wege zu leiten und die amerikanischen Interessen in Alaska zu sichern. Seine Vermittlung im Russisch-japanischen Krieg 1905 brachte ihm 1906 den Friedensnobelpreis ein. Er förderte W.H. Taft als Nachfolger, kehrte aber nach einer Afrika- und Europareise (1909–10) in die Politik zurück. Als ihm 1912 die Republikanische Partei Taft als Präsidentschaftskandidaten vorzog, ließ er sich von der neugegründeten *Progressive Party* aufstellen, blieb aber in der Wahl gegen W. Wilson und Taft erfolglos. Im Ersten Weltkrieg forderte er die Teilnahme der Vereinigten Staaten auf der Seite der Alliierten.

Taft, William Howard, *15.9.1857 Cincinnati OH, † 8.3.1930 Washington DC, 27. Präsident. Nach Rechtsanwaltspraxis in Cincinnati wurde er dort Staatsanwalt (1881–82; 1885–86), Steuereinnehmer (1882–83), Richter (1887–90) und schließlich, unter Präsident B. Harrison, amerikanischer Solicitor General (Generalstaatsanwalt, 1890–92). Als Bundesrichter (1892–1900) war er gleichzeitig Dekan der juristischen Fakultät der University of Cincinnati. Zum ersten Gouverneur der Philippinen (1901–04) ernannt, gelang es ihm dort, Frieden herzustellen und eine beschränkte Selbstregierung einzuführen. Präsident T. Roosevelt machte ihn zum Kriegsminister (1904–08) und unterstützte seine Präsidentschaftskandidatur 1908. In der Wahl schlug T. den Demokratischen Bewerber W.J. Bryan mit beträchtlichem Vorsprung. Während seiner Amtszeit (1909–13) verfolgte er die Rooseveltsche Antitrust-Politik weiter und suchte durch die Dollar-Diplomatie amerikanische Interessen zu fördern. Seine Haltung bei der Verabschiedung des

Payne-Aldrich-Tarifs schadete allerdings seinem Ansehen. 1912 nominierte ihn die Republikanische Partei erneut für die Präsidentschaftswahlen, aber da Roosevelt für die *Progressive Party* kandidierte, war die Republikanische Wählerschaft gespalten, und der Demokratische Bewerber W. Wilson gewann. T. zog sich als Professor an die Yale University (1913–21) zurück, bis ihn Präsident Harding zum Vorsitzenden Richter des *Supreme Court* (1921–30) ernannte.

Wilson, Thomas Woodrow, *28.12.1856 Staunton VA, † 3.2.1924 Washington DC, 28. Präsident. Der Sohn eines presbyterianischen Geistlichen wurde an der Princeton University (1875–79) ausgebildet und studierte dann Jura an der University of Virginia (1879–82) sowie, nach kurzer Rechtsanwaltspraxis, ab 1883 Politikwissenschaft an der Johns Hopkins University, wo er 1885 mit einer sofort als Buch veröffentlichten Dissertation *Congressional Government* promovierte. Dozent für Geschichte am Bryn Mawr College (1885–88) und der Wesleyan University (1888–90), wurde er danach Professor für Rechtswissenschaft und Nationalökonomie an der Princeton University (1890–1902). Als erster nichtgeistlicher Präsident der Universität (1902–10) stand er im Mittelpunkt mancher Kontroversen. Er ließ sich daher gern von der Demokratischen Partei als Kandidat für das Gouverneursamt von New Jersey aufstellen. Auf diesem Posten (1911–12) führte er verschiedene Reformen im Sinn des Progressivismus durch, was ihm 1912 zur Präsidentschaftskandidatur der Demokratischen Partei verhalf. Von der Spaltung der Republikanischen Partei profitierend, wurde der eindrucksvolle Vortragsredner gewählt. Auch auf nationaler Ebene zeigte er Reformeifer. Seine erste Amtszeit (1913–17) sah die Verabschiedung des *Underwood-Simmons Act*, des *Federal Reserve Act*, des *Clayton Antitrust Act* und die Einsetzung der *Federal Trade Commission*. 1916 sandte er eine Strafexpedition über die mexikanische Grenze. Im Ersten Weltkrieg wahrte er vorerst offiziell die amerikanische Neutralität, was ihm die Wiederwahl 1916 sicherte. Nach Aufnahme des unbeschränkten U-Bootkriegs durch das Deutsche Reich forderte er jedoch vom Kongreß die Kriegserklärung (2.4.1917; am 6.4.1917 beschlossen). Die von ihm am 8.1.1918 verkündeten Vierzehn Punkte bildeten dann die Basis für den deutschen Waffenstillstand am 11.11.1918. W. ging im Dezember 1918 nach Europa und nahm zeitweise aktiv an den zum Vertrag von Versailles führenden Friedensverhandlungen teil. Als die Ratifizierung des letzteren im Senat fraglich erschien, unternahm er eine Propagandatour durch die Vereinigten Staaten, um die öffentliche Meinung umzustimmen; in deren Verlauf erlitt er am 22.9.1919 einen körperlichen Zusammenbruch, der ihn monatelang praktisch amtsunfähig machte und von dem er sich nicht wieder völlig erholte. 1920 erhielt er den Friedensnobelpreis für 1919.

Harding, Warren Gamaliel, *1.11.1865 Corsica (heute Blooming Grove) OH, † 2.8.1923 San Francisco, 29. Präsident. Er hatte als Zeitungsherausgeber Erfolg und saß 1900–04 als Republikaner im Senat von Ohio. Vizegouverneur seines Staats 1904–06, kandidierte er 1910 erfolglos für den Gouverneursposten. Im amerikanischen Senat (1915–21, Rep., OH) trat er für die Interessen des Big Business, Schutztarife, das Frauenwahlrecht sowie den 18. Verfassungszusatz und den *Volstead Act* ein. Kompromißkandidat der Republikanischen Partei für die erste Präsidentschaftswahl nach dem Ersten Weltkrieg (1920), versprach er im Wahlkampf die Rückkehr zu normalen Zuständen ("normalcy") und wurde mit großer Mehrheit gewählt. In sein Kabinett berief er allerdings neben angesehenen Politikern wie C.E. Hughes und H.C. Hoover auch zweifelhaftere Charaktere aus der sogenannten Ohio-Bande. Die herausragende Leistung seiner Präsidentschaft war die Washingtoner Flottenkonferenz 1921/22. Skandale wie die Teapot-Dome-Affäre sowie sein eigener unsolider Lebenswandel warfen jedoch erhebliche Schatten auf seine Jahre im Weißen Haus. Er starb während seiner Amtszeit auf einer good-will-Reise in San Francisco.

Coolidge, Calvin, *4.7.1872 Plymouth Notch VT, † 5.1.1933 Northampton MA, 30. Präsident. Der Sohn eines Gemischtwarenhändlers engagierte sich nach Jurastudium und kurzer Rechtspraxis politisch auf Lokal- und Staatsebene. Streng konservativ, dabei fleißig und loyal, machte er rasch Karriere innerhalb der Republikanischen Partei. Als Gouverneur von Massachusetts (1919–20) setzte er dem Bostoner Polizeistreik ein Ende, was ihm landesweite Bekanntheit verschaffte. Vizepräsident unter Präsident Harding, wurde er nach dessen Tod Präsident (3.8.1923) und im nächsten Jahr wiedergewählt. Sein bekannter Ausspruch "The business of America is business" war charakteristisch für seine von traditionellem Laissez-faire-Denken bestimmte Haltung. Entsprechend suchte er die während seiner Amtszeit andauernde wirtschaftliche Prosperität durch Reduzierung von Steuern und Regierungsausgaben, durch Vermeidung von Regulativen *(McNary-Haugen Bill)*, aber freilich auch durch hohe Zölle zu unterstützen.

Hoover, Herbert Clark, *10.8.1874 West Branch IA, † 20.10.1964 New York, 31. Präsident. Der Sohn eines Schmieds und Quäkers wuchs nach dem Tod seiner Eltern 1885–91 bei Verwandten in Oregon auf. An der Stanford University zum Bergbauingenieur ausgebildet (1895), arbeitete er in seinem Beruf erst in California (1895–1901) und danach in Australien, China, Afrika, Mittel- und Südamerika und Rußland. Durch Gründung einer eigenen Beraterfirma erwarb er ein beträchtliches Vermögen. 1914–20 leitete er das amerikanische Hilfswerk für Belgien und 1917–19 die *Food Administration*. Als Handelsminister (1921–28) unter den Präsidenten Harding und Coolidge erweiterte er die Funktionen seines Ministeriums und begünstigte durch liberale Maßnahmen, insbesonders die Förderung von Unternehmerverbänden *(trade associations)* und die Zusammenarbeit zwischen Geschäftswelt und Regierung, die Wirtschaftsentwicklung. 1928 fiel ihm die Republikanische Präsidentschaftskandidatur praktisch von selbst zu; den Demokratischen Kandidaten A.E. Smith schlug er mit großem Vorsprung. Der in seinem ersten Amtsjahr ausbrechenden Großen Depression begegnete er dann in der gewohnten Manier durch Vertrauen auf die Selbststeuerfähigkeit der Wirtschaftskräfte. In diesem Sinn zögerte er mit staatlichen Eingriffen und förderte die freiwillige Aktion des privaten Unternehmertums. Erst gegen Ende seiner Amtszeit kündigte sich mit der Schaffung der *Reconstruction Finance Corporation* eine Wende in seinem Denken an. Außenpolitisch war er auf Ausgleich bedacht. So kam er mit dem Hoover-Moratorium der deutschen Revisionspolitik entgegen und suchte durch die Stimson-Doktrin den Status quo in China zu bewahren. Im Wahljahr 1932 schadeten die andauernde wirtschaftliche Not und auch Einzelereignisse wie der Bonus-Marsch seinen Chancen auf Wiederwahl. Von der Republikanischen Partei trotzdem nochmals aufgestellt, unterlag er F.D. Roosevelt mit beträchtlicher Differenz. Dessen New Deal lehnte er scharf ab. Nach dem Zweiten Weltkrieg leitete er zwei Kommissionen zur Reorganisation der Bundesverwaltung.

Roosevelt, Franklin Delano, *30.1.1882 Hyde Park NY, † 12.4.1945 Warm Springs GA, 32. Präsident. Der Sproß einer altetablierten, wohlhabenden Familie studierte an der Harvard und dann an der Columbia University und wurde 1907 in New York als Rechtsanwalt zugelassen. Kurz Mitglied im Senat von New York (State, 1911–13), wurde er *Assistant Secretary of the Navy* (1913–20). Nach vergeblicher Kandidatur 1920 für die Vizepräsidentschaft erkrankte er an Kinderlähmung (Aug. 1921) und war fortan im Gebrauch seiner Beine stark behindert. Mit großer Willenskraft fand er in das öffentliche Leben zurück und wurde Gouverneur von New York (State, 1929–33). Ein umfangreiches Hilfsprogramm während der frühen Depressionsjahre empfahl ihn als Demokratischen Präsidentschaftskandidaten 1932. In der Wahl schlug er den amtierenden Präsidenten Hoover mit deutlichem Vorsprung. Seine erste Amtsperiode war geprägt von den gegen die Große Depression gerichteten Maßnahmen des *New Deal*, der eine tiefgreifende Umgestaltung der sozialpolitischen Grundlagen einleitete. Mit klarer Mehrheit 1936 wiedergewählt, scheiterte er mit seinem *Court-Packing*-Plan. Beim Herannahen des Zweiten Weltkriegs ergriff er Partei gegen die Angreifermächte. Kriegsgefahr und Krieg trugen zu seiner Wiederwahl 1940 und 1944 bei, wodurch er der einzige Präsident mit mehr als zwei Amtsperioden wurde. Entsprechend den in der Atlantikcharta definierten Zielsetzungen führte er die zögernde amerikanische Nation entschlossen in den Waffengang mit den Achsenmächten. Auf mehreren Konferenzen (Casablanca; Teheran; Jalta) stimmte er mit den Regierungsspitzen der wichtigen alliierten Nationen Kriegführung und Nachkriegsordnung ab. Einen Monat vor Kriegsende starb er an einer Gehirnblutung. R., der es meisterhaft verstand, sich dem amerikanischen Volk als leutseliger, doch zielbewußter Führer darzustellen, der dem Land in zwei außerordentlichen Krisen (Depression und Krieg) vorstand und die Weichen für den Weg zur Supermacht stellte, gilt als einer der größten Präsidenten der amerikanischen Geschichte.

Truman, Harry S, *8.5.1884 Lamar MO, † 26.12.1972 Kansas City MO, 33. Präsident. Aus bäuerlichen Verhältnissen stammend, arbeitete er auf der Farm der Familie (1906–17). Er kämpfte im Ersten Weltkrieg in Frankreich, zuletzt als

Hauptmann. Nach dem Bankrott eines Herrenbekleidungsgeschäfts, an dem er Teilhaber war, studierte er als Abendschüler Jura (1923–25) und wurde Richter (1922–24; 1926–34). Als amerikanischer Senator (1935–45, Dem., MO) unterstützte er den New Deal und wurde bekannt als Vorsitzender eines Verteidigungskosten-Untersuchungsausschusses. Präsident F.D. Roosevelt wählte ihn 1944 zu seinem Vizepräsidentschaftskandidaten. Als Roosevelt wenige Monate nach Antritt seiner vierten Amtszeit starb, wurde T. Präsident (12.4.1945). Relativ unvorbereitet mußte er die Ende des Zweiten Weltkriegs anstehenden Entscheidungen treffen, u.a. hinsichtlich des Abwurfs der Atombombe und der auf der Konferenz von Potsdam besprochenen Fragen. Zwar erhielten beide Häuser des Kongresses 1947 eine Republikanische Mehrheit, doch T.s *Fair Deal*, seine wohlwollende Haltung zur Bürgerrechtsbewegung und sein Veto des *Taft-Hartley Act* brachten ihm gegen die Erwartung vieler 1948 die Wiederwahl. Seine zweite Amtszeit (1949–53) wurde weitgehend durch den Kalten Krieg beherrscht. Außenpolitisch herausragende Ereignisse der Präsidentschaft T.s waren die Verkündung der Truman-Doktrin, die Implementierung des Marshall-Plans, der Koreakrieg und der Abschluß des Friedensvertrags mit Japan (1952).

Eisenhower, Dwight David, *14.10.1890 Denison TX, † 28.3.1969 Washington DC, 34. Präsident. Der Sohn eines Handwerkers verbrachte seine Jugend in Abilene KS und besuchte danach die Militärakademie in West Point. Während des Ersten Weltkriegs Trainingsoffizier, erhielt er 1925–26 Generalstabsausbildung. Er diente Generalstabschef D. MacArthur als Assistent (1933–39) und wurde im Februar 1942 mit der Leitung der Planungsabteilung, dann der Operationenabteilung betraut. Im Juni 1942 zum Befehlshaber der amerikanischen Truppen in Europa ernannt, befehligte er die alliierten Invasionen Nordafrikas, Siziliens und Italiens. Ab Januar 1944 Oberbefehlshaber in Westeuropa, bereitete er von seinem Hauptquartier bei London aus die Invasion in der Normandie vor, die er anschließend leitete. Am 7.5.1945 nahm er die deutsche Kapitulation entgegen. Ab November 1945 Generalstabschef, schied er 1948 aus dem aktiven militärischen Dienst aus und wurde Präsident der Columbia University. 1950–52 war er in Paris Oberbefehlshaber der Streitkräfte der NATO. 1952 Republikanischer Kandidat für die Präsidentschaft, wurde er mit der bis dahin höchsten Stimmenzahl gewählt und 1956 wiedergewählt. 1961 zog er sich auf eine Farm bei Gettysburg PA zurück. Als militärischer Führer war E. nicht unumstritten. Sein auf breiter Front statt in keilförmiger, rascher Attacke nach Deutschland getragener Angriff und mehr noch sein Entschluß, den Russen in Berlin nicht zuvorzukommen, verrieten eine vorsichtig-zögernde Natur und kosteten die Alliierten möglicherweise wichtige Nachkriegsvorteile. Auch während seiner Präsidentschaft, in der sich das Rassenproblem verschärfte, das Verhältnis zur Sowjetunion zunehmend schwierig gestaltete und sich überhaupt die Unrast der 1960er Jahre ankündigte, bewegte er sich langsam und überließ viele der drängender werdenden Fragen seinen Nachfolgern.

Kennedy, John Fitzgerald, *29.5.1917 Brookline MA, † 22.11.1963 Dallas TX, 35. Präsident. Er studierte an der Harvard University; während seines Studiums war er 1938 mehrere Monate in der amerikanischen Botschaft in London beschäftigt, wo sein Vater Joseph Patrick K. Botschafter war. Im Zweiten Weltkrieg diente er als Torpedoboot-Kommandeur im Pazifik, wo er verwundet und ausgezeichnet *(Purple Heart)* wurde. Nach kurzer Tätigkeit als Reporter wurde er Mitglied des Repräsentantenhauses (1947–53, Dem., MA). Bei seiner Bewerbung um einen Senatssitz 1952 gelang es ihm, H.C. Lodge, Jr. zu schlagen. Sein *Profiles in Courage* (1956), in dem er acht Politiker beschrieb, die aus Gewissensgründen gegen den Strom schwimmen, brachte ihm 1957 den Pulitzer-Preis ein. Nach vergeblicher Bewerbung 1956 um die Demokratische Kandidatur für die Vizepräsidentschaft erhielt er 1960 bereits im ersten Wahlgang den Zuschlag für die Präsidentschaftskandidatur. Mit knapper Mehrheit gegen R.M. Nixon erfolgreich, war er der erste Katholik und der jüngste gewählte Präsident der Vereinigten Staaten. Während seiner Amtszeit (1961–63) bestimmten das jugendliche Temperament des Präsidenten und des "Kennedy Clan" sowie die Aura seiner Frau Jacqueline nicht nur das Gesellschaftsleben der Hauptstadt, sondern strahlten auch auf das Land im ganzen aus. Politisch hatte er nur partiellen Erfolg. Der konservative Kongreß zögerte, das Programm der New Frontier zu verwirklichen. K.s entschiedener Antikommunismus brachte das Desaster in der Schweinebucht, aber auch die Erfolge im Widerstand gegen die Sowjetunion in der Berlinkrise 1961 (K.: "Ich bin ein Berliner") und der Kubakrise. Die ablehnende Haltung J.F. Dulles' gegenüber dem Neutralismus der Dritten Welt suchte er zu revidieren, engagierte aber die Vereinigten Staaten zur Sicherung ihres südostasiatischen Einflusses im Vietnamkrieg. Seine Ermordung durch Lee Harvey Oswald (1939–63) schockierte die Welt. Die Hintergründe der Ermordung sind trotz der Untersuchung der Warren-Kommission noch immer Gegenstand vieler Spekulationen.

Johnson, Lyndon Baines, *27.8.1908 Stonewall TX, † 22.1.1973 Johnson City TX, 36. Präsident. Er erhielt eine Lehrerausbildung und unterrichtete 1930–32 an einer Sekundarschule in Houston TX. Danach wurde er Assistent eines Demokratischen Mitglieds des Repräsentantenhauses (1932–35) und leitete in Texas die Aktivitäten der *National Youth Administration*, einer Organisation des *New Deal* (1935–37). Als Mitglied des Repräsentantenhauses (1937–49, Dem., TX) wurde er von Dezember 1941 bis Juli 1942 für Marinedienst freigestellt. Im Senat (1949–61) war er Fraktionsvorsitzender (*Minority Leader*, 1953–55; *Majority Leader*, 1955–61). 1960 bewarb er sich vergeblich um die Präsidentschaftskandidatur der Demokratischen Partei, doch wurde er dann unter dem Sieger J.F. Kennedy Vizepräsident (1961–63) und leitete das *Committee on Equal Employment Opportunity*. Nach der Ermordung Kennedys folgte er diesem in das Präsidentenamt nach (22.11. 1963) und setzte dessen legislatives Programm mit einer Steuersenkung und einem *Civil Rights Act* (1964) fort. Nachdem J. 1964 mit großer Wählermehrheit in seinem Amt bestätigt wurde, folgten der *Voting Rights Act* 1965 sowie, unter dem

Slogan *Great Society*, eine Reihe wirtschaftlicher und sozialer Reformen. Die fortdauernde Eskalation des amerikanischen Engagements im Vietnamkrieg führte
allerdings zu öffentlichen Protesten und schadete J.s Popularität enorm; aus diesem Grund verzichtete er 1968 auf eine erneute Kandidatur. J. war letztlich weniger durch Reformstreben oder Prinzipientreue motiviert als durch die politische
Kompromißsuche, oft abseits der öffentlichen Szene. Er war ein versierter Takti-
ker auf dem Feld der Innenpolitik; an außenpolitischer Erfahrung mangelte es
ihm, was wohl nicht zuletzt sein Scheitern in Vietnam erklärt.

Nixon, Richard Milhous, *9.1.1913 Yorba Linda CA, † 22.4.1994 New York, 37.
Präsident. Aus einer Quäkerfamilie irischer Abstammung kommend, studierte er
Jura an der Duke University. Erst Rechtsanwalt in Whittier CA (1937–42), arbei-
tete er während des Zweiten Weltkriegs kurz beim *Office of Price Administration*
(1942) und diente dann als Marineangehöriger im Pazifik (1942–46). Als Mitglied
des Repräsentantenhauses (1947–51, Rep., CA) fiel er im *House Committee on Un-
American Activities* durch seinen antikommunistischen Eifer auf. 1951–53 war er
Senator für California und 1953–61 Vizepräsident unter Präsident Eisenhower.
Auf einer seiner häufigen Auslandsreisen wurde er 1958 in Peru und Venezuela
Zielscheibe gewalttätiger anti-amerikanischer Demonstrationen; in Moskau de-
battierte er 1959 öffentlich mit Ministerpräsident N.S. Chruschtschow. Erfolgloser
Präsidentschaftskandidat der Republikanischen Partei 1960, konnte er auch 1962
die Gouverneurswahl in California nicht gewinnen und zog nach New York, um
wieder als Rechtsanwalt zu arbeiten (1963-68). 1968 erneut für die Präsidentschaft kandidierend, schlug er seine Opponenten H.H. Humphrey und G.C. Wallace knapp. Seine erste Amtszeit (1969–73) brachte das Ende des Vietnamkriegs,
und er leitete durch eine Reise nach Beijing (21.–28.2.1972) die Normalisierung
der Beziehungen mit der Volksrepublik China ein. Nach einem überwältigenden
Sieg bei seiner Wiederwahl 1972 war seine zweite Amtsperiode überschattet
durch die Watergate-Affäre, deren Ramifikationen das Funktionieren der Regierung schließlich ernsthaft in Frage stellten. Um einer Amtsenthebung zuvorzukommen, trat er am 9.8.1974 zurück. Sein Nachfolger G.R. Ford begnadigte N.,
dessen rechtswidriges Verhalten dem Präsidentenamt großen ideellen Schaden
zugefügt hatte, am 8.9. Das Urteil über die politische Karriere N.s war lange durch
die Watergate-Ereignisse bestimmt. In jüngerer Zeit ist eine Tendenz zu milderer,
wo nicht apologetischer Betrachtung der letzteren und stärkerer Hervorhebung
der außenpolitischen Leistung zu erkennen.

Ford, Gerald Rudolph, *14.7.1913 Omaha NE, 38. Präsident. Eigentlich Leslie
Lynch King, Jr., wurde er 1916 nach Scheidung und Wiederheirat seiner Mutter
von seinem Stiefvater adoptiert und erhielt dessen Namen. Er besuchte die University of Michigan, wo er sich als Football-Spieler profilierte, und die Yale University, wo er Jura studierte. 1941–45 diente er in der Marine und wurde danach
Rechtsanwalt in Michigan. Mitglied des amerikanischen Repräsentantenhauses

(1949–73, Rep., MI), wurde er dort *Minority Leader* (1965–73). Er trat 1968 für R.M. Nixons Präsidentschaftskandidatur ein. Auf dessen Vorschlag hin bestätigte ihn nach dem Rücktritt S.T. Agnews der Kongreß gemäß dem 25. Verfassungszusatz als Vizepräsident (6.12.1972). Während der Watergate-Affäre hielt F. zu Nixon. Nach dessen Rücktritt übernahm er selbst das Präsidentenamt (9.8.1974). Seine zurückhaltende Manier beruhigte die durch Watergate und den Rückzug aus Vietnam aufgewühlte Öffentlichkeit, doch kostete ihn die Strafbefreiung Nixons manche Sympathien. Er verfolgte eine konservative Ausgabenpolitik und bemühte sich, assistiert von Außenminister H.A. Kissinger, um eine Fortsetzung der Entspannungspolitik gegenüber der Sowjetunion und China. Ein beträchtlicher Teil der Öffentlichkeit bezweifelte allerdings beharrlich seine Kompetenz, und er verlor die Präsidentenwahl 1976 an J. Carter.

Carter, Jimmy [eigentlich James Earl C., Jr.], *1.10.1924 Plains GA, 39. Präsident. Er erhielt eine technische Ausbildung, u.a. an der U.S. Naval Academy (1943–46). Nach Dienst auf See wurde er 1951 dem Atomunterseebootprogramm zugeteilt und studierte Atomphysik und Ingenieurwesen am Union College in New York (State). Nach dem Tod seines Vaters übernahm er 1953 die Führung des ererbten Unternehmens (Erdnüsse, Baumwolle, Lagerhäuser). Als Mitglied des Senats von Georgia (1963–66) zeigte er sich in sozialen Fragen als fortschrittlicher Liberaler und trat für eine gemäßigte Bürgerrechtsgesetzgebung ein, befürwortete aber fiskalische Zurückhaltung. Als Gouverneur 1971–75 (er hatte bereits 1966 erfolglos kandidiert) förderte er die Aufhebung der Rassentrennung und reorganisierte die Staatsverwaltung. Mit einer geschickt geführten Kampagne gewann er 1976 die Präsidentschaftskandidatur der Demokratischen Partei und besiegte bei der Wahl, als von den Skandalen in Washington (Watergate-Affäre) unbelasteter Bewerber, den amtierenden Präsidenten Ford. Die Außenpolitik seiner Präsidentschaft (1977–81) war gekennzeichnet durch die Betonung von Menschenrechten. Mit dem Abschluß des *Camp David Accord*, den er durch persönliche Diplomatie im Nahen Osten vorbereitete, und dem Abschluß des zweiten SALT-Abkommens 1979 erzielte er vorzeigenswerte diplomatische Erfolge. Andererseits zehrten sein ohnmächtiges Zuschauen beim sowjetischen Einmarsch in Afghanistan 1979 und mehr noch die Blamage in der Iran-Geisel-Affäre 1979–81 an seinem Prestige. Glückloses Manövrieren in der Innenpolitik, besonders etwa in der Energiefrage, und ein allgemeiner Eindruck der Entschlußschwäche machten schließlich seine Wiederwahl zweifelhaft. In der Präsidentschaftswahl 1980 schlug ihn der Republikaner R.W. Reagan mit beträchtlichem Vorsprung. 1994 trat er durch Vermittlungsversuche in Haïti und im Bosnienkonflikt nochmals ins Rampenlicht.

Reagan, Ronald Wilson, *6.2.1911 Tampico IL, 40. Präsident. Der Sohn eines Schuhhandlungsreisenden studierte Soziologie und Volkswirtschaft. 1932–37 arbeitete er als Sportreporter für den Rundfunk, 1937–66 trat er als Schauspieler in ca. 50 zumeist zweitrangigen Filmen auf. Als Präsident der *Screen Actors Guild*

(Schauspielergewerkschaft, 1947–52; 1959–60) profilierte sich der ehemalige Anhänger der Demokratischen Partei als Kommunistengegner und entschiedener Konservativer. 1962 trat er der Republikanischen Partei bei. Eine im Fernsehen übertragene Rede zur Unterstützung der Präsidentschaftskandidatur B.M. Goldwaters (27.10.1964) machte ihn landesweit bekannt. Seine Amtszeit als Gouverneur von California (1967–75) war gekennzeichnet durch Reduzierung der Sozialleistungen. R. bewarb sich 1968, 1972 und 1976 vergeblich um die Präsidentschaftskandidatur. 1980 schließlich aufgestellt, betonte er die Notwendigkeit von Steuersenkungen und Wirtschaftsderegulierung. Er schlug in der Wahl den Amtsinhaber Carter mit überzeugender Mehrheit. Als Präsident (1981–89) – keiner seiner Vorgänger war bei Amtsantritt älter gewesen – überlebte er einen Attentatsversuch (30.3.1981). Trotz schwieriger Wirtschaftslage zu Beginn seiner Amtszeit wurde er 1984 mit Rekordmehrheit wiedergewählt, nachdem die Invasion Grenadas das nationale Selbstbewußtsein gestärkt und Steuererleichterungen sowie defizitäre Ausgabenpolitik ("Reaganomics") die Wirtschaft in Schwung gebracht hatten. Während seiner zweiten Amtsperiode zeigte sich der ehemalige "Kalte Krieger" trotz einer neuen Verteidigungsinitiative ("Star Wars") gegenüber der Sowjetunion konziliant; er traf sich mehrmals mit dem russischen Machthaber Michail Gorbatschow und unterzeichnete 1987 mit ihm einen Vertrag, der den Gebrauch von nuklearbestückten Mittelstreckenraketen untersagte. Zwar schadete die Iran-Contras-Affäre seinem Ansehen, und das Budgetdefizit sowie die Schulden des Bundes erreichten Rekordhöhen, aber der "Große Kommunikator" erfreute sich bis zuletzt guter Beziehungen zur Wählerschaft.

Bush, George Herbert Walker, *12.6.1924 Milton MA, 41. Präsident. Eines von fünf Kindern eines amerikanischen Senators, besuchte er die exklusive Phillips Andover Academy. Während des Zweiten Weltkriegs diente er als Marinepilot an der Pazifikfront und studierte danach an der Yale University. 1953 beteiligte er sich an der Gründung einer texanischen Ölgesellschaft, deren Präsident er bis 1964 blieb. Nach erfolgloser Senatskandidatur 1964 wurde er in das Repräsentantenhaus (1967–71, Rep., TX) gewählt. Präsident Nixon ernannte ihn zum amerikanischen Vertreter bei den UN (1971–73). Unter Präsident Ford stand er dem amerikanischen Verbindungsbüro in der Volksrepublik China (1974–75) vor, wonach er Direktor der CIA wurde. Nach dem Ende von Fords Präsidentschaft ging er nach Texas zurück ins Bankgewerbe. Vizepräsident unter Präsident Reagan (1981–89), folgte er diesem in das Weiße Haus nach. Während seiner Präsidentschaft (1989–93) hatte B. zuerst Fortüne im auswärtigen Bereich. Der Zusammenbruch der Sowjetunion gab den Vereinigten Staaten einige freie Hand. B. nutzte dies zu militärischer Intervention in Panama, wo das mißliebige Regime Manuel Noriegas abgelöst wurde. Größere Ausmaße hatte das amerikanische Engagement im Golfkrieg 1991, das B. unerhörte 90 Prozent Zustimmung in der Bevölkerung einbrachte. Innenpolitisch agierte er jedoch weniger glücklich. Er konnte sein Wahlversprechen, Steuern nicht zu erhöhen, nicht halten; die Ernennung des Schwarzen C. Thomas (1948–) zum Richter am *Supreme Court* brachte gemischte Reaktionen; und die 1991 einsetzende Wirtschaftsrezession senkte die allgemeine Stimmung. Bei der Wahl 1992 schadete B. dann die Kandidatur des Milliardärs H.R. Perot, der zahlreiche Wähler des rechten Lagers auf sich zog, und er verlor das Präsidentenamt an den Demokratischen Bewerber B. Clinton.

Clinton, Bill [eigentlich William Jefferson C.], *19.8.1946 Hope AR, 42. Präsident. Er trug ursprünglich den Familiennamen seines vor seiner Geburt verunglückten Vaters W.J. Blythe, doch nahm er mit 16 Jahren den Familiennamen seines Stiefvaters an. Nach Ausbildung an der Georgetown University (1964–68), der Oxford University (als Rhodes-Stipendiat, 1968–70) und der Yale University (Jurastudium, 1970–73) arbeitete er als Assistent G.S. McGoverns und unterrichtete dann Jura an der University of Arkansas (1974–76). Ab 1976 Justizminister von Arkansas, war er 1978–80 und 1982–92 Gouverneur seines Staats. 1992 wurde er von der Demokratischen Partei als Präsidentschaftskandidat aufgestellt und gewann daraufhin die Wahl gegen G.H.W. Bush und H.R. Perot. Als Präsident geriet er sofort in der Frage der möglichen Zugehörigkeit Homosexueller zu den Streitkräften in Schwierigkeiten; auch die bevorzugende Einsetzung von Frauen und Schwarzen in wichtige Ämter rief in konservativen Kreisen Widerspruch hervor. Der Abschluß des *North American Free Trade Agreement* verärgerte die Anhänger Perots, und das Scheitern der von seiner Frau Hillary Rodham C. in seinem Auftrag groß in Szene gesetzten Reform des Gesundheitswesens ließ erhebliche Zweifel an seiner Führungskompetenz aufkommen. Dies hatte u.a. einen klaren Wahlsieg der Republikanischen Partei in den Kongreßwahlen 1994 zur Folge. Andererseits konnte C. eine irakische Bedrohung Kuwaits abwenden, die Entwicklung von Atomwaffen in Nordkorea beschränken, den Friedensprozeß im Mittleren Osten voranbringen und die Lage in Haïti beruhigen. 1996 trug seine Entsendung amerikanischer Truppen nach Bosnien wohl dazu bei, die dortige Situation zu stabilisieren. Die Demokratische Partei stellte ihn im gleichen Jahr wieder als ihren Präsidentschaftskandidaten auf, und er gewann mit gutem Stimmenvorsprung vor seinen Mitbewerbern. Freilich war dann seine zweite Amtszeit überschattet von dem sich rasch entwickelnden Skandal um die Praktikantin Monica Lewinsky, mit der C. im Weißen Haus ein länger währendes, von ihm zuerst geleugnetes Verhältnis unterhalten hatte. Die fortdauernde gute Wirtschaftskonjunktur und festes präsidentielles Auftreten, vor allem im Kosovokonflikt 1999, konnten sein Renommee danach nur mehr ungenügend salvieren.

2. Kabinett und *Executive Agencies*

2.1 Das Kabinett

Allgemeines

Die amerikanische Verfassung sieht ein Kabinett nicht vor. Im Laufe der Jahrzehnte wurden *Departments* (Ministerien) eingerichtet, deren Leiter (zumeist *Secretary* genannt) vom Präsidenten berufen werden und das sogenannte Kabinett bilden. Das letztere ist lediglich ein Beratungsorgan für den Präsidenten und hat keine weitere Aufgabe und keine eigene Autorität. Der Präsident bleibt auch nach einer Konsultation, die ihm freigestellt ist, in seiner Entscheidung ungebunden. Die meisten Präsidenten konsultieren darüberhinaus Ratgeber oder Gremien außerhalb des Kabinetts. Die Arbeit der *Departments* wird durch eine große Anzahl von Spezialämtern oder –behörden, sogenannten *Executive Agencies*, ergänzt. Viele von ihnen sind einzelnen Ministerien untergeordnet, eine beträchtliche Anzahl arbeitet jedoch unabhängig direkt unter dem Präsidenten (siehe Seite 8).

Die einzelnen *Departments* (Ministerien)
(Die Daten bezeichnen den Zeitpunkt der Gründung durch den Kongreß).

Department of State (Außenministerium; 27.7.1789)
> Das *Department* wurde ursprünglich als *Department of Foreign Affairs* gegründet; der Name wurde am 15.9. in *Department of State* umgeändert.

Department of the Treasury (Finanzministerium; 2.9.1789)

Department of Defense (Verteidigungsministerium; 18.9.1947)
> Ursprünglich *National Military Establishment* genannt, wurde das *Department* aus dem *War Department* und dem *Navy Department* gebildet und besteht aus den *Departments of the Army, of the Navy* und *of the Air Force.*

War Department (Kriegsministerium; 7.8.1789)
> Das *Department* war bis 1798 auch zuständig für die Marine; 1947 ging es im *Department of Defense* auf.

Navy Department (Marineministerium; 30.4.1798)
> Das *Department* ging 1947 im *Department of Defense* auf.

Department of Justice (Justizministerium; 24.9.1789)
> Das *Office of the Attorney General* erhielt offiziellen Kabinettsstatus im März 1792, als der erste *Attorney General*, Edmund Randolph, an der ersten Kabinettssitzung teilnahm. Das *Department of Justice*, dem der *Attorney General* vorsteht, wurde am 22.6.1870 gegründet.

Department of the Interior (Innenminsterium; 3.3.1849)

Department of Agriculture (Landwirtschaftsministerium; 15.5.1862)
Der *Commissioner of Agriculture* wurde am 8.2.1889 in *Secretary of Agriculture* umbenannt und erhielt Kabinettsstatus.

Department of Commerce and Labor (Handels- und Arbeitsministerium; 14.2.1903)
Das *Department* wurde am 4.3.1913 in das **Department of Commerce** und das **Department of Labor** aufgeteilt. Die jeweiligen Secretaries erhielten Kabinettsstatus.

Department of Housing and Urban Development (Wohnungs- und Stadtentwicklungsministerium; 9.9.1965)

Department of Transportation (Transportministerium; 15.10.1966)

Department of Energy (Energieministerium; 4.8.1977)

Department of Health, Education and Welfare (Gesundheits-, Erziehungs- und Sozialministerium; 11.4.1953)
Das *Department* wurde am 27.9.1979 aufgeteilt in das **Department of Education** und das **Department of Health and Human Services**. Die jeweiligen *Secretaries* erhielten Kabinettsstatus.

Department of Veterans Affairs (Kriegsteilnehmerministerium; 25.10.1988, mit Wirkung vom 15.3.1989)

2.2   Bedeutende *Executive Agencies*

Agencies, die einem *Department* (in Klammer) zugeordnet sind

Bureau of Alcohol, Tobacco, and Firearms (Treasury)
Bureau of the Census (Commerce)
Bureau of Economic Analysis (Commerce)
Bureau of Indian Affairs (Interior)
Bureau of Prisons (Justice)
Centers of Disease Control and Prevention (Health and Human Services)
Federal Aviation Administration (Transportation)
Federal Bureau of Investigation (Justice)
Federal Highway Administration (Transportation)
Fish and Wildlife Service (Interior)
Food and Drug Administration (Health and Human Services)
Forest Service (Agriculture)
General Accounting Office (dem Kongreß zugeordnet)
Governmental Printing Office (dem Kongreß zugeordnet)

Immigration and Naturalization Service (Justice)
Internal Revenue Service (Treasury)
Library of Congress (dem Kongreß zugeordnet)
National Institutes of Health (Health and Human Services)
National Oceanic and Atmospheric Administration (Commerce)
National Park Service (Interior)
Occupational Safety & Health Administration (Labor)
Surgeon General (Health and Human Services)
United States Coast Guard (Transportation)
United States Customs Service (Treasury)
United States Mint (Treasury)
United States Secret Service (Treasury)

Agencies, die nicht einem *Department* zugeordnet sind
(Gründungsjahr in Klammern)

United States Arms Control and Disarmament Agency (1961)
Central Intelligence Agency (CIA; 1947)
United States Commission on Civil Rights (1957)
Commodity Futures Trading Commission (CFTC; 1974)
Consumer Product Safety Commission (1972)
Corporation for National Service (1994)
Environmental Protection Agency (EPA; 1970)
Equal Employment Opportunity Commission (EEOC; 1964)
Export–Import Bank of the United States (EXIMBANK; 1934)
Farm Credit Administration (FCA; 1916)
Federal Communications Commission (FCC; 1934)
Federal Deposit Insurance Corporation (FDIC; 1933)
Federal Election Commission (FEC; 1974)
Federal Emergency Management Agency (FEMA; 1979)
Federal Energy Regulatory Commission (1977)
Federal Maritime Commission (1961)
Federal Mediation and Conciliation Service (FMCS; 1947)
Federal Reserve System (FRS; 1913)
Federal Trade Commission (FTC; 1914)
General Services Administration (GSA; 1949)
United States Information Agency (1953)
United States International Trade Commission (1916)
National Aeronautics and Space Administration (NASA; 1958)
National Archives & Records Administration (NARA; 1934/1949/1985)
National Endowment for the Arts (1965)
National Foundation on the Arts and the Humanities (1965)
National Labor Relations Board (NLRB; 1935)
National Mediation Board (1934)

National Railroad Passenger Corporation (Amtrak; 1970)
National Science Foundation (NSF; 1950)
National Transportation Safety Board (1975)
Nuclear Regulatory Commission (NRC; 1975)
Office of Government Ethics (1978; 1989 selbständig)
Office of Personnel Management (OPM; 1979)
Office of Special Counsel (OSP; 1979)
Peace Corps (1961)
Postal Rate Commission (1970)
United States Postal Service (1775/1970)
Securities and Exchange Commission (SEC; 1934)
Selective Service System (SSS; 1940)
Small Business Administration (1953)
Social Security Administration (1935)
Tennessee Valley Authority (TVA; 1933)

2.3 Die Kabinette

■ **Tabelle 3:** Die Kabinette (seit 1789)

Präsident	**George Washington**	**1789–1797**
Vizepräsident	John Adams	1789–1797
State	Thomas Jefferson	1789–1793
	Edmund Randolph	1794–1795
	Timothy Pickering	1795–1797
War	Henry Knox	1789–1794
	Timothy Pickering	1795–1796
	James McHenry	1796–1797
Treasury	Alexander Hamilton	1789–1795
	Oliver Wolcott, Jr.	1795–1797
Postm. Gen.	Samuel Osgood	1789–1791
	Timothy Pickering	1791–1794
	Joseph Habersham	1795–1797
Att. Gen.	Edmund Randolph	1789–1793
	William Bradford	1794–1795
	Charles Lee	1795–1797
Präsident	**John Adams**	**1797–1801**
Vizepräsident	Thomas Jefferson	1797–1801
State	Timothy Pickering	1797–1800
	John Marshall	1800–1801
War	James McHenry	1797–1800
	Samuel Dexter	1800–1801

Treasury	Oliver Wolcott, Jr.	1797–1800
	Samuel Dexter	1800–1801
Postm. Gen.	Joseph Habersham	1797–1801
Att. Gen.	Charles Lee	1797–1801
Navy	Benjamin Stoddert	1798–1801
Präsident	**Thomas Jefferson**	**1801–1809**
Vizepräsident	Aaron Burr	1801–1805
	George Clinton	1805–1809
State	James Madison	1801–1809
War	Henry Dearborn	1801–1809
Treasury	Samuel Dexter	1801
	Albert Gallatin	1801–1809
Postm. Gen.	Joseph Habersham	1801
	Gideon Granger	1801–1809
Att. Gen.	Levi Lincoln	1801–1805
	Robert Smith	1805
	John C. Breckinridge	1805–1806
	Caesar A. Rodney	1807–1809
Navy	Robert Smith	1801–1809
Präsident	**James Madison**	**1809–1817**
Vizepräsident	George Clinton	1809–1813
	Elbridge Gerry	1813–1817
State	Robert Smith	1809–1811
	James Monroe	1811–1817
War	William Eustis	1809–1812
	John Armstrong	1813–1814
	James Monroe	1814–1815
	William H. Crawford	1815–1817
Treasury	Albert Gallatin	1809–1813
	George W. Campbell	1814
	Alexander J. Dallas	1814–1816
	William H. Crawford	1816–1817
Postm. Gen.	Gideon Granger	1809–1814
	Return J. Meigs, Jr.	1814–1817
Att. Gen.	Caesar A. Rodney	1809–1811
	William Pinkney	1811–1814
	Richard Rush	1814–1817
Navy	Paul Hamilton	1809–1813
	William Jones	1813–1814
	Benjamin W. Crowninshield	1814–1817
Präsident	**James Monroe**	**1817–1825**
Vizepräsident	Daniel D. Tompkins	1817–1825
State	John Quincy Adams	1817–1825
War	George Graham	1817

	John C. Calhoun	1817–1825
Treasury	William H. Crawford	1817–1825
Postm. Gen	Return J. Meigs, Jr.	1817–1823
	John McLean	1823–1825
Att. Gen.	Richard Rush	1817
	William Wirt	1817–1825
Navy	Benjamin W. Crowninshield	1817–1818
	Smith Thompson	1818–1823
	Samuel L. Southard	1823–1825

Präsident	**John Quincy Adams**	**1825–1829**
Vizepräsident	John C. Calhoun	1825–1829
State	Henry Clay	1825–1829
War	James Barbour	1825–1828
	Peter B. Porter	1828–1829
Treasury	Richard Rush	1825–1829
Postm. Gen.	John McLean	1825–1829
Att. Gen.	William Wirt	1825–1829
Navy	Samuel L. Southard	1825–1829

Präsident	**Andrew Jackson**	**1829–1837**
Vizepräsident	John C. Calhoun	1829–1832
	Martin Van Buren	1833–1837
State	Martin Van Buren	1829–1831
	Edward Livingston	1831–1833
	Louis McLane	1833–1834
	John Forsyth	1834–1837
War	John H. Eaton	1829–1831
	Lewis Cass	1831–1833
	Benjamin Butler	1837
Treasury	Samuel D. Ingham	1829–1831
	Louis McLane	1831–1833
	William J. Duane	1833
	Roger B. Taney	1833–1834
	Levi Woodbury	1834 1837
Postm. Gen.	William T. Barry	1829–1835
	Amos Kendall	1835–1837
Att. Gen.	John M. Berrien	1829–1831
	Roger B. Taney	1831–1833
	Benjamin F. Butler	1833–1837
Navy	John Branch	1829–1831
	Levi Woodbury	1831–1834
	Mahlon Dickerson	1834–1837

Präsident	**Martin Van Buren**	**1837–1841**
Vizepräsident	Richard M. Johnson	1837–1841
State	John Forsyth	1837–1841

War	Joel R. Poinsett	1837–1841
Treasury	Levi Woodbury	1837–1841
Postm. Gen.	Amos Kendall	1837–1840
	John M. Niles	1840–1841
Att. Gen.	Benjamin F. Butler	1837–1838
	Felix Grundy	1838–1840
	Henry D. Gilpin	1840–1841
Navy	Mahlon Dickerson	1837–1838
	James K. Paulding	1838–1841
Präsident	**William H. Harrison**	**1841**
Vizepräsident	John Tyler	1841
State	Daniel Webster	1841
War	John Bell	1841
Treasury	Thomas Ewing	1841
Postm. Gen.	Francis Granger	1841
Att. Gen.	John J. Crittenden	1841
Navy	George E. Badger	1841
Präsident	**John Tyler**	**1841–1845**
Vizepräsident	–	
State	Daniel Webster	1841–1843
	Hugh S. Legaré	1843
	Abel P. Upshur	1843–1844
	John C. Calhoun	1844–1845
War	John Bell	1841
	John C. Spencer	1841–1843
	John M. Porter	1843–1844
	William Wilkins	1844–1845
Treasury	Thomas Ewing	1841
	Walter Forward	1841–1843
	John C. Spencer	1843–1844
	George M. Bibb	1844–1845
Postm. Gen.	Francis Granger	1841
	Charles A. Wickliffe	1841
Att. Gen.	John J. Crittenden	1841
	Hugh S. Legaré	1841–1843
	John Nelson	1843–1845
Navy	George Badger	1841
	Abel P. Upshur	1841
	David Henshaw	1843–1844
	Thomas W. Gilmer	1844
	John Y. Mason	1844–1845
Präsident	**James K. Polk**	**1845–1849**
Vizepräsident	George M. Dallas	1845–1849
State	James Buchanan	1845–1849

War	William L. Marcy	1845–1849
Treasury	Robert J. Walker	1845–1849
Postm. Gen.	Cave Johnson	1845–1949
Att. Gen.	John Y. Mason	1845–1846
	Nathan Clifford	1846–1848
	Isaac Toucey	1848–1849
Navy	George Bancroft	1845–1846
	John Y. Mason	1846–1849

Präsident	**Zachary Taylor**	**1849–1850**
Vizepräsident	Millard Fillmore	1849–1850
State	John M. Clayton	1849–1850
War	George Crawford	1849–1850
Treasury	William M. Meredith	1849–1850
Postm. Gen.	Jacob Collamer	1849–1850
Att. Gen.	Reverdy Johnson	1849–1850
Navy	William Preston	1849–1850
Interior	Thomas Ewing	1849–1850

Präsident	**Millard Fillmore**	**1850–1853**
Vizepräsident	–	
State	Daniel Webster	1850–1852
	Edward Everett	1852–1853
War	Charles M. Conrad	1850–1853
Treasury	Thomas Corwin	1850–1853
Postm. Gen.	Nathan K. Hall	1850–1852
	Sam D. Hubbard	1852–1853
Att. Gen.	John J. Crittenden	1850–1853
Navy	William A. Graham	1850–1852
	John P. Kennedy	1850–1853
Interior	Thomas McKennan	1850
	Alexander Stuart	1850–1853

Präsident	**Franklin Pierce**	**1853–1857**
Vizepräsident	William R. King	1853–1857
State	William L. Marcy	1853–1857
War	Jefferson Davis	1853–1857
Treasury	James Guthrie	1853–1857
Postm. Gen.	James Campbell	1853–1857
Att. Gen.	Caleb Cushing	1853–1857
Navy	James C. Dobbin	1853–1857
Interior	Robert McClelland	1853–1857

Präsident	**James Buchanan**	**1857–1861**
Vizepräsident	John C. Breckinridge	1857–1861
State	Lewis Cass	1857–1860
	Jeremiah S. Black	1860–1861

War	John B. Floyd	1857–1861
	Joseph Holt	1861
Treasury	Howell Cobb	1857–1860
	Philip F. Thomas	1860–1861
	John A. Dix	1861
Postm. Gen.	Aaron V. Brown	1857–1859
	Joseph Holt	1859–1861
	Horatio King	1861
Att. Gen.	Jeremiah S. Black	1857–1860
	Edwin M. Stanton	1860–1861
Navy	Isaac Toucey	1857–1861
Interior	Jacob Thompson	1857–1861
Präsident	**Abraham Lincoln**	**1861–1865**
Vizepräsident	Hannibal Hamlin	1861–1865
	Andrew Johnson	1865
State	William H. Seward	1861–1865
War	Simon Cameron	1861–1862
	Edwin M. Stanton	1862–1865
Treasury	Samuel P. Chase	1861–1864
	William P. Fessenden	1864–1865
	Hugh McCulloch	1865
Postm. Gen.	Horatio King	1861
	Montgomery Blair	1861–1864
	William Dennison	1864–1865
Att. Gen.	Edward Bates	1861–1864
	James Speed	1864–1865
Navy	Gideon Welles	1861–1865
Interior	Caleb B. Smith	1861–1863
	John P. Usher	1863–1865
Präsident	**Andrew Johnson**	**1865–1869**
Vizepräsident	–	
State	William H. Seward	1865–1869
War	Edwin M. Stanton	1865–1867
	Ulysses S. Grant	1867–1868
	Lorenzo Thomas	1868
	John M. Schofield	1868–1869
Treasury	Hugh McCulloch	1865–1869
Postm. Gen.	William Dennison	1865–1866
	Alexander Randall	1866–1869
Att. Gen.	James Speed	1865–1866
	Henry Stanbery	1866–1868
	William M. Evarts	1868–1869
Navy	Gideon Welles	1865–1869
Interior	John P. Usher	1865
	James Harlan	1865–1866
	Orville H. Browning	1866–1869

Präsident	**Ulysses S. Grant**	**1869–1877**
Vizepräsident	Schuyler Colfax	1869–1873
	Henry Wilson	1873–1875
State	Elihu B. Washburne	1869
	Hamilton Fish	1869–1877
War	John A. Rawlins	1869
	William T. Sherman	1869
	William W. Belknap	1869–1876
	Alphonso Taft	1876
	James D. Cameron	1876–1877
Treasury	George S. Boutwell	1869–1873
	William A. Richardson	1873–1874
	Benjamin H. Bristow	1874–1876
	Lot M. Morrill	1876–1877
Postm. Gen.	John A.J. Creswell	1869–1874
	James W. Marshall	1874
	Marshall Jewell	1874–1876
	James N. Tyner	1876–1877
Att. Gen.	Ebenezer Hoar	1869–1870
	Amos T. Ackerman	1870–1871
	George H. Williams	1871–1875
	Edwards Pierrepont	1875–1876
	Alphonso Taft	1876–1877
Navy	Adolph E. Borie	1869
	George M. Robeson	1869–1877
Interior	Jacob D. Cox	1869–1870
	Columbus Delano	1870–1875
	Zachariah Chandler	1875–1877

Präsident	**Rutherford B. Hayes**	**1877–1881**
Vizepräsident	William A. Wheeler	1877–1881
State	William B. Evarts	1877–1881
War	George W. McCrary	1877–1879
	Alexander Ramsey	1879–1881
Treasury	John Sherman	1877–1881
Postm. Gen.	David M. Key	1877–1880
	Horace Maynard	1880–1881
Att. Gen.	Charles Devens	1877–1881
Navy	Richard W. Thompson	1877–1880
	Nathan Goff, Jr.	1881
Interior	Carl Schurz	1877–1881

Präsident	**James A. Garfield**	**1881**
Vizepräsident	Chester A. Arthur	1881
State	James G. Blaine	1881
War	Robert T. Lincoln	1881
Treasury	William Windom	1881

Postm. Gen.	Thomas L. James	1881
Att. Gen.	Wayne MacVeagh	1881
Navy	William H. Hunt	1881
Interior	Samuel J. Kirkwood	1881
Präsident	**Chester A. Arthur**	**1881–1885**
Vizepräsident	–	
State	Frederick T. Frelinghuysen	1881–1885
War	Robert T. Lincoln	1881–1885
Treasury	Charles J. Folger	1881–1884
	Walter Q. Gresham	1884
	Hugh McCulloch	1884–1885
Postm. Gen.	Timothy O. Howe	1881–1883
	Walter Q. Gresham	1883–1884
	Frank Hatton	1884–1885
Att. Gen.	Benjamin H. Brewster	1881–1885
Navy	William H. Hunt	1881–1882
	William E. Chandler	1882–1885
Interior	Samuel J. Kirkwood	1881–1882
	Henry M. Teller	1882–1885
Präsident	**S. Grover Cleveland**	**1885–1889**
Vizepräsident	Thomas A. Hendricks	1885
State	Thomas F. Bayard	1885–1889
War	William C. Endicott	1885–1889
Treasury	Daniel Manning	1885–1887
	Charles S. Fairchild	1887–1889
Postm. Gen.	William F. Vilas	1885–1888
	Don M. Dickinson	1888–1889
Att. Gen.	Augustus H. Garland	1885–1889
Navy	William C. Whitney	1885–1889
Interior	Lucius Q.C. Lamar	1885–1888
	William F. Vilas	1888–1889
Agriculture	Norman J. Colman	1889
Präsident	**Benjamin Harrison**	**1889–1893**
Vizepräsident	Levi P. Morton	1889–1893
State	James G. Blaine	1889–1892
	John W. Foster	1892–1893
War	Redfield Proctor	1889–1891
	Stephen B. Elkins	1891–1893
Treasury	William Windom	1889–1891
	Charles Foster	1891–1893
Postm. Gen.	John Wanamaker	1889–1893
Att. Gen.	William H.H. Miller	1889–1891
Navy	Benjamin F. Tracy	1889–1893
Interior	John W. Noble	1889–1893
Agriculture	Jeremiah M. Rusk	1889–1893

Präsident	**S. Grover Cleveland**	**1893–1897**
Vizepräsident	Adlai E. Stevenson	1893–1897
State	Walter Q. Gresham	1893–1895
	Richard Olney	1895–1897
War	Daniel S. Lamont	1893–1897
Treasury	John G. Carlisle	1893–1897
Postm. Gen.	Wilson S. Bissell	1893–1895
	William L. Wilson	1895–1897
Att. Gen.	Richard Olney	1893–1895
	Judson Harmon	1895–1897
Navy	Hilary A. Herbert	1893–1897
Interior	Hoke Smith	1893–1896
	David R. Francis	1896–1897
Agriculture	Julius S. Morton	1893–1897

Präsident	**William McKinley**	**1897–1901**
Vizepräsident	Garret H.A. Hobart	1897–1899
	Theodore Roosevelt	1901
State	John Sherman	1897–1898
	William R. Day	1898
	John M. Hay	1898–1901
War	Russell A. Alger	1897–1899
	Elihu Root	1899–1901
Treasury	Lyman J. Gage	1897–1901
Postm. Gen.	James A. Gary	1897–1898
	Charles E. Smith	1898–1901
Att. Gen.	Joseph McKenna	1897–1898
	John W. Griggs	1898–1901
	Philander C. Knox	1901
Navy	John D. Long	1897–1901
Interior	Cornelius N. Bliss	1897–1899
	Ethan A. Hitchcock	1899–1901
Agriculture	James Wilson	1897–1901

Präsident	**Theodore Roosevelt**	**1901–1909**
Vizepräsident	Charles W. Fairbanks	1905–1909
State	John M. Hay	1901–1905
	Elihu Root	1905–1909
	Robert Bacon	1909
War	Elihu Root	1901–1904
	William H. Taft	1904–1908
	Luke E. Wright	1908–1909
Treasury	Lyman J. Gage	1901–1902
	Leslie M. Shaw	1902–1907
	George B. Cortelyou	1907–1909
Postm. Gen.	Charles E. Smith	1901–1902
	Henry C. Payne	1902–1904

	Robert J. Wynne	1904–1905
	George B. Cortelyou	1905–1907
	George von L. Meyer	1907–1909
Att. Gen.	Philander C. Knox	1901–1904
	William H. Moody	1904–1906
	Charles J. Bonaparte	1906–1909
Navy	John D. Long	1901–1902
	William H. Moody	1902–1904
	Paul Morton	1904–1905
	Charles J. Bonaparte	1905–1906
	Victor H. Metcalf	1906–1908
	Truman H. Newberry	1908–1909
Interior	Ethan A. Hitchocock	1901–1907
	James R. Garfield	1907–1909
Agriculture	James Wilson	1901–1909
Labor/Commerce	George B. Cortelyou	1903–1904
	Victor H. Metcalf	1904–1906
	Oscar S. Straus	1906–1909
	Charles Nagel	1909

Präsident	**William H. Taft**	**1909–1913**
Vizepräsident	James S. Sherman	1909–1912
State	Philander C. Knox	1909–1913
War	Jacob M. Dickinson	1909–1911
	Henry L. Stimson	1911–1913
Treasury	Franklin MacVeagh	1909–1913
Postm. Gen.	Frank H. Hitchcock	1909–1913
Att. Gen.	George W. Wickersham	1909–1913
Navy	George von L. Meyer	1909–1913
Interior	Richard A. Ballinger	1909–1913
	Walter L. Fisher	1911–1913
Agriculture	James Wilson	1909–1913
Labor/Commerce	Charles Nagel	1909–1913

Präsident	**T. Woodrow Wilson**	**1913–1921**
Vizepräsident	Thomas R. Marshall	1913–1921
State	William J. Bryan	1913–1915
	Robert Lansing	1915–1920
	Bainbridge Colby	1920–1921
War	Lindley M. Garrison	1913–1916
	Newton D. Baker	1916–1921
Treasury	William G. McAdoo	1913–1918
	Carter Glass	1918–1920
	David F. Houston	1920–1921
Postm. Gen.	Albert S. Burleson	1913–1921
Att. Gen.	James C. McReynolds	1913–1914
	Thomas W. Gregory	1914–1919

	A. Mitchell Palmer	1919–1921
Navy	Josephus Daniels	1913–1921
Interior	Franklin K. Lane	1913–1920
	John B. Payne	1920–1921
Agriculture	David F. Houston	1913–1920
	Edwin T. Meredith	1920–1921
Commerce	William C. Redfield	1913–1919
	Joshua W. Alexander	1919–1921
Labor	William B. Wilson	1913–1921

Präsident	**Warren G. Harding**	**1921–1923**
Vizepräsident	Calvin Coolidge	1921–1923
State	Charles E. Hughes	1921–1923
War	John W. Weeks	1921–1923
Treasury	Andrew W. Mellon	1921–1923
Postm. Gen.	Will H. Hays	1921–1922
	Hubert Work	1922–1923
	Harry S. New	1923
Att. Gen.	Harry M. Daugherty	1921–1923
Navy	Edwin Denby	1921–1923
Interior	Albert B. Fall	1921–1923
	Hubert Work	1923
Agriculture	Henry C. Wallace	1921–1923
Commerce	Herbert C. Hoover	1921–1923
Labor	James J. Davis	1921–1923

Präsident	**Calvin Coolidge**	**1923–1929**
Vizepräsident	Charles G. Dawes	1925–1929
State	Charles E. Hughes	1923–1925
	Frank B. Kellogg	1925–1929
War	John W. Weeks	1923–1925
	Dwight F. Davis	1925–1929
Treasury	Andrew W. Mellon	1923–1929
Postm. Gen.	Harry S. New	1923–1929
Att. Gen.	Harry M. Daugherty	1923–1924
	Harlan F. Stone	1924–1925
	John G. Sargent	1925–1929
Navy	Edwin Derby	1923–1924
	Curtis D. Wilbur	1924–1929
Interior	Hubert Work	1923–1928
	Roy O. West	1928–1929
Agriculture	Henry C. Wallace	1923–1924
	Howard M. Gore	1924–1925
	William M. Jardine	1925–1929
Commerce	Herbert C. Hoover	1923–1928
	William F. Whiting	1928–1929
Labor	James J. Davis	1923–1929

Präsident	**Herbert C. Hoover**	**1929–1933**
Vizepräsident	Charles Curtis	1929–1933
State	Henry L. Stimson	1929–1933
War	James W. Good	1929
	Patrick J. Hurley	1929–1933
Treasury	Andrew W. Mellon	1929–1932
	Ogdem L. Mills	1932–1933
Postm. Gen.	Walter F. Brown	1929–1933
Att. Gen.	William D. Mitchell	1929–1933
Navy	Charles F. Adams	1929–1933
Interior	Ray L. Wilbur	1929–1933
Agriculture	Arthur M. Hyde	1929–1933
Commerce	Robert P. Lamont	1929–1932
	Roy D. Chapin	1932–1933
Labor	James J. Davis	1929–1930
	William N. Doak	1930–1933

Präsident	**Franklin D. Roosevelt**	**1933–1945**
Vizepräsident	John N. Garner	1933–1941
	Henry A. Wallace	1941–1945
	Harry S Truman	1945
State	Cordell Hull	1933–1944
	Edward R. Stettinius, Jr.	1944–1945
War	George H. Dern	1933–1936
	Henry A. Woodring	1936–1940
	Henry L. Stimson	1940–1945
Treasury	William H. Woodin	1933–1934
	Henry Morgenthau, Jr.	1934–1945
Postm. Gen.	James A. Farley	1933–1940
	Frank C. Walker	1940–1945
Att. Gen.	Homer S. Cummings	1933–1939
	Frank Murphy	1939–1949
	Robert H. Jackson	1940–1941
	Francis Biddle	1941–1945
Navy	Claude A. Swanson	1933–1940
	Charles Edison	1940
	Frank Knox	1940–1944
	James V. Forrestal	1944–1945
Interior	Harold L. Ickes	1933–1945
Agriculture	Henry A. Wallace	1933–1940
	Claude R. Wickard	1940–1945
Commerce	Daniel C. Roper	1933–1939
	Harry L. Hopkins	1939–1940
	Jesse H. Jones	1940–1945
	Henry A. Wallace	1945
Labor	Frances Perkins	1933–1945

Präsident	**Harry S Truman**	**1945–1953**
Vizepräsident	Alben W. Barkley	1949–1953
State	Edward R. Stettinius, Jr.	1945
	James F. Byrnes	1945–1947
	George C. Marshall	1947–1949
	Dean G. Acheson	1949–1953
War	Robert P. Patterson	1945–1947
	Kenneth C. Royall	1947
Treasury	Fred M. Vinson	1945–1946
	John W. Snyder	1946–1953
Postm. Gen.	Frank C. Walker	1945
	Robert E. Hannegan	1945–1947
	Jesse M. Donaldson	1947–1953
Att. Gen.	Tom C. Clark	1945–1949
	J. Howard McGrath	1949–1952
	James P. McGranery	1952–1953
Navy	James V. Forrestal	1945–1947
Interior	Harold L. Ickes	1945–1946
	Julius A. Krug	1946–1949
	Oscar L. Chapman	1949–1953
Agriculture	Clinton P. Anderson	1945–1948
	Charles F. Brannan	1948–1953
Commerce	Henry A. Wallace	1945–1946
	W. Averell Harriman	1946–1948
	Charles W. Sawyer	1948–1953
Labor	Lewis B. Schwellenbach	1945–1948
	Maurice J. Tobin	1948–1953
Defense	James V. Forrestal	1947–1949
	Louis A. Johnson	1949–1950
	George C. Marshall	1950–1951
	Robert A. Lovett	1951–1953

Präsident	**Dwight D. Eisenhower**	**1953–1961**
Vizepräsident	Richard M. Nixon	1953–1961
State	John Foster Dulles	1953–1959
	Christian A. Herter	1959–1961
Treasury	George M. Humphrey	1953–1957
	Robert B. Anderson	1957–1961
Postm. Gen.	Arthur E. Summerfield	1953–1961
Att. Gen.	Herbert Brownell, Jr.	1953–1958
	William P. Rogers	1958–1961
Interior	Douglas McKay	1953–1956
	Fred A. Seaton	1956–1961
Agriculture	Ezra T. Benson	1953–1961
Commerce	Sinclair Weeks	1953–1958
	Lewis L. Strauss	1958–1959
	Frederick H.M. Mueller	1959–1961

Labor	Martin P. Durkin	1953
	James P. Mitchell	1953–1961
Defense	Charles E. Wilson	1953–1957
	Neil H. McElroy	1957–1959
	Thomas S. Gates, Jr.	1959–1961
HEW	Oveta Culp Hobby	1953–1955
	Marion B. Folsom	1955–1958
	Arthur S. Flemming	1958–1961

Präsident	**John F. Kennedy**	**1961–1963**
Vizepräsident	Lyndon B. Johnson	1961–1963
State	Dean Rusk	1961–1963
Treasury	C. Douglas Dillon	1961–1963
Postm. Gen.	J. Edward Day	1961–1963
	John A. Gronouski	1963
Att. Gen.	Robert F. Kennedy	1961–1963
Interior	Stewart L. Udall	1961–1963
Agriculture	Orville L. Freeman	1961–1963
Commerce	Luther H. Hodges	1961–1963
Labor	Arthur J. Goldberg	1961–1962
	Willard W. Wirtz	1962–1963
Defense	Robert S. McNamara	1961–1963
HEW	Abraham A. Ribicoff	1961–1962
	Anthony J. Celebrezze	1962–1963

Präsident	**Lyndon B. Johnson**	**1963–1969**
Vizepräsident	Hubert H. Humphrey	1965–1969
State	Dean Rusk	1963–1969
Treasury	C. Douglas Dillon	1963–1965
	Henry H. Fowler	1965–1969
Postm. Gen.	John A. Gronouski	1963–1965
	Lawrence F. O'Brien	1965–1968
	Marvin Watson	1968–1969
Att. Gen.	Robert F. Kennedy	1963–1964
	Nicholas Katzenbach	1965–1966
	Ramsey Clark	1967–1969
Interior	Stewart L. Udall	1963–1969
Agriculture	Orville L. Freeman	1963–1969
Commerce	Luther H. Hodges	1963–1964
	John T. Connor	1964–1967
	Alexander B. Trowbridge	1967–1968
	Cyrus R. Smith	1968–1969
Labor	W. Willard Wirtz	1963–1969
Defense	Robert F.S. McNamara	1963–1968
	Clark M. Clifford	1968–1969
HEW	Anthony J. Celebrezze	1963–1965
	John W. Gardner	1965–1968

	Wilbur J. Cohen	1968–1969
HUD	Robert C. Weaver	1966–1969
	Robert C. Wood	1969
Transportation	Alan S. Boyd	1967–1969

Präsident	**Richard M. Nixon**	**1969–1974**
Vizepräsident	Spiro T. Agnew	1969–1973
	Gerald R. Ford	1973–1974
State	William P. Rogers	1969–1973
	Henry A. Kissinger	1973–1974
Treasury	David M. Kennedy	1969–1970
	John B. Connally	1971–1972
	George P. Shultz	1972–1974
	William E. Simon	1974
Postm. Gen.	Winton M. Blount	1969–1971
Att. Gen.	John N. Mitchell	1969–1972
	Richard G. Kleindienst	1972–1973
	Elliot L. Richardson	1973
	William B. Saxbe	1973–1974
Interior	Walter J. Hickel	1969–1970
	Rogers C.B. Morton	1971–1974
Agriculture	Clifford M. Hardin	1969–1971
	Earl L. Butz	1971–1974
Commerce	Maurice H. Stans	1969–1972
	Peter G. Peterson	1972–1973
	Frederick B. Dent	1973–1974
Labor	George P. Shultz	1969–1970
	James D. Hodgson	1970–1973
	Peter J. Brennan	1973–1974
Defense	Melvin R. Laird	1969–1973
	Elliot L. Richardson	1973
	James R. Schlesinger	1973–1974
HEW	Robert H. Finch	1969–1970
	Elliot L. Richardson	1970–1973
	Caspar W. Weinberger	1973–1974
HUD	George W. Romney	1969–1973
	James T. Lynn	1973–1974
Transportation	John A. Volpe	1969–1973
	Claude S. Brinegar	1973–1974

Präsident	**Gerald R. Ford**	**1974–1977**
Vizepräsident	Nelson A. Rockefeller	1974–1977
State	Henry A. Kissinger	1974–1977
Treasury	William E. Simon	1974–1977
Att. Gen.	William B. Saxbe	1974–1975
	Edward H. Levi	1975–1977
Interior	Rogers C.B. Morton	1974–1975

	Stanley K. Hathaway	1975
	Thomas S.D. Kleppe	1975–1977
Agriculture	Earl L. Butz	1974–1976
	John A. Knebel	1976–1977
Commerce	Frederick B. Dent	1974–1975
	Rogers C.B. Morton	1975–1976
	Elliot L. Richardson	1976–1977
Labor	Peter J. Brennan	1974–1975
	John T. Dunlop	1975–1976
	W.J. Usery, Jr.	1976–1977
Defense	James R. Schlesinger	1974–1975
	Donald H. Rumsfeld	1975–1977
HEW	Caspar W. Weinberger	1974–1975
	F. David Mathews	1975–1977
HUD	James T. Lynn	1974–1975
	Carla A. Hills	1975–1977
Transportation	Claude S. Brinegar	1974–1975
	William T. Coleman, Jr.	1974–1977

Präsident	**Jimmy Carter**	**1977–1981**
Vizepräsident	Walter F. Mondale	1977–1981
State	Cyrus R. Vance	1977–1980
	Edmund S. Muskie	1980–1981
Treasury	W. Michael Blumenthal	1977–1979
	G. William Miller	1979–1981
Att. Gen.	Griffin Bell	1977–1979
	Benjamin R. Civiletti	1979–1981
Interior	Cecil D. Andrus	1977–1981
Agriculture	Robert Bergland	1977–1981
Commerce	Juanita M. Kreps	1977–1979
	Philip M. Klutznick	1979–1981
Labor	F. Ray Marshall	1977–1981
Defense	Harold Brown	1977–1981
HEW	Joseph A. Califano, Jr.	1977–1979
	Patricia R. Harris	1979
HHS	Patricia R. Harris	1979–1981
HUD	Patricia R. Harris	1977–1979
	Moon Landrieu	1979–1981
Transportation	Brock Adams	1977–1979
	Neil E. Goldschmidt	1979–1981
Energy	James R. Schlesinger, Jr.	1977–1979
	Charles W. Duncan, Jr.	1979–1981
Education	Shirley M. Hufstedler	1979–1981

Präsident	**Ronald W. Reagan**	**1981–1989**
Vizepräsident	George H.W. Bush	1981–1989
State	Alexander M. Haig, Jr.	1981–1982

	George P. Shultz	1982–1989
Treasury	Donald T. Regan	1981–1985
	James A. Baker III	1985–1988
	Nichols F. Brady	1988–1989
Att. Gen.	William F. Smith	1981–1985
	Edwin A. Meese	1985–1988
	Richard L. Thornburgh	1988–1989
Interior	James G. Watt	1981–1983
	William P. Clarke, Jr.	1983–1985
	Donald P. Hodel	1985–1989
Agriculture	John R. Block	1981–1986
	Richard E. Lyng	1986–1989
Commerce	Malcolm Baldrige	1981–1987
	C. William Verity, Jr.	1987–1989
Labor	Raymond J. Donovan	1981–1985
	William E. Brock	1985–1987
	Ann Dore McLaughlin	1987–1989
Defense	Caspar W. Weinberger	1981–1987
	Frank C. Carlucci	1987–1989
HHS	Richard S. Schweiker	1981–1983
	Margaret M. Heckler	1983–1985
	Otis R. Bowen	1985–1989
HUD	Samuel R. Pierce, Jr.	1981–1989
Transportation	Andrew L. Lewis, Jr.	1981–1983
	Elizabeth H. Dole	1983–1987
	James H. Burnley	1987–1989
Energy	James B. Edwards	1981–1982
	Donald B.P. Hodel	1982–1985
	John S. Herrington	1985–1989
Education	Terrel H. Bell	1981–1985
	William J. Bennett	1985–1988
	Lauro F. Cavazos	1988–1989
Präsident	**George H.W. Bush**	**1989–1993**
Vizepräsident	J. Danforth Quayle	1989–1993
State	James A. Baker III	1989–1992
	Lawrence Eagleburger	1992–1993
Treasury	Nicholas F. Brady	1989–1993
Att. Gen.	Richard L. Thornburgh	1989–1992
	William P. Barr	1992–1993
Interior	Manuel Lujan, Jr.	1989–1993
Agriculture	Clayton K. Yeutter	1989–1991
	Edward Madigan	1991–1993
Commerce	Robert A. Mosbacher	1989–1992
	Barbara H. Franklin	1992–1993
Labor	Elizabeth H. Dole	1989–1991
	Lynn Martin	1991–1993

Defense	Richard B. Cheney	1989–1993
HHS	Louis W. Sullivan	1989–1993
HUD	Jack F. Kemp	1989–1993
Transportation	Samuel K. Skinner	1989–1992
	Andrew H. Card	1992–1993
Energy	James D. Watkins	1989–1993
Education	Lauro F. Cavazos	1989–1991
	Lamar Alexander	1991–1993
Veterans	Edward J. Derwinski	1989–1993
Präsident	**Bill Clinton**	**1993–**
Vizepräsident	Albert Gore, Jr.	1993–
State	Warren M. Christopher	1993–1996
	Madeleine K. Albright	1996–
Treasury	Lloyd Bentsen	1993–1995
	Robert E. Rubin	1995–
Defense	Les Aspin	1993–1994
	William J. Perry	1994–1996
	William S. Cohen	1997–
Att. Gen.	Janet Reno	1993–
Interior	Bruce Babbitt	1993–
Agriculture	Michael Espy	1993–1995
	Dan Glickman	1995–
Commerce	Ronald H. Brown	1993–1996
	Mickey Kantor	1996–1997
	William M. Daley	1997
Labor	Robert B. Reich	1993–1997
	Alexis M. Herman	1997–
HHS	Donna E. Shalala	1993–
HUD	Henry G. Cisneros	1993–1997
	Andrew M. Cuomo	1997–
Transportation	Federico F. Peña	1993–1997
	Rodney E. Slater	1997–
Energy	Hazel R. O'Leary	1993–1997
	Federico F. Peña	1997–1998
	Bill Richardson	1998–
Education	Richard W. Riley	1993
Veterans	Jesse Brown	1993–1998
	Togo D. West, Jr.	1998–

3. Diplomatischer Dienst

■ **Tabelle 4:** Amerikanische Botschafter und Gesandte in ausgewählten
Ländern (seit 1785)

Land/Name	Amtsdauer	Land/Name	Amtsdauer
Frankreich		Hugh Campbell Wallace	1919–1921
		Myron T. Herrick	1921–1929
Benjamin Franklin	1779–1785	Walter E. Edge	1929–1933
Thomas Jefferson	1785–1789	Jesse Isidor Straus	1933–1936
William Short	1790–1792	William C. Bulitt	1936–1940
Gouverneur Morris	1792–1794	William D. Leahy	1941–1942
James Monroe	1794–1796	Jefferson Caffery	1944–1949
Robert R. Livingston	1801–1804	David K.E. Bruce	1949–1952
John Armstrong	1804–1810	James Clement Dunn	1952–1953
Jonathan Russel	1811–1811	C. Douglas Dillon	1953–1957
Joel Barlow	1811–1812	Amory Houghton	1957–1961
William H. Crawford	1813–1815	James M. Gavin	1961–1962
Albert Gallatin	1816–1823	Charles E. Bohlen	1962–1968
James Brown	1824–1829	Robert Sargent Shriver, Jr.	1968–1970
William C. Rives	1829–1832	Arthur K. Watson	1970–1972
Levett Harris	1833–1833	John N. Irwin II	1973–1974
Edward Livingston	1833–1835	Kenneth Rush	1974–1977
Lewis Cass	1836–1842	Arthur A. Hartman	1977–1981
William R. King	1844–1846	Evan Griffith Galbraith	1981–1985
Richard Rush	1847–1849	Joe M. Rodgers	1985–1989
William C. Rives	1849–1853	Walter J.P. Curley	1989–1993
John Y. Mason	1854–1859	Pamela Harriman	1993–1997
Charles J. Faulkner	1860–1861	Felix G. Rohatyn	1997–
William L. Dayton	1861–1864		
John Bigelow	1865–1866		
John A. Dix	1866–1869	**Großbritannien**	
Elihu B. Washburne	1869–1877		
Edward F. Noyes	1877–1881	John Adams	1785–1788
Levi P. Morton	1881–1885	Thomas Pinckney	1792–1796
Robert M. McLane	1885–1889	Rufus King	1796–1803
Whitelaw Reid	1889–1892	James Monroe	1803–1807
T. Jefferson Coolidge	1892–1893	William Pinkney	1808–1811
James B. Eustis	1893–1897	Jonathan Russell	1811–1812
Horace Porter	1897–1905	John Q. Adams	1815–1817
Robert S. McCormick	1905–1907	Richard Rush	1818–1825
Henry White	1907–1909	Rufus King	1825–1826
Robert Bacon	1909–1912	Albert Gallatin	1826–1827
Myron T. Herrick	1912–1914	James Barbour	1828–1829
William G. Sharp	1914–1919	Louis McLane	1829–1831

Land/Name	Amtsdauer	Land/Name	Amtsdauer
Martin Van Buren	1831–1832	John J. Louis, Jr.	1981–1983
Aaron Vail	1832–1836	Charles H. Price II	1983–1989
Andrew Stevenson	1836–1841	Henry E. Catto, Jr.	1989–1991
Edward Everett	1841–1845	Raymond G.H. Seitz	1991–1994
Louis McLane	1845–1846	William J. Crowe, Jr.	1994–1997
George Bancroft	1846–1849	Philip Lader	1997–
Abbott Lawrence	1849–1852		
Joseph R. Ingersoll	1852–1853		
James Buchanan	1853–1856	**Preußen/Deutsches Reich**	
George M. Dallas	1856–1861		
Charles Francis Adams	1861–1868	John Quincy Adams	1797–1801
Reverdy Johnson	1868–1869	Henry Wheaton	1835–1846
J. Lothrop Motley	1869–1870	Andrew J. Donelson	1846–1849
Robert C. Schenck	1871–1876	Edward A. Hannegan	1849–1850
Edwards Pierrepont	1876–1877	Daniel D. Barnard	1850–1853
John Welsh	1877–1879	Peter D. Vroom	1853–1857
James Russell Lowell	1880–1885	Joseph A. Wright	1857–1861
Edward J. Phelps	1885–1889	Norman B. Judd	1861–1865
Robert T. Lincoln	1889–1893	Joseph A. Wright	1865–1867
Thomas F. Bayard	1893–1897	George Bancroft	1867–1874
John Hay	1897–1898	J.C. Bancroft Davis	1874–1877
Joseph Choate	1899–1905	Bayard Taylor	1878–1878
Whitelaw Reid	1905–1912	Andrew D. White	1879–1881
Walter Hines Page	1913–1918	Aaron A. Sargent	1882–1884
John W. Davis	1918–1921	John A. Kasson	1884–1885
George Harvey	1921–1923	George H. Pendleton	1885–1889
Frank B. Kellogg	1924–1925	William Walter Phelps	1889–1893
Alanson B. Houghton	1925–1929	Theodore Runyon	1893–1896
Charles G. Dawes	1929–1931	Edwin F. Uhl	1896–1897
Andrew W. Mellon	1932–1933	Andrew D. White	1897–1902
Robert Worth Bingham	1933–1937	Charlemagne Tower	1902–1908
Joseph P. Kennedy	1938–1940	David Jayne Hill	1908–1911
John G. Winant	1941–1946	John G.A. Leishman	1911–1913
W. Averell Harriman	1946–1946	James W. Gerard	1913–1917
Lewis W. Douglas	1947–1950	Ellis Loring Dresel	1921–1922
Walter S. Gifford	1950–1953	Alanson B. Houghton	1922–1925
Winthrop W. Aldrich	1953–1957	Jacob Gould Schurman	1925–1930
John Hay Whitney	1957–1961	Frederic M. Sackett	1930–1933
David K.E. Bruce	1961–1969	William E. Dodd	1933–1937
Walter H. Annenberg	1969–1974	Hugh R. Wilson	1938–1938
Elliot L. Richardson	1975–1976	Alexander C. Kirk	1939–1940
Anne L. Armstrong	1976–1977	Leland B. Morris	1940–1941
Kingman Brewster, Jr.	1977–1981		

Land/Name	Amtsdauer	Land/Name	Amtsdauer
Bundesrepublik Deutschland		Francis W. Pickens	1858–1860
		John Appleton	1860–1861
James B. Conant	1955–1957	Cassius M. Clay	1861–1862
David K.E. Bruce	1957–1959	Simon Cameron	1862–1862
Walter C. Dowling	1959–1963	Cassius M. Clay	1863–1869
George C. McGhee	1963–1968	Andrew G. Curtin	1869–1872
Henry Cabot Lodge	1968–1969	James L. Orr	1873–1873
Kenneth Rush	1969–1972	Marshall Jewell	1873–1874
Martin J. Hillenbrand	1972–1976	George H. Boker	1875–1878
Walter J. Stoessel, Jr.	1976–1981	Edwin W. Stoughton	1878–1879
Arthur F. Burns	1981–1985	John W. Foster	1880–1881
Richard R. Burt	1985–1989	William H. Hunt	1882–1884
Vernon A. Walters	1989–1991	Alphonso Taft	1884–1885
Robert M. Kimmitt	1991–1993	George V. N. Lothrop	1885–1888
Richard Holbrooke	1993–1994	Lambert Tree	1889–1889
Charles E. Redman	1994–1996	Charles Emory Smith	1890–1892
John C. Kornblum	1997–	Andrew D. White	1892–1894
		Clifton R. Breckinridge	1894–1897
		Ethan A. Hitchcock	1897–1899
Deutsche Demokratische Republik		Charlemagne Tower	1899–1902
		Robert S. McCormick	1903–1905
John Sherman Cooper	1974–1976	George V. L. Meyer	1905–1907
David B. Bohlen	1977–1980	John W. Riddle	1907–1909
Herbert Stuart Okun	1980–1983	William W. Rockhill	1910–1911
Rozanne L. Ridgeway	1983–1985	Curtis Guild	1911–1913
Francis J. Meehan	1985–1988	George T. Marye	1914–1916
Richard Clark Barkley	1988–1990	David R. Francis	1916–1918
		William C. Bullitt	1933–1936
		Joseph E. Davies	1937–1938
Rußland/Sowjetunion		Laurence A. Steinhardt	1939–1941
		William H. Standley	1942–1943
John Q. Adams	1809–1814	W. Averell Harriman	1943–1946
William Pinkney	1817–1818	Walter Bedell Smith	1946–1948
George W. Campbell	1818–1820	Alan G. Kirk	1949–1951
Henry Middleton	1821–1830	George F. Kennan	1952–1952
James Buchanan	1832–1833	Charles E. Bohlen	1953–1957
William Wilkins	1834–1835	Llewellyn E. Thompson	1957–1962
John Randolph Clay	1836–1837	Foy D. Kohler	1962–1966
George M. Dallas	1837–1839	Llewellyn E. Thompson	1967–1969
Churchill C. Cambreleng	1840–1841	Jacob D. Beam	1969–1973
Charles S. Todd	1841–1846	Adolph Dubs	1973–1974
Ralph I. Ingersoll	1847–1848	Walter J. Stoessel, Jr.	1974–1976
Arthur P. Bagby	1849–1849	Malcolm Toon	1977–1979
Neill S. Brown	1850–1853	Thomas J. Watson, Jr.	1979–1981
Thomas H. Seymour	1854–1858	Arthur Adair Hartman	1981–1987

Land/Name	Amtsdauer	Land/Name	Amtsdauer
Jack F. Matlock, Jr.	1987–1991	Llewellyn E. Thompson, Jr.	1952–1957
Robert S. Strauss	1991–1992	H. Freeman Matthews	1957–1962
Thomas R. Pickering	1993–1996	James W. Riddleberger	1962–1967
Richard M. Miles	1996–1997	Douglas MacArthur II	1967–1969
John F. Tefft	1997–1998	John P. Humes	1969–1975
James F. Collins	1998–	Wiley T. Buchanan, Jr.	1975–1977
		Milton A. Wolf	1977–1980
Österreich		Philip M. Kaiser	1980–1981
		Theodore E. Cummings	1981–1982
Henry A. Muhlenberg	1838–1840	Helene A. von Damm	1983–1986
Daniel Jenifer	1842–1845	Ronald S. Lauder	1986–1987
William H. Stiles	1845–1849	Henry A. Grunwald	1988–1990
James Watson Webb	1850–1850	Roy M. Huffington	1990–1993
Charles J. McCurdy	1851–1852	Swanee G. Hunt	1993–1997
Thomas M. Foote	1852–1853	Kathryn Walt Hall	1997–
Henry R. Jackson	1853–1858		
J. Glancy Jones	1859–1861	**China**	
J. Lothrop Motley	1861–1867		
Henry M. Watts	1868–1869	Caleb Cushing	1844–1844
John Jay	1869–1875	Alexander H. Everett	1846–1847
Godlove S. Orth	1875–1876	John W. Davis	1848–1850
Edward F. Beale	1876–1877	Peter Parker	1850–1853
John A. Kasson	1877–1881	Humphrey Marshall	1853–1854
William Walter Phelps	1881–1882	Robert M. McLane	1854–1854
Alphonso Taft	1882–1884	Peter Parker	1856–1857
John M. Francis	1884–1885	Willam B. Reed	1858–1858
Alexander R. Lawton	1887–1889	John E. Ward	1859–1860
Frederick D. Grant	1889–1893	Anson Burlingame	1862–1867
Bartlett Tripp	1893–1897	J. Ross Browne	1868–1869
Charlemagne Tower	1897–1899	Frederick F. Low	1870–1873
Addison C. Harris	1899–1901	Benjamin P. Avery	1874–1875
Robert S. McCormick	1901–1902	George F. Seward	1876–1880
Ballamy Storer	1903–1906	James B. Angell	1880–1881
Charles S. Francis	1906–1910	John Russell Young	1882–1885
Richard C. Kerens	1910–1913	Charles Denby	1885–1898
Frederick C. Penfield	1913–1917	Edwin H. Conger	1898–1905
Arthur Hugh Frazier	1921–1922	William W. Rockhill	1905–1909
Albert Henry Washburn	1922–1930	William James Calhoun	1910–1913
Gilchrist B. Stockton	1930–1933	Paul S. Reinsch	1913–1919
George H. Earle III	1933–1934	Charles R. Crane	1920–1921
George S. Messersmith	1934–1937	Jacob Gould Schurman	1921–1925
Grenville T. Emmet	1937–1937	John Van A. MacMurray	1925–1929
John G. Erhardt	1946–1950	Nelson T. Johnson	1930–1941
Walter J. Donnelly	1950–1952	Clarence E. Gauss	1941–1944

Land/Name	Amtsdauer	Land/Name	Amtsdauer
Patrick J. Hurley	1945–1945	Richard B. Hubbard	1885–1889
J. Leighton Stuart	1946–1949	John F. Swift	1889–1891
Karl L. Rankin	1953–1957	Frank L. Coombs	1892–1893
Everett F. Drumright	1958–1962	Edwin Dun	1893–1897
Alan G. Kirk	1962–1963	Alfred E. Buck	1897–1902
Jerauld Wright	1963–1965	Lloyd C. Griscom	1903–1905
Walter P. McConaughy	1966–1974	Luke E. Wright	1906–1907
Leonard Unger	1974–1979	Thomas J. O'Brien	1907–1911
		Charles Page Bryan	1911–1912
		Larz Anderson	1913–1913
Volksrepublik China		George W. Guthrie	1913–1917
		Roland S. Morris	1917–1920
David K.E. Bruce	1973–1974	Charles Beecher Warren	1921–1922
George Bush	1974–1975	Cyrus E. Woods	1923–1924
Thomas S. Gates, Jr.	1976–1977	Edgar A. Bancroft	1924–1925
Leonard Woodcock	1977–1979	Charles MacVeagh	1925–1928
Leonard Woodcock	1979–1981	William R. Castle, Jr.	1930–1930
Arthur W. Hummel, Jr.	1981–1985	W. Cameron Forbes	1930–1932
Winston Lord	1985–1989	Joseph C. Grew	1932–1941
James R. Lilley	1989–1991	Robert D. Murphy	1952–1953
J. Stapleton Roy	1991–1995	John M. Allison	1953–1957
Jim Sasser	1996–	Douglas MacArthur II	1957–1961
		Edwin O. Reischauer	1961–1966
		U. Alexis Johnson	1966–1969
Japan		Armin H. Meyer	1969–1972
		Robert S. Ingersoll	1972–1973
Townsend Harris	1858–1862	James D. Hodgson	1974–1977
Robert H. Pruyn	1862–1865	Michael J. Mansfield	1977–1988
Robert B. Van Valkenburgh	1867–1869	Michael Armacost	1989–1993
Charles E. De Long	1869–1873	Walter F. Mondale	1993–1996
John A. Bingham	1873–1885	Thomas S. Foley	1997–

Legislative

1. Der Kontinentalkongreß (1774–89)

1.1 Allgemeines

Der Kontinentalkongreß (Continental Congress) war ein aus Delegierten der 13 Gründerkolonien (ab 1776 als Staaten auftretend) bestehendes Gremium, das während 15 Jahren mit Unterbrechungen tagte und in der einen oder anderen Form als Regierung fungierte. Der von 5.9. bis 26.10.1774 tagende Kreis wird für gewöhnlich als der "erste Kontinentalkongreß" bezeichnet. Der "zweite" tagte dann ab 10.5.1775 bis Ende der 1780er Jahre; er wählte am 15.6. George Washington zum Befehlshaber der Kontinentalarmee und verabschiedete am 4.7.1776 die Unabhängigkeitserklärung. Am 15.11.1777 nahm er die *Articles of Confederation* an, eine Art erster Verfassung, die nach der Ratifikation durch alle Staaten am 1.3.1781 in Kraft traten.

1.2 Daten des Kontinentalkongresses

■ **Tabelle 5:** Sitzungsphasen des Kontinentalkongresses (1774–89)

Versammlungsort	Sitzungstermine	Vorsitzender (President)	Wahldatum des Vorsitzenden
Erster Kontinentalkongreß			
Philadelphia PA	5. 9. 1774 – 26. 10. 1774	Peyton Randolph VA	5. 9. 1774
ebd.		Henry Middleton SC	22. 10. 1774
Zweiter Kontinentalkongreß			
Philadelphia PA	10. 5.1775 – 12. 12. 1776	Peyton Randolph VA	10. 5. 1775
ebd.		John Hancock MA	24. 5. 1775
Baltimore MD	20. 12. 1776 – 4. 3. 1777	ders.	
Philadelphia PA	5. 3. 1777 – 18. 9. 1777	ders.	
Lancaster PA	27. 9. 1777 (ein Tag)	ders.	
York PA	30. 9. 1777 – 27. 6. 1778	Henry Laurens SC	1. 11. 1777
Philadelphia PA	2. 7. 1778 – 21. 6. 1783	John Jay NY	10. 12. 1778

Versammlungsort	Sitzungstermine	Vorsitzender (President)	Wahldatum des Vorsitzenden
ebd.		Samuel Hurlington CT	28. 9. 1779
ebd.		Thomas McKean DE	10. 7. 1781
ebd.		John Hanson MD	5. 11. 1781
ebd.		Elias Boudinot NJ	4. 11. 1782
Princeton NJ	30. 6. 1783 – 4. 11. 1783	Thomas Mifflin PA	3. 11. 1783
Annapolis MD	26. 11. 1783 – 3. 6. 1784	ders.	
Trenton NJ	1. 11. 1784 – 24. 12. 1784	Richard Henry Lee VA	30. 11. 1784
New York NY	11. 1. 1785 – 4. 11. 1785	ders.	
ebd.	7. 11. 1785 – 3. 11. 1786	John Hancock MA	23. 11. 1785
ebd.		Nathaniel Gorham MA	6. 6. 1786
ebd.	6. 11. 1786 – 30. 10. 1787	Arthur St. Clair PA	2. 2. 1787
ebd.	5. 11. 1787 – 21. 10. 1788	Cyrus Griffin VA	22. 1. 1788
ebd.	3. 11. 1788 – 2. 3. 1789	ders.	

2. Der heutige Kongreß (seit 1789)

2.1 Allgemeines

Zusammensetzung des Kongresses

Der Kongreß ist das gesetzgebende Organ der Vereinigten Staaten. Zusammensetzung und Aufgaben legt vor allem Artikel I der Verfassung fest. Er besteht aus zwei Kammern, dem *Repräsentantenhaus* und dem *Senat*, die beide am Gesetzgebungsprozeß gleichberechtigt teilnehmen. Die zwei Jahre dauernde Wahlperiode des Kongresses hat in der Regel zwei, gelegentlich auch drei Sitzungsperioden. In beiden Kammern wählen die Fraktionen ihre Führungspersönlichkeiten *(floor leaders)*, nämlich die größere Fraktion den *Majority Leader*, die kleinere den *Minority Leader*; außerdem bestellen sie ihre *Whips*, deren Funktion in etwa derjenigen der deutschen Fraktionsgeschäftsführer gleichkommt.

Das Gesetzgebungsverfahren

Die Gesetzesinitiative kann von beiden Kammern des Kongresses ausgehen. Ein Abgeordneter oder ein Senator sendet einen Gesetzentwurf *(bill)* zum Schriftführer *(clerk)* seiner Kammer. Dieser versieht den Entwurf mit einer Nummer und einem Titel, was die "erste Lesung" *(first reading)* genannt wird. Der Schriftführer gibt den Entwurf dann an den zuständigen Haus- beziehungsweise Senatsausschuß *(committee)* weiter.

Falls der Ausschuß nichts weiter unternimmt, wird der Entwurf nicht verwirklicht. Entscheidet sich der Ausschuß, die Sache weiter zu verfolgen, hält er Anhörungen (*hearings*) ab, zu denen Sachverständige, Angehörige von Interessengruppen oder auch Vertreter der Exekutive geladen werden können. Danach berät der Ausschuß über den Entwurf und ändert ihn möglicherweise ab. Dann wird abgestimmt; ist das Ergebnis positiv, geht der Entwurf an den Schriftführer zurück. Dieser liest den Entwurf vor der Kammer ("zweite Lesung"), woraufhin die Mitglieder der Kammer den Entwurf debattieren und möglicherweise den Text abändern. Der Entwurf (das heißt eigentlich nur der Titel) wird daraufhin ein drittes Mal gelesen und zur Abstimmung gestellt. Falls von der einen Kammer angenommen, geht der Entwurf zur anderen Kammer, wo sich die gleiche Prozedur wiederholt. Falls der Entwurf dort nicht angenommen wird, erhält er keine Gesetzeskraft. Wird er nur mit Abänderungen angenommen, so wird ein Vermittlungsausschuß (*conference committee*) aus Mitgliedern beider Kammern eingerichtet, der einen Kompromiß ausarbeitet. Wird dieser Kompromiß von beiden Kammern angenommen, oder wurde der Entwurf von der zweiten Kammer ohne Abänderungen angenommen, so geht der Entwurf zum Präsidenten.

Unterzeichnet der Präsident den Entwurf, so wird letzterer Gesetz. Der Präsident kann jedoch auch seine Unterschrift vorenthalten (das heißt sein Vetorecht ausüben) und mit einer Begründung an diejenige Kammer zurücksenden, wo der Entwurf erstmals eingebracht wurde. Die präsidentielle Begründung wird dann dort verlesen und debattiert. Danach wird abgestimmt. Erhält der Entwurf weniger als zwei Drittel der Stimmen, wird er nicht Gesetz. Erhält er mindestens zwei Drittel, geht er an die andere Kammer. Falls dort ebenfalls mindestens eine Zweidrittelmehrheit erreicht wird, ist das Veto überstimmt, und der Entwurf wird Gesetz (siehe auch Tabelle 19).

Falls der Präsident innerhalb zehn Tagen (ohne Sonntage) weder den Entwurf unterzeichnet noch sein Veto einlegt, wird letzterer Gesetz. Endet jedoch innerhalb dieser zehn Tage die Sitzungsperiode des Kongresses, wird der Entwurf nicht Gesetz. (Diese indirekte Ablehnung durch den Präsidenten nennt man *"pocket veto"*).

2.2 Kongreß: Sitzungsperioden und Sitzverteilung

■ **Tabelle 6:** Sitzungsperioden des Kongresses (seit 1789)

Kon-greß	Sitzungs-periode	Beginn	Ende	Dauer (Tage)
1.	erste	4. 3. 1789	29. 9. 1789	210
	zweite	4. 1. 1790	12. 8. 1790	221
	dritte	6. 12. 1790	3. 3. 1791	88
2.	erste	24. 10. 1791	8. 5. 1792	197
	zweite	5. 11. 1792	2. 3. 1793	119
3.	erste	2. 12. 1793	9. 6. 1794	190
	zweite	3. 11. 1794	3. 3. 1795	121
4.	erste	7. 12. 1795	1. 6. 1796	177
	zweite	5. 12. 1796	3. 3. 1797	89
5.	erste	15. 5. 1797	10. 7. 1797	57
	zweite	13. 11. 1797	16. 7. 1798	246
	dritte	3. 12. 1798	3. 3. 1799	91
6.	erste	2. 12. 1799	14. 5. 1800	164
	zweite	17. 11. 1800	3. 3. 1801	107
7.	erste	7. 12. 1801	3. 5. 1802	148
	zweite	6. 12. 1802	3. 3. 1803	88
8.	erste	17. 10. 1803	27. 3. 1804	163
	zweite	5. 11. 1804	3. 3. 1805	119
9.	erste	2. 12. 1805	21. 4. 1806	141
	zweite	1. 12. 1806	3. 3. 1807	93
10.	erste	26. 10. 1807	25. 4. 1808	182
	zweite	7. 11. 1808	3. 3. 1809	117
11.	erste	22. 5. 1809	28. 6. 1809	38
	zweite	27. 11. 1809	1. 5. 1810	156
	dritte	3. 12. 1810	3. 3. 1811	91
12.	erste	4. 11. 1811	6. 7. 1812	245
	zweite	2. 11. 1812	3. 3. 1813	122
13.	erste	24. 5. 1813	2. 8. 1813	71
	zweite	6. 12. 1813	18. 4. 1814	134
	dritte	19. 9. 1814	3. 3. 1815	166
14.	erste	4. 12. 1815	30. 4. 1816	148
	zweite	2. 12. 1816	3. 3. 1817	92
15.	erste	1. 12. 1817	20. 4. 1818	141
	zweite	16. 11. 1818	3. 3. 1819	108
16.	erste	6. 12. 1819	15. 5. 1820	162
	zweite	13. 11. 1820	3. 3. 1821	111
17.	erste	3. 12. 1821	8. 5. 1822	157
	zweite	2. 12. 1822	3. 3. 1823	92
18.	erste	1. 12. 1823	27. 5. 1824	178

Kon-greß	Sitzungs-periode	Beginn	Ende	Dauer (Tage)
	zweite	6. 12. 1824	3. 3. 1825	88
19.	erste	5. 12. 1825	22. 5. 1826	169
	zweite	4. 12. 1826	3. 3. 1827	90
20.	erste	3. 12. 1827	26. 5. 1828	175
	zweite	1. 12. 1828	3. 3. 1829	93
21.	erste	7. 12. 1829	31. 5. 1830	176
	zweite	6. 12. 1830	3. 3. 1831	88
22.	erste	5. 12. 1831	16. 7. 1832	225
	zweite	3. 12. 1832	2. 3. 1833	91
23.	erste	2. 12. 1833	30. 6. 1834	211
	zweite	1. 12. 1834	3. 3. 1835	93
24.	erste	7. 12. 1835	4. 7. 1836	211
	zweite	5. 12. 1836	3. 3. 1837	89
25.	erste	4. 9. 1837	16. 10. 1837	43
	zweite	4. 12. 1837	9. 7. 1838	218
	dritte	3. 12. 1838	3. 3. 1839	91
26.	erste	2. 12. 1839	21. 7. 1840	233
	zweite	7. 12. 1840	3. 3. 1840	87
27.	erste	31. 5. 1841	13. 9. 1841	106
	zweite	6. 12. 1841	31. 8. 1842	269
	dritte	5. 12. 1842	3. 3. 1843	89
28.	erste	4. 12. 1843	17. 6. 1844	196
	zweite	2. 12. 1844	3. 3. 1845	92
29.	erste	1. 12. 1845	10. 8. 1846	253
	zweite	7. 12. 1846	3. 3. 1847	87
30.	erste	6. 12. 1847	14. 8. 1848	254
	zweite	4. 12. 1848	3. 3. 1849	90
31.	erste	3. 12. 1849	30. 9. 1850	302
	zweite	2. 12. 1850	3. 3. 1851	92
32.	erste	1. 12. 1851	31. 8. 1852	275
	zweite	6. 12. 1852	3. 3. 1853	88
33.	erste	5. 12. 1853	7. 8. 1854	246
	zweite	4. 12. 1854	3. 3. 1855	90
34.	erste	3. 12. 1855	18. 8. 1856	260
	zweite	21. 8. 1856	30. 8. 1856	10
	dritte	1. 12. 1856	3. 3. 1857	93
35.	erste	7. 12. 1857	14. 6. 1858	189
	zweite	6. 12. 1858	3. 3. 1859	88
36.	erste	5. 12. 1859	25. 6. 1860	202
	zweite	3. 12. 1860	3. 3. 1861	93
37.	erste	4. 7. 1861	6. 8. 1861	34
	zweite	2. 12. 1861	17. 7. 1862	228
	dritte	1. 12. 1862	3. 3. 1863	93
38.	erste	7. 12. 1863	4. 7. 1864	209

Kon-greß	Sitzungs-periode	Beginn	Ende	Dauer (Tage)
	zweite	5. 12. 1864	3. 3. 1865	89
39.	erste	4. 12. 1865	28. 7. 1866	237
	zweite	3. 12. 1866	3. 3. 1867	91
40.	erste	4. 3. 1867	2. 12. 1867	274
	zweite	2. 12. 1867	10. 11. 1868	345
	dritte	7. 12. 1868	3. 3. 1869	87
41.	erste	4. 3. 1869	10. 4. 1869	38
	zweite	6. 12. 1869	15. 7. 1870	222
	dritte	5. 12. 1870	3. 3. 1871	89
42.	erste	4. 3. 1871	20. 4. 1871	48
	zweite	4. 12. 1871	10. 6. 1872	190
	dritte	2. 12. 1872	3. 3. 1873	92
43.	erste	1. 12. 1873	23. 6. 1874	204
	zweite	7. 12. 1874	3. 3. 1875	87
44.	erste	6. 12. 1875	15. 8. 1876	254
	zweite	4. 12. 1876	3. 3. 1877	90
45.	erste	15. 10. 1877	3. 12. 1877	50
	zweite	3. 12. 1877	20. 6. 1878	200
	dritte	2. 12. 1878	3. 3. 1879	92
46.	erste	18. 3. 1879	1. 7. 1879	106
	zweite	1. 12. 1879	16. 6. 1880	199
	dritte	6. 12. 1880	3. 3. 1881	88
47.	erste	5. 12. 1881	8. 8. 1882	247
	zweite	4. 12. 1882	3. 3. 1883	90
48.	erste	3. 12. 1883	7. 7. 1884	218
	zweite	1. 12. 1884	3. 3. 1885	93
49.	erste	7. 12. 1885	5. 8. 1886	242
	zweite	6. 12. 1886	3. 3. 1887	88
50.	erste	5. 12. 1887	20. 10. 1888	321
	zweite	3. 12. 1888	3. 3. 1889	91
51.	erste	2. 12. 1889	1. 10. 1890	304
	zweite	1. 12. 1890	3. 3. 1891	93
52.	erste	7. 12. 1891	5. 8. 1892	251
	zweite	5. 12. 1892	3. 3. 1893	89
53.	erste	7. 8. 1893	3. 11. 1893	89
	zweite	4. 12. 1893	28. 8. 1894	268
	dritte	3. 12. 1894	3. 3. 1895	97
54.	erste	2. 12. 1895	11. 6. 1896	193
	zweite	7. 12. 1896	3. 3. 1897	87
55.	erste	15. 3. 1897	24. 7. 1897	131
	zweite	6. 12. 1897	8. 7. 1898	215
	dritte	5. 12. 1898	3. 3. 1899	89
56.	erste	4. 12. 1899	7. 6. 1900	186
	zweite	3. 12. 1900	3. 3. 1901	91

Kon-greß	Sitzungs-periode	Beginn	Ende	Dauer (Tage)
57.	erste	2. 12. 1901	1. 7. 1902	212
	zweite	1. 12. 1902	3. 3. 1903	93
58.	erste	9. 11. 1903	7. 12. 1903	29
	zweite	7. 12. 1903	28. 4. 1904	144
	dritte	5. 12. 1904	3. 3. 1905	89
59.	erste	4. 12. 1905	30. 6. 1906	209
	zweite	3. 12. 1906	3. 3. 1907	91
60.	erste	2. 12. 1907	30. 5. 1908	181
	zweite	7. 12. 1908	3. 3. 1909	87
61.	erste	15. 3. 1909	5. 8. 1909	144
	zweite	6. 12. 1909	25. 6. 1910	202
	dritte	5. 12. 1910	3. 3. 1911	89
62.	erste	4. 4. 1911	26. 8. 1911	141
	zweite	4. 12. 1911	26. 8. 1912	267
	dritte	2. 12. 1912	3. 3. 1913	92
63.	erste	7. 4. 1913	1. 12. 1913	239
	zweite	1. 12. 1913	24. 10. 1914	328
	dritte	7. 12. 1914	3. 3. 1915	87
64.	erste	6. 12. 1915	8. 9. 1916	278
	zweite	4. 12. 1916	3. 3. 1917	90
65.	erste	2. 4. 1917	6. 10. 1917	188
	zweite	3. 12. 1917	21. 11. 1918	354
	dritte	2. 12. 1918	3. 3. 1919	92
66.	erste	19. 5. 1919	19. 11. 1919	185
	zweite	1. 12. 1919	5. 6. 1920	188
	dritte	6. 12. 1920	3. 3. 1921	88
67.	erste	11. 4. 1921	23. 11. 1921	227
	zweite	5. 12. 1921	22. 9. 1922	292
	dritte	20. 11. 1922	4. 12. 1922	15
	vierte	4. 12. 1922	3. 3. 1923	90
68.	erste	3. 12. 1923	7. 6. 1924	188
	zweite	1. 12. 1924	3. 3. 1925	93
69.	erste	7. 12. 1925	3. 7. 1926	209
	zweite	6. 12. 1926	3. 3. 1927	88
70.	erste	5. 12. 1927	29. 5. 1928	177
	zweite	3. 12. 1928	3. 3. 1929	91
71.	erste	15. 4. 1929	22. 11. 1929	222
	zweite	2. 12. 1929	3. 7. 1930	214
	dritte	1. 12. 1930	3. 3. 1931	93
72.	erste	7. 12. 1931	16. 7. 1932	223
	zweite	5. 12. 1932	3. 3. 1933	89
73.	erste	9. 3. 1933	15. 6. 1933	99
	zweite	3. 1. 1934	18. 6. 1934	167
74.	erste	3. 1. 1935	26. 8. 1935	236

Kon-greß	Sitzungs-periode	Beginn	Ende	Dauer (Tage)
	zweite	3. 1. 1936	20. 6. 1936	170
75.	erste	5. 1. 1937	21. 8. 1937	229
	zweite	15. 11. 1937	21. 12. 1937	37
	dritte	3. 1. 1938	16. 6. 1938	165
76.	erste	3. 1. 1939	5. 8. 1939	215
	zweite	21. 9. 1939	3. 11. 1939	44
	dritte	3. 1. 1940	3. 1. 1941	366
77.	erste	3. 1. 1941	2. 1. 1942	365
	zweite	5. 1. 1942	16. 12. 1942	346
78.	erste	6. 1. 1943	21. 12. 1943	350
	zweite	10. 1. 1944	19. 12. 1944	345
79.	erste	3. 1. 1945	21. 12. 1945	353
	zweite	14. 1. 1946	2. 8. 1946	201
80.	erste	3. 1. 1947	19. 12. 1947	351
	zweite	6. 1. 1948	31. 12. 1948	361
81.	erste	3. 1. 1949	19. 10. 1949	290
	zweite	3. 1. 1950	2. 1. 1951	365
82.	erste	3. 1. 1951	20. 10. 1951	291
	zweite	8. 1. 1952	7. 7. 1952	182
83.	erste	3. 1. 1953	3. 8. 1953	213
	zweite	6. 1. 1954	2. 12. 1954	331
84.	erste	5. 1. 1955	2. 8. 1955	210
	zweite	3. 1. 1956	27. 7. 1956	207
85.	erste	3. 1. 1957	30. 8. 1957	239
	zweite	7. 1. 1958	24. 8. 1958	230
86.	erste	7. 1. 1959	15. 9. 1959	252
	zweite	6. 1. 1960	1. 9. 1960	240
87.	erste	3. 1. 1961	27. 9. 1961	268
	zweite	10. 1. 1962	13. 10. 1962	277
88.	erste	9. 1. 1963	30. 12. 1963	356
	zweite	7. 1. 1964	3. 10. 1964	270
89.	erste	4. 1. 1965	23. 10. 1965	293
	zweite	10. 1. 1966	22. 10. 1966	286
90.	erste	10. 1. 1967	15. 12. 1967	340
	zweite	15. 1. 1968	14. 10. 1968	274
91.	erste	3. 1. 1969	23. 12. 1969	355
	zweite	19. 1. 1970	2. 1. 1971	349
92.	erste	21. 1. 1971	17. 12. 1971	331
	zweite	18. 1. 1972	18. 10. 1972	275
93.	erste	3. 1. 1973	22. 12. 1973	354
	zweite	21. 1. 1974	20. 12. 1974	334
94.	erste	14. 1. 1975	19. 12. 1975	340
	zweite	19. 1. 1976	1. 10. 1976	257
95.	erste	4. 1. 1977	15. 12. 1977	346

Kon-greß	Sitzungs-periode	Beginn	Ende	Dauer (Tage)
	zweite	19. 1. 1978	15. 10. 1978	270
96.	erste	15. 1. 1979	3. 1. 1980	354
	zweite	3. 1. 1980	16. 12. 1980	349
97.	erste	5. 1. 1981	16. 12. 1981	347
	zweite	25. 1. 1982	23. 12. 1982	333
98.	erste	3. 1. 1983	18. 11. 1983	320
	zweite	23. 1. 1984	12. 10. 1984	264
99.	erste	3. 1. 1985	20. 12. 1985	352
	zweite	21. 1. 1986	18. 10. 1986	278
100.	erste	6. 1. 1987	22. 12. 1987	351
	zweite	25. 1. 1988	22. 10. 1988	272
101.	erste	3. 1. 1989	22. 11. 1989	324
	zweite	23. 1. 1990	28. 10. 1990	279
102.	erste	3. 1. 1991	3. 1. 1992	366
	zweite	3. 1. 1992	9. 10. 1992	281
103.	erste	5. 1. 1993	26. 11. 1993	326
	zweite	25. 1. 1994	1. 12. 1994	311
104.	erste	4. 1. 1995	3. 1. 1996	365
	zweite	3. 1. 1996	4. 10. 1996	276
105.	erste	7. 1. 1997	13. 11. 1997	311
	zweite	27. 1. 1998	19. 12. 1998	327
106.	erste	6. 1. 1999		

■ **Tabelle 7:** Sitzverteilung im Kongreß nach Parteien (seit 1789)

		Senat			Repräsentantenhaus		
Kon-greß	Sitzungs-periode	Mehr-heit	Minder-heit	Sonstige (ohne Leersitze)	Mehr-heit	Minder-heit	Sonstige (ohne Leersitze)
1.	1789–91	Ad 17	Op 9		Ad 38	Op 26	
2.	1791–93	F 16	DR 13		F 37	DR 33	
3.	1793–95	F 17	DR 13		DR 57	F 48	
4.	1795–97	F 19	DR 13		F 54	DR 52	
5.	1797–99	F 20	DR 12		F 58	DR 48	
6.	1799–1801	F 19	DR 13		F 64	DR 42	
7.	1801–03	DR 18	F 13		DR 69	F 36	
8.	1803–05	DR 25	F 9		DR 102	F 39	
9.	1805–07	DR 27	F 7		DR 116	F 25	
10.	1807–09	DR 28	F 6		DR 118	F 24	
11.	1809–11	DR 28	F 6		DR 94	F 48	
12.	1811–13	DR 30	F 6		DR 108	F 36	

Kon-greß	Sitzungs-periode	Senat			Repräsentantenhaus		
		Mehr-heit	Minder-heit	Sonstige (ohne Leersitze)	Mehr-heit	Minder-heit	Sonstige (ohne Leersitze)
13.	1813–15	DR 27	F 9		DR 112	F 68	
14.	1815–17	DR 25	F 11		DR 117	F 65	
15.	1817–19	DR 34	F 10		DR 141	F 42	
16.	1819–21	DR 35	F 7		DR 156	F 27	
17.	1821–23	DR 44	F 4		DR 158	F 25	
18.	1823–25	DR 44	F 4		DR 187	F 26	
19.	1825–27	Ad 26	J 20		Ad 105	J 97	
20.	1827–29	J 28	Ad 20		J 119	Ad 94	
21.	1829–31	D 26	NR 22		D 139	NR 74	
22.	1831–33	D 25	NR 21	2	D 141	NR 58	14
23.	1833–35	D 20	NR 20	8	D 147	AM 53	60
24.	1835–37	D 27	W 25		D 145	W 98	
25.	1837–39	D 30	W 18	4	D 108	W 107	24
26.	1839–41	D 28	W 22		D 124	W 118	
27.	1841–43	W 28	D 22	2	W 133	D 102	6
28.	1843–45	W 28	D 25	1	D 142	W 79	1
29.	1845–47	D 31	W 25		D 143	W 77	6
30.	1847–49	D 36	W 21	1	W 115	D 108	4
31.	1849–51	D 35	W 25	2	D 112	W 109	9
32.	1851–53	D 35	W 24	3	D 140	W 88	5
33.	1853–55	D 38	W 22	2	D 159	W 71	4
34.	1855–57	D 40	R 15	5	R 108	D 83	43
35.	1857–59	D 36	R 20	8	D 118	R 92	26
36.	1859–61	D 36	R 26	4	R 114	D 92	31
37.	1861–63	R 31	D 10	8	R 105	D 43	30
38.	1863–65	R 36	D 9	5	R 102	D 75	9
39.	1865–67	U 42	D 10		U 149	D 42	
40.	1867–69	R 42	D 11		R 143	D 49	
41.	1869–71	R 56	D 11		R 149	D 63	
42.	1871–73	R 52	D 17	5	R 134	D 104	5
43.	1873–75	R 49	D 19	5	R 194	D 92	14
44.	1875–77	R 45	D 29	2	D 169	R 109	14
45.	1877–79	R 39	D 36	1	D 153	R 140	
46.	1879–81	D 42	R 33	1	D 149	R 130	14
47.	1881–83	R 37	D 37	1	R 147	D 135	11
48.	1883–85	R 38	D 36	2	D 197	R 118	10
49.	1885–87	R 43	D 34		D 183	R 140	2
50.	1887–89	R 39	D 37		D 169	R 152	4
51.	1889–91	R 39	D 37		R 166	D 159	
52.	1891–93	R 47	D 39	2	D 235	R 88	9
53.	1893–95	D 44	R 38	3	D 218	R 127	11
54.	1895–97	R 43	D 39	6	R 244	D 105	7

		Senat			Repräsentantenhaus		
Kon-greß	Sitzungs-periode	Mehr-heit	Minder-heit	Sonstige (ohne Leersitze)	Mehr-heit	Minder-heit	Sonstige (ohne Leersitze)
55.	1897–99	R 47	D 34	7	R 204	D 113	40
56.	1899–1901	R 53	D 26	8	R 185	D 163	9
57.	1901–03	R 55	D 31	4	R 197	D 151	9
58.	1903–05	R 57	D 33		R 208	D 178	
59.	1905–07	R 57	D 33		R 250	D 136	
60.	1907–09	R 61	D 31		R 222	D 164	
61.	1909–11	R 61	D 32		R 219	D 172	
62.	1911–13	R 51	D 41		D 228	R 161	1
63.	1913–15	D 51	R 44	1	D 291	R 127	17
64.	1915–17	D 56	R 40		D 230	R 196	9
65.	1917–19	D 53	R 42		D 216	R 210	6
66.	1919–21	R 49	D 47		R 240	D 190	3
67.	1921–23	R 59	D 37		R 301	D 131	1
68.	1923–25	R 51	D 43	2	R 225	D 205	5
69.	1925–27	R 56	D 39	1	R 247	D 183	4
70.	1927–29	R 49	D 46	1	R 237	D 195	3
71.	1929–31	R 56	D 39	1	R 267	D 167	1
72.	1931–33	R 48	D 47	1	D 220	R 214	1
73.	1933–35	D 50	R 35	1	D 310	R 117	5
74.	1935–37	D 69	R 25	2	D 319	R 103	10
75.	1937–39	D 76	R 16	4	D 331	R 89	13
76.	1939–41	D 69	R 23	4	D 261	R 164	4
77.	1941–43	D 66	R 28	2	D 268	R 162	5
78.	1943–45	D 58	R 37	1	D 218	R 208	4
79.	1945–47	D 56	R 38	1	D 242	R 190	2
80.	1947–49	R 51	D 45		R 245	D 188	1
81.	1949–51	D 54	R 42		D 263	R 171	1
82.	1951–53	D 49	R 47		D 234	R 199	1
83.	1953–55	R 48	D 47	1	R 221	D 211	1
84.	1955–57	D 48	R 47	1	D 232	R 203	
85.	1957–59	D 49	R 47		D 233	R 200	
86.	1959–61	D 65	R 35		D 284	R 153	
87.	1961–63	D 65	R 35		D 263	R 174	
88.	1963–65	D 67	R 33		D 258	R 177	
89.	1965–67	D 68	R 32		D 295	R 140	
90.	1967–69	D 64	R 36		D 247	R 187	
91.	1969–71	D 58	R 42		D 243	R 192	
92.	1971–73	D 54	R 44	2	D 255	R 180	
93.	1973–75	D 56	R 42	2	D 241	R 192	1
94.	1975–77	D 61	R 37	2	D 291	R 144	
95.	1977–79	D 61	R 38	1	D 292	R 143	
96.	1979–81	D 58	R 41	1	D 275	R 158	2

Kon-greß	Sitzungs-periode	Senat			Repräsentantenhaus		
		Mehr-heit	Minder-heit	Sonstige (ohne Leersitze)	Mehr-heit	Minder-heit	Sonstige (ohne Leersitze)
97.	1981–83	R 53	D 46		D 242	R 192	
98.	1983–85	R 54	D 46		D 269	R 166	
99.	1985–87	R 53	D 47		D 253	R 182	
100.	1987–89	D 55	R 45		D 258	R 177	
101.	1989–91	D 55	R 45		D 260	R 175	
102.	1991–93	D 56	R 44		D 267	R 167	1
103.	1993–95	D 57	R 43		D 258	R 176	1
104.	1995–97	R 52	D 48		R 230	D 204	1
105.	1997–99	R 55	D 45		R 227	D 207	1

A = American; Ad = Administration (Regierungsseite); AI = American Independent; AM = Anti-Masonic; CU = Constitutional Union; D = Democratic; DR = Democratic Republican; F = Federalist; FS = Free Soil; I = Independent; IR = Independent-Republican; J = Jacksonian; NR = National Republican; Op = Opposition; P = People's; Pr = Progressive; R = Republican; S = Socialist; U = Unionist; W = Whig.

2.3 Repräsentantenhaus

Allgemeines

Die Zahl der Abgeordneten eines Staates im Repräsentantenhaus richtet sich nach der Bevölkerungsgröße und wird regelmäßig den Ergebnissen der alle zehn Jahre stattfindenden Bevölkerungszählung angepaßt *(Apportionment)*. Die Staaten werden entsprechend in Stimmbezirke eingeteilt, in denen jeweils ein Abgeordneter auf zwei Jahre direkt gewählt wird; er kann unbeschränkt wiedergewählt werden. Jeder Staat entsendet mindestens einen Abgeordneten. Das erste Repräsentantenhaus 1789 hatte 59 Mitglieder. Deren Zahl wuchs ständig bis 1912, als sie auf 435 festgelegt wurde. Abgeordnete müssen mindestens 25 Jahre alt sein, seit sieben Jahren die amerikanische Staatsbürgerschaft besitzen und in dem Staat, in dem ihr Wahlkreis liegt, auch ihren Wohnsitz haben. Den Vorsitz im Repräsentantenhaus führt der von der Mehrheit gewählte Vorsitzende *(Speaker)*, der zu Beginn jedes Kongresses von den Mitgliedern des Hauses gewählt wird. Er gehört praktisch immer der Mehrheitspartei an und wird oftmals in darauffolgenden Kongressen wiedergewählt.

Sitzverteilung und Führungsorgane

■ **Tabelle 8:** Repräsentantenhaus: Sitzverteilung nach Staaten (*Apportionment*; seit 1789)

	1789	1860	1900	1930	1980	1990
AL	–	6	9	9	7	7
AK	–	–	–	–	1	1
AZ	–	–	–	1	5	6
AR	–	3	7	7	4	4
CA	–	3	8	20	45	52
CO	–	–	3	4	6	6
CT	5	4	5	6	7	6
DE	1	1	1	1	1	1
FL	–	1	3	5	19	23
GA	3	7	11	10	10	11
HI	–	–	–	–	2	2
ID	–	–	1	2	2	2
IL	–	14	25	27	22	20
IN	–	11	13	12	10	10
IA	–	6	11	9	6	5
KS	–	1	8	7	5	4
KY	–	9	11	9	7	6
LA	–	5	7	8	8	7
ME	–	5	4	3	2	2
MD	6	5	6	6	8	8
MA	8	10	14	15	11	10
MI	–	6	12	17	18	16
MN	–	2	9	9	8	8
MS	–	5	8	7	5	5
MO	–	9	16	13	9	9
MT	–	–	1	2	2	1
NE	–	–	6	5	3	3
NV	–	1	1	1	2	2
NH	3	3	2	2	2	2
NJ	4	5	10	14	14	13
NM	–	–	–	1	3	3
NY	6	31	37	45	34	31
NC	(5)	7	10	11	11	12
ND	–	–	2	2	1	1
OH	–	19	21	24	21	19
OK	–	–	–	9	6	6
OR	–	1	2	3	5	5
PA	8	24	32	34	23	21
RI	(1)	2	2	2	2	2

	1789	1860	1900	1930	1980	1990
SC	5	4	7	6	6	6
SD	–	–	2	2	1	1
TN	–	8	10	9	9	9
TX	–	4	16	21	27	30
UT	–	–	1	2	3	3
VT	–	3	2	1	1	1
VA	10	11	10	9	10	11
WA	–	–	3	6	9	9
WV	–	–	5	6	4	3
WI	–	6	11	10	9	9
WY	–	–	1	1	1	1
Gesamt	59	242	386	435	435	435

■ **Tabelle 9:**   Repräsentantenhaus: *Speakers* (Vorsitzende; seit 1789)

Kongreß	Name	Partei	Staat	Amtsdauer
1.	Frederick A.C. Muhlenberg	F	PA	1789–1791
2.	Jonathan Trumbull	F	CT	1791–1793
3.	Frederick A.C. Muhlenberg	F	PA	1793–1795
4. – 5.	Jonathan Dayton	F	NJ	1795–1799
6.	Theodore Sedgwick	F	MA	1799–1801
7. – 9.	Nathaniel Macon	DR	NC	1801–1807
10. – 11.	Joseph B. Varnum	DR	MA	1807–1811
12. – 13.	Henry Clay	DR	KY	1811–1814
13.	Langdon Cheves	DR	SC	1814–1815
14. – 16.	Henry Clay	DR	KY	1815–1820
16.	John W. Taylor	DR	NY	1820–1821
17.	Philip P. Barbour	DR	VA	1821–1823
18.	Henry Clay	DR	KY	1823–1825
19.	John W. Taylor	D	NY	1825–1827
20. – 23.	Andrew Stevenson	D	VA	1827–1834
23.	John Bell	D	TN	1834–1835
24. – 25.	James K. Polk	D	TN	1835–1839
26.	Robert M.T. Hunter	D	VA	1839–1841
27.	John White	W	KY	1841–1843
28.	John W. Jones	D	VA	1843–1845
29.	John W. Davis	D	IN	1845–1847
30.	Robert C. Winthrop	W	MA	1847–1849
31.	Howell Cobb	D	GA	1849–1851
32. – 33.	Linn Boyd	D	KY	1851–1855

Kongreß	Name	Partei	Staat	Amtsdauer
34.	Nathaniel P. Banks	A	MA	1856–1857
35.	James L. Orr	D	SC	1857–1859
36.	William Pennington	R	NJ	1860–1861
37.	Galusha A. Grow	R	PA	1861–1863
38. – 40.	Schuyler Colfax	R	IN	1863–1869
40.	Theodore M. Pomeroy	R	NY	1869
41. – 43.	James G. Blaine	R	ME	1869–1875
44.	Michael C. Kerr	D	IN	1875–1876
44. – 46.	Samuel J. Randall	D	PA	1876–1881
47.	Joseph Warren Keifer	R	OH	1881–1883
48. – 50.	John G. Carlisle	D	KY	1883–1889
51.	Thomas B. Reed	R	ME	1889–1891
52. – 53.	Charles F. Crisp	D	GA	1891–1895
54. – 55.	Thomas B. Reed	R	ME	1895–1899
56. – 57.	David B. Henderson	R	IA	1899–1903
58. – 61.	Joseph G. Cannon	R	IL	1903–1911
62. – 65.	B.C. Champ Clark	D	MO	1911–1919
66. – 68.	Frederick H. Gillett	R	MA	1919–1925
69. – 71.	Nicholas Longworth	R	OH	1925–1931
72.	John N. Garner	D	TX	1931–1933
73.	Henry T. Rainey	D	IL	1933–1935
74.	Joseph W. Byrns	D	TN	1935–1936
74. – 76.	William B. Bankhead	D	AL	1936–1940
76. – 79.	Sam T. Rayburn	D	TX	1940–1947
80.	Joseph W. Martin, Jr.	R	MA	1947–1949
81. – 82.	Sam T. Rayburn	D	TX	1949–1953
83.	Joseph W. Martin, Jr.	R	MA	1953–1955
84. – 87.	Sam T. Rayburn	D	TX	1955–1963
88. – 91.	John W. McCormack	D	MA	1963–1971
92. – 94.	Carl Albert	D	OK	1971–1977
95. – 99.	Thomas P. O'Neill, Jr.	D	MA	1977–1987
100. – 101.	James C. Wright, Jr.	D	TX	1987–1989
101. – 103.	Thomas S. Foley	D	WA	1989–1995
104. – 105.	Newt Gingrich	R	GA	1995–1999
106. –	John D. Hastert	R	IL	1999–

■ **Tabelle 10:** Repräsentantenhaus: *Majority Leaders*
(Vorsitzende der Mehrheitsfraktion; seit 1899)[1]

Kongreß	Name	Staat	Partei	Amtsdauer
56. – 61.	Sereno E. Payne	NY	R	1899–1911
62. – 63.	Oscar W. Underwood	AL	D	1911–1915
64. – 65.	Claude Kitchin	NC	D	1915–1919
66. – 67.	Franklin W. Mondell	WY	R	1919–1923
68.	Nicholas Longworth	OH	R	1923–1925
69. – 71.	John Q. Tilson	CT	R	1925–1931
72.	Henry T. Rainey	IL	D	1931–1933
73.	Joseph W. Byrns	TN	D	1933–1935
74.	William B. Bankhead	AL	D	1935–1937
75. – 76.	Sam T. Rayburn	TX	D	1937–1941
76. – 79.	John W. McCormack	MA	D	1941–1947
80.	Charles A. Halleck	IN	R	1947–1949
81. – 82.	John W. McCormack	MA	D	1949–1953
83.	Charles A. Halleck	IN	R	1953–1955
84. – 87.	John W. McCormack	MA	D	1955–1961
87. – 91.	Carl Albert	OK	D	1962–1971
92.	Hale Boggs	LA	D	1971–1973
93. – 94.	Thomas P. O'Neill, Jr.	MA	D	1973–1977
95. – 99.	James C. Wright	TX	D	1977–1987
100.	Thomas S. Foley	WA	D	1987–1989
101. – 103.	Richard A. Gephardt	MO	D	1989–1994
104. –	Richard K. Armey	TX	R	1995–

[1] Vor 1899 gab es im Repräsentantenhaus keinen offiziell anerkannten *Majority Leader*. Für gewöhnlich erfüllte der Vorsitzende des *Ways and Means Committee* des Hauses diese Funktion. Von 1899 bis 1911 ernannte der *Speaker* den *Majority Leader*, danach wurde er von der Fraktion gewählt.

■ **Tabelle 11:** Repräsentantenhaus: *Majority Whips*
(Geschäftsführer der Mehrheitsfraktion; seit 1899)

Kongreß	Name	Staat	Partei	Amtsdauer
55. – 58.	James A. Tawney	MN	R	1899–1905
59. – 60.	James E. Watson	IN	R	1905–1909
61.	John W. Dwight	NY	R	1909–1911
62.	–	–	–	1911–1913
63.	Thomas M. Bell	GA	D	1913–1915
64. – 65.	–	–	–	1915–1919
66. – 67.	Harold Knutson	MN	R	1919–1923

Kongreß	Name	Staat	Partei	Amtsdauer
68. – 71.	Albert H. Vestal	IN	R	1923–1931
72.	John McDuffie	AL	D	1931–1933
73.	Arthur H. Greenwood	IN	D	1933–1935
74. – 77.	Patrick J. Boland	PA	D	1935–1942
77. – 78.	Robert Ramspeck	GA	D	1942–1945
79.	John J. Sparkman	AL	D	1945–1947
80.	Leslie C. Arends	IL	R	1947–1949
81. – 82.	J. Percy Priest	TN	D	1949–1953
83.	Leslie C. Arends	IL	R	1953–1955
84. – 87.	Carl Albert	OK	D	1955–1962
87. – 91.	Hale Boggs	LA	D	1962–1971
92. – 93.	Thomas P. O'Neill, Jr.	MA	D	1971–1973
93. – 94.	John J. McFall	CA	D	1973–1977
95. – 96.	John Brademas	IN	D	1977–1981
97. – 99.	Thomas S. Foley	WA	D	1981–1987
100. – 101.	Tony Coehlo	CA	D	1987–1989
101. – 102.	William H. Gray III	PA	D	1989–1991
102. – 103.	David E. Bonior	MI	D	1991–1995
103. –	Tom DeLay	TX	R	1995–

■ **Tabelle 12:** Repräsentantenhaus: *Minority Leaders*
(Vorsitzende der Minderheitsfraktion; seit 1899)

Kongreß	Name	Staat	Partei	Amtsdauer
56. – 57.	James D. Richardson	TE	D	1899–1903
58. – 60.	John Sharp Williams	MS	D	1903–1908
60. – 61.	Champ Clark	MO	D	1908–1911
62. – 65.	James R. Mann	IL	R	1911–1919
66.	Champ Clark	MO	D	1919–1921
67.	Claude Kitchin	NC	D	1921–1923
68. – 70.	Finis J. Garrett	TN	D	1923–1929
71.	John N. Garner	TX	D	1929–1931
72. – 75.	Bertrand H. Snell	NY	R	1931–1939
76. – 79.	Joseph W. Martin, Jr.	MA	R	1939–1947
80.	Sam T. Rayburn	TX	D	1947–1949
81. – 82.	Joseph W. Martin, Jr.	MA	R	1949–1953
83.	Sam T. Rayburn	TX	D	1953–1955
84. – 85.	Joseph W. Martin, Jr.	MA	R	1955–1959
86. – 88.	Charles A. Halleck	IN	R	1959–1965
89. – 93.	Gerald R. Ford	MI	R	1965–1973
93. – 96.	John J. Rhodes	AZ	R	1973–1981
97. – 103.	Robert H. Michel	IL	R	1981–1994
104. –	Richard A. Gephardt	MO	D	1995–

■ **Tabelle 13:** Repräsentantenhaus: *Minority Whips*
(Geschäftsführer der Minderheitsfraktion; seit 1899)

Kongreß	Name	Staat	Partei	Amtsdauer
56.	Oscar W. Underwood	AL	D	1899–1901
57. – 60.	James T. Lloyd	MO	D	1901–1909
61.	–	–	–	1909–1911
62.	John W. Dwight	NY	R	1911–1913
63.	Charles H. Burke	SD	R	1913–1915
64. – 65.	Charles M. Hamilton	NY	R	1915–1919
66.	–	–	–	1919–1921
67. – 70.	William A. Oldfield	AR	D	1921–1928
70. – 71.	John McDuffie	AL	D	1928–1931
72.	Carl G. Bachmann	WV	R	1931–1933
73. – 77.	Harry L. Englebright	CA	R	1933–1943
78. – 79.	Leslie C. Arends	IL	R	1943–1947
80.	John W. McCormack	MA	D	1947–1949
81. – 82.	Leslie C. Arends	IL	R	1949–1953
83.	John W. McCormack	MA	D	1953–1955
84. – 93.	Leslie C. Arends	IL	R	1955–1975
94. – 96.	Robert H. Michel	IL	R	1975–1981
97. – 100.	Trent Lott	MS	R	1981–1989
101.	Dick Cheney	WY	R	1989
101. – 103.	Newt Gingrich	GA	R	1989–1995
104. –	David E. Bonior	MI	D	1995–

2.4 Senat

Allgemeines

Jeder Staat entsendet zwei Senatoren in den Senat, der somit zu Beginn der Republik (1789: 13 Staaten) 26 Mitglieder zählte; seit der Aufnahme Hawaiis im Jahre 1959 beläuft sich deren Zahl auf 100. Die Senatoren werden jeweils auf sechs Jahre gewählt und können unbeschränkt wiedergewählt werden. Bis 1913 unternahm das jeweilige Staatsparlament die Wahl, seither schreibt der 17. Verfassungszusatz die direkte Wahl durch die Stimmberechtigten des Staates vor. Alle zwei Jahre läuft die Wahlperiode eines Drittels der Senatoren aus. Senatoren müssen mindestens 30 Jahre alt sein, seit mindestens neun Jahren die amerikanische Staatsbürgerschaft besitzen und in dem Staat, den sie vertreten, auch ihren Wohnsitz haben. Den Vorsitz im Senat führt der Vizepräsident der Vereinigten Staaten, in seiner Abwesenheit der Stellvertretende Vorsitzende (*President Pro Tempore*). Die Zustimmung einer Zweidrittelmehrheit des Senats ist notwendig für alle Verträge mit auswärtigen Mächten, einer einfachen Mehrheit für die Ernennung von Richtern am Supreme Court, von Botschaftern und anderen hochgestellten Amtsträgern.

Führungsorgane

■ **Tabelle 14:** Senat: *Presidents Pro Tempore* (Stellvertretende Vorsitzende; seit 1789)[1]

Kongreß	Name	Staat	Partei	Amtsdauer
1.	John Langdon	NH	DR	1789–1791
2.	Richard Henry Lee	VA	?	1792
2.	John Langdon	NH	DR	1792–1794
3.	Ralph Izard	SC	?	1794–1795
3. – 4.	Henry Tazewell	VA	?	1795–1796
4.	Samuel Livermore	NH	?	1796–1797
4.	William Bingham	PA	?	1797
5.	William Bradford	RI	?	1797
5.	Jacob Read	SC	F	1797–1798
5.	Theodore Sedgwick	MA	F	1798
5.	John Laurance	NY	?	1798–1799
5.	James Ross	PA	F	1799
6.	Samuel Livermore	NH	?	1799–1800
6.	Uriah Tracy	CT	F	1800
6.	John E. Howard	MD	F	1800–1801
6.	James Hillhouse	CT	F	1801
7.	Abraham Baldwin	GA	F	1801–1802
7.	Stephen R. Bradley	VT	DR	1802–1803
8.	John Brown	KY	?	1803–1804
8.	Jesse Franklin	NC	DR	1804–1805
8.	Joseph Anderson	TN	DR	1805
9. – 10.	Samuel Smith	MD	DR	1805–1808
10.	Stephen R. Bradley	VT	DR	1808–1809
10.	John Milledge	GA	?	1809
11.	Andrew Gregg	PA	?	1809–1810
11.	John Gaillard	SC	DR	1810–1811
11.	John Pope	KY	DR	1811–1812
12.	William H. Crawford	GA	DR	1812–1813
13.	Joseph B. Varnum	MA	DR	1813–1814
13. – 15.	John Gaillard	SC	DR	1814–1819
15. – 16.	James Barbour	VA	Anti–D	1819–1820
16. – 19.	John Gaillard	SC	DR	1820–1826
19.	Nathaniel Macon	NC	DR	1826–1828
20. – 21.	Samuel Smith	MD	D	1828–1832

Kongreß	Name	Staat	Partei	Amtsdauer
22.	Littleton W. Tazewell	VA	D	1832
22.–23.	Hugh L. White	TN	?	1832–1834
23.	George Poindexter	MS	?	1834–1835
23.	John Tyler	VA	?	1835–1836
24.–27.	William R. King	AL	D	1836–1841
27.	Samuel L. Southard	NJ	W	1841–1842
27.–28.	Willie P. Mangum	NC	W	1842–1845
29.	Ambrose H. Sevier	AK	D	1845–1846
29.–31.	David R. Atchison	MO	W	1846–1850
31.–32.	William R. King	AL	D	1850–1852
32.–33.	David R. Atchison	MO	W	1852–1854
33.	Lewis Cass	MI	D	1854
33.–34.	Jesse D. Bright	IN	D	1854–1856
34.	Charles E. Stuart	MI	D	1856
34.	Jesse D. Bright	IN	D	1856–1857
34.–35.	James M. Mason	VA	D	1857
35.	Thomas J. Rusk	TX	D	1857
35.–36.	Benjamin Fitzpatrick	AL	D	1857–1860
36.	Jesse D. Bright	IN	D	1860
36.	Benjamin Fitzpatrick	AL	D	1860–1861
36.–38.	Solomon Foot	VT	R	1861–1864
38.	Daniel Clark	NH	R	1864–1865
39.	Lafayette S. Foster	CT	R	1865–1867
39.–40.	Benjamin F. Wade	OH	R	1867–1869
41.–42.	Henry B. Anthony	RI	R	1869–1873
43.	Matthew H. Carpenter	WI	R	1873–1875
43.	Henry B. Anthony	RI	R	1875
44.–45.	Thomas W. Ferry	MI	R	1875–1879
46.	Allen G. Thurman	OH	D	1879–1881
47.	Thomas F. Bayard	DE	D	1881
47.	David Davis	IL	R	1881–1883
47.–48.	George F. Edmunds	VT	R	1883–1885
49.	John Sherman	OH	R	1885–1887
49.–51.	John J. Ingalls	KS	R	1887–1891
51.–52.	Charles F. Manderson	NE	R	1891–1893
53.	Isham G. Harris	TN	D	1893–1895
53.	Matt W. Ransom	NC	D	1895
53.	Isham G. Harris	TN	D	1895–1896
54.–62.	William P. Frye	ME	R	1896–1911
62.	Augustus O. Bacon	GA	D	1911
62.	Charles Curtis	KS	R	1911–1912
62.	Augustus O. Bacon	GA	D	1912
62.	Jacob H. Gallinger	NH	R	1912
62.	Augustus O. Bacon	GA	D	1912
62.	Frank G. Brandegee	CT	R	1912

Kongreß	Name	Staat	Partei	Amtsdauer
62.	Augustus O. Bacon	GA	D	1912
62.	Jacob H. Gallinger	NH	R	1912
62.	Augustus O. Bacon	GA	D	1912
62.	Henry Cabot Lodge	MA	R	1912
62.	Augustus O. Bacon	GA	D	1912–1913
62.	Jacob H. Gallinger	NH	R	1912–1913
62.	Augustus O. Bacon	GA	D	1912–1913
62.	Jacob H. Gallinger	NH	R	1912–1913
62.	Augustus O. Bacon	GA	D	1912
62.	Jacob H. Gallinger	NH	R	1912
62.	Augustus O. Bacon	GA	D	1913
62.	Jacob H. Gallinger	NH	R	1913
62.	Augustus O. Bacon	GA	D	1913
62.	Jacob H. Gallinger	NH	R	1913
63. – 64.	James P. Clarke	AR	D	1913–1916
64. – 65.	Willard Saulsbury	DE	D	1916–1919
66. – 69.	Albert B. Cummins	IA	R	1919–1925
69. – 72.	George H. Moses	NH	R	1925–1933
73. – 76.	Key Pittman	NV	D	1933–1940
76.	William H. King	UT	D	1940–1941
77.	Pat Harrison	MS	D	1941
77. – 78.	Carter Glass	VA	D	1941–1945
79.	Kenneth McKellar	TN	D	1945–1947
80.	Arthur H. Vandenberg	MI	R	1947–1949
81. – 82.	Kenneth McKellar	TN	D	1949–1953
83.	Styles Bridges	NH	R	1953–1955
84.	Walter F. George	GA	D	1955–1957
85. – 90.	Carl Hayden	AZ	D	1957–1969
91. – 92.	Richard B. Russell	GA	D	1969–1971
92.	Allen J. Ellender	LA	D	1971–1972
92. – 95.	James O. Eastland	MS	D	1972–1979
96.	Warren G. Magnuson	WA	D	1979–1980
96.	Milton R. Young	ND	R	1980–1981
97. – 99.	Strom Thurmond	SC	R	1981–1987
100.	John C. Stennis	MS	D	1987–1989
101. – 103.	Robert C. Byrd	WV	D	1989–1995
104. –	Strom Thurmond	SC	R	1995–

[1] Nach Artikel I,3 der Verfassung hat der Vizepräsident den Vorsitz im Senat; in seiner Abwesenheit übernimmt dieses Amt der *President Pro Tempore*. Der letztere wurde bis März 1890 für jede Abwesenheitsperiode des Vizepräsidenten vom Senat neu gewählt; seither bleibt er in seiner Position, bis ein neuer *President Pro Tempore* gewählt wird.

■ **Tabelle 15:** Senat: *Majority Leaders*
(Vorsitzende der Mehrheitsfraktion; seit 1911)[1]

Kongreß	Name	Staat	Partei	Amtsdauer
62.	Shelby M. Cullom	IL	R	1911–1913
63. – 64.	John W. Kern	IN	D	1913–1917
65.	Thomas S. Martin	VA	D	1917–1919
66. – 68.	Henry Cabot Lodge	MA	R	1919–1924
68. – 70.	Charles Curtis	KS	R	1924–1929
71. – 72.	James E. Watson	IN	R	1929–1933
73. – 75.	Joseph T. Robinson	AR	D	1933–1937
75. – 79.	Alben W. Barkley	KY	D	1937–1947
80.	Wallace H. White, Jr.	ME	R	1947–1949
81.	Scott W. Lucas	IL	D	1949–1951
82.	Ernest W. McFarland	AZ	D	1951–1953
83.	Robert A. Taft	OH	R	1953
83.	William F. Knowland	CA	R	1953–1955
84. – 86.	Lyndon B. Johnson	TX	D	1955–1961
87. – 94.	Mike Mansfield	MT	D	1961–1977
95. – 96.	Robert C. Byrd	WV	D	1977–1981
97. – 98.	Howard H. Baker, Jr.	TN	R	1981–1985
99.	Robert Dole	KS	R	1985–1987
100.	Robert C. Byrd	WV	D	1987–1989
101. – 103.	George J. Mitchell	ME	D	1989–1995
104.	Robert Dole	KS	R	1995–1996
105.–	Trent Lott	MS	R	1996–

[1] Bis 1911 gab es keine eigentlichen Fraktionsvorsitzenden im Senat; Führungsaufgaben wurden von den Fraktionen informell delegiert.

■ **Tabelle 16:** Senat: *Majority Whips*
(Geschäftsführer der Mehrheitsfraktion; seit 1913)

Kongreß	Name	Staat	Partei	Amtsdauer
63. – 65.	J. Hamilton Lewis	IL	D	1913–1919
66. – 68.	Charles Curtis	KS	R	1919–1924
68. – 70.	Wesley L. Jones	WA	R	1924–1929
71. – 72.	Simeon D. Fess	OH	R	1929–1933
73. – 75.	J. Hamilton Lewis	IL	D	1933–1939
76.	Sherman Minton	IN	D	1939–1941
77. – 79.	Joseph Lister Hill	AL	D	1941–1947
80.	Kenneth S. Wherry	NE	R	1947–1949

Kongreß	Name	Staat	Partei	Amtsdauer
81.	Francis J. Myers	PA	D	1949–1951
82.	Lyndon B. Johnson	TX	D	1951–1953
83.	Leverett Saltonstall	MA	R	1953–1955
84.	Earle C. Clements	KY	D	1955–1957
85. – 86.	Mike Mansfield	MT	D	1957–1961
87. – 88.	Hubert H. Humphrey	MN	D	1961–1965
89. – 90.	Russell B. Long	LA	D	1965–1969
91.	Edward M. Kennedy	MA	D	1969–1971
92. – 94.	Robert C. Byrd	WV	D	1971–1977
95. – 96.	Alan Cranston	CA	D	1977–1981
97. – 98.	Theodore F. Stevens	AK	R	1981–1985
99.	Alan K. Simpson	WY	R	1985–1987
100. – 101.	Alan Cranston	CA	D	1987–1991
102. – 103.	Wendell H. Ford	KY	D	1991–1995
104.	Trent Lott	MS	R	1995–1997
105. –	Don Nickles	OK	R	1997–

■ **Tabelle 17:** Senat: *Minority Leaders*
(Vorsitzende der Minderheitsfraktion; seit 1911)

Kongreß	Name	Staat	Partei	Amtsdauer
62.	Thomas S. Martin	VA	D	1911–1913
63. – 64.	Jacob H. Gallinger	NH	R	1913–1917
65.	Henry Cabot Lodge	MA	R	1917–1919
66.	Thomas S. Martin	VA	D	1919
66. – 67.	Oscar W. Underwood	AL	D	1919–1923
68. – 72.	Joseph T. Robinson	AR	D	1923–1933
73. – 77.	Charles L. McNary	OR	R	1933–1943
78. – 79.	Wallace H. White, Jr.	ME	R	1943–1947
80.	Alben W. Barkley	KY	D	1947–1949
81. – 82.	Kenneth S. Wherry	NE	R	1949–1951
82.	Styles Bridges	NH	R	1951–1953
83.	Lyndon B. Johnson	TX	D	1953–1955
84. – 85.	William F. Knowland	CA	R	1955–1959
86. – 91.	Everett M. Dirksen	IL	R	1959–1969
91. – 94.	Hugh D. Scott, Jr.	PA	R	1969–1977
95. – 96.	Howard H. Baker, Jr.	TN	R	1977–1981
97. – 99.	Robert C. Byrd	WV	D	1981–1987
100. – 103.	Robert Dole	KS	R	1987–1995
104. –	Tom Daschle	SD	D	1995–

■ **Tabelle 18:** Senat: *Minority Whips*
(Geschäftsführer der Minderheitsfraktion; seit 1915)

Kongreß	Name	Staat	Partei	Amtsdauer
64.	James W. Wadsworth, Jr.	NY	R	1915
64. – 65.	Charles Curtis	KS	R	1915–1919
66. – 70.	Peter G. Gerry	RI	D	1919–1929
71. – 72.	Morris Sheppard	TX	D	1929–1933
73. – 77.	Felix Hebert	RI	R	1933–1943
78. – 79.	Kenneth Wherry	NE	R	1943–1947
80.	Scott W. Lucas	IL	D	1947–1949
81. – 82.	Leverett Saltonstall	MA	R	1949–1953
83.	Earle C. Clements	KY	D	1953–1955
84.	Leverett Saltonstall	MA	R	1955–1957
85.	Everett M. Dirksen	IL	R	1957–1959
86. – 90.	Thomas H. Kuchel	CA	R	1959–1969
91.	Hugh Scott	PA	R	1969
91. – 94.	Robert P. Griffin	MI	R	1969–1977
95. – 96.	Theodore Stevens	AK	R	1977–1981
97. – 99.	Alan Cranston	CA	D	1981–1987
100. – 103.	Alan K. Simpson	WY	R	1987–1995
104. –	Wendell H. Ford	KY	D	1995–

2.5 Ausschüsse (Stand Oktober 1999; Mitgliederzahlen in Klammern)

Repräsentantenhaus

Ständige Ausschüsse *(Standing Committees)*

Agriculture (50)

Appropriations (60)

Armed Services (60)

Banking and Financial Services (54)

Budget (43)

Commerce (51)

Education and the Workforce (45)

Government Reform (44)

House Administration (9)

International Relations (47)

Judiciary (35)

National Security (59)

Resources (50)

Rules (13)

Science (46)

Small Business (35)

Standards of Official Conduct (10)

Transportation and Infrastructure (75)

Veterans' Affairs (30)

Ways and Means (39)

Sonderausschuß *(Select Committee)*

Intelligence (16)

Senat

Ständige Ausschüsse *(Standing Committees)*

Agriculture, Nutrition and Forestry (18)	Health, Education, Labor, and Pensions (18)
Appropriations (28)	Indian Affairs (14)
Armed Services (18)	Judiciary (18)
Banking, Housing, and Urban Affairs (18)	Rules and Administration (16)
Budget (22)	Small Business (18)
Commerce, Science, and Transportation (20)	Veterans' Affairs (12)
Energy and Natural Resources (20)	Sonderausschüsse
Environment and Public Works (18)	Aging (Special Committee; 18)
Finance (20)	Ethics (Select Committee; 6)
Foreign Relations (18)	Intelligence (Nachrichtendienst; Select Committee; 19)
Governmental Affairs (16)	Year 2000 Technology Problem (Special Committee; 9)

Joint Committees of Congress (Gemeinsame Ausschüsse von Senat und Repräsentantenhaus)

Economic (20; Repräsentantenhaus 10, Senat 10)

Taxation (10; Repräsentantenhaus 5, Senat 5)

2.6 Präsidentielle Vetos

■ **Tabelle 19:** Präsidentielle Vetos (seit 1789)

Präsident	Reguläre Vetos	Pocket–Vetos	Gesamt–zahl	Vom Kongreß überstimmte Vetos
Washington	2	–	2	–
J. Adams	–	–	–	–
Jefferson	–	–	–	–
Madison	5	2	7	–
Monroe	1	–	1	–
J.Q. Adams	–	–	–	–
Jackson	5	7	12	–
Van Buren	–	1	1	–
W.H. Harrison	–	–	–	–
Tyler	6	4	10	1
Polk	2	1	3	–

Präsident	Reguläre Vetos	Pocket–Vetos	Gesamt–zahl	Vom Kongreß überstimmte Vetos
Taylor	–	–	–	–
Fillmore	–	–	–	–
Pierce	9	–	9	5
Buchanan	4	3	7	–
Lincoln	2	4	6	–
A. Johnson	21	8	19	15
Grant	45	48	93	4
Hayes	12	1	13	1
Garfield	–	–	–	–
Arthur	4	8	12	1
Cleveland	304	110	414	2
B. Harrison	19	25	44	1
Cleveland	42	128	170	5
McKinley	6	36	42	–
T. Roosevelt	42	40	82	1
Taft	30	9	39	1
Wilson	33	11	44	6
Harding	5	1	6	–
Coolidge	20	30	50	4
Hoover	21	16	37	3
F.D. Roosevelt	372	263	635	9
Truman	180	70	250	12
Eisenhower	73	108	181	2
Kennedy	12	9	21	–
L.B. Johnson	16	14	30	–
Nixon	26	17	43	7
Ford	48	18	66	12
Carter	13	18	31	2
Reagan	39	39	78	9
Bush	29	15	44	1
Clinton	25	–	25	4
Insgesamt	1473	1064	2537	108

Parteien

1. Allgemeines

In den Vereinigten Staaten gibt es auf nationaler Ebene politische Parteien seit dem ausgehenden 18. Jahrhundert. Trotz gelegentlicher Ausuferungen erhielt sich im Grunde bis heute ein Zweiparteiensystem, das heißt zumeist dominierten zwei große Parteien, neben denen nur gelegentlich sogenannte Dritte Parteien *(Third Parties)* einige Aufmerksamkeit erringen konnten. Im sogenannten ersten Parteiensystem (1790er bis 1820er Jahre) standen sich die *Federalists* (A. Hamilton, J. Adams) und die *Republicans* (T. Jefferson, J. Madison) gegenüber. Niedergang beziehungsweise Wandel dieser Gruppierungen brachten das zweite Parteiensystem hervor, in dem während der 1830er und 40er Jahre die *Demokratische Partei* (A. Jackson, M. Van Buren) und die *Whigs* (H. Clay, J. Tyler) um die Macht rangen. Der Zerfall der Whigs unter dem Einfluß der Sklavereifrage führte dann 1854 zur Gründung der *Republikanischen Partei*, deren politischer Hauptgegner im nunmehrigen dritten Parteiensystem bis heute die Demokratische Partei blieb. Zu den wichtigsten Dritten Parteien zählten seither die *People's Party* (1892; J.B. Weaver), die *Progressive Party* (1912; T. Roosevelt), eine neuformierte *Progressive Party* (1924; R.M. La Follette) und die *American Independent Party* (1968; G.C. Wallace). In der Präsidentschaftswahl 1992 spielte H.R. Perot als Unabhängiger eine bedeutende Rolle, was er 1996 als Kandidat seiner *Reform Party* nur teilweise wiederholen konnte.

Die amerikanischen Parteien sind durchweg lockerer strukturiert als etwa die deutschen. Auf nationaler Ebene manifestiert sich der Zusammenhalt vor allem in den alle vier Jahre vor der Präsidentschaftswahl zusammentretenden Nominierungsparteitagen *(national conventions)*. Im Kongreß ist der Fraktionszusammenhalt oftmals schwach. Wer sich um Mitgliedschaft im Repräsentantenhaus, im Senat, aber auch in den Legislativen der Einzelstaaten bewirbt, muß Nominierung und Wahlkampf vielfach in eigener Initiative und mit selbst eingerichteter Organisation betreiben.

2. Nominierungsparteitage

■ **Tabelle 20:** *National Conventions* (Nominierungsparteitage vor den Präsidentschaftswahlen; seit 1832)

Demokratische Partei		Republikanische Partei		Andere Parteien		
Beginn des Parteitags	Ort	Beginn des Parteitags	Ort	Partei	Beginn des Parteitags	Ort
				NR	12. 12. 1831	Baltimore
21. 5. 1832	Baltimore					
20. 5. 1835	Baltimore			AM	16. 12. 1835	Harrisburg
				W	4. 12. 1839	Harrisburg
5. 5. 1840	Baltimore					
				L	30. 8. 1843	Buffalo
27. 5. 1844	Baltimore			W	1. 5. 1844	Baltimore
22. 5. 1848	Baltimore			W	7. 6. 1848	Philadelphia
				FS	9. 8. 1848	Buffalo
1. 6. 1852	Baltimore			W	16. 6. 1852	Baltimore
				FS	11. 8. 1852	Pittsburgh
				A	22. 2. 1856	Philadelphia
2. 6. 1856	Cincinnati	17. 6. 1856	Philadelphia	W	17. 9. 1856	Baltimore
23. 4. 1860	Charleston	16. 5. 1860	Chicago			
28. 6. 1860	Baltimore					
29. 8. 1864	Chicago	7. 6. 1864	Baltimore			
4. 7. 1868	New York City	20. 5. 1868	Chicago			
9. 6. 1872	Baltimore	5. 6. 1872	Philadelphia			
28. 6. 1876	St. Louis	14. 6. 1876	Cincinnati			
23. 6. 1880	Cincinnati	2. 6. 1880	Chicago			
3. 6. 1884	Chicago	11. 7. 1884	Chicago			
6. 6. 1888	St. Louis	19. 6. 1888	Chicago			
21. 6. 1892	Chicago	7. 6. 1892	Minneapolis	P	2. 7. 1892	Omaha
7. 7. 1896	Chicago	16. 6. 1896	St. Louis			
4. 7. 1900	Kansas City	19. 6. 1900	Philadelphia			
6. 7. 1904	St. Louis	21. 6. 1904	Chicago			
7. 7. 1908	Denver	16. 6. 1908	Chicago			
25. 6. 1912	Baltimore	18. 6. 1912	Chicago			
14. 6. 1916	St. Louis	7. 6. 1916	Chicago			
28. 6. 1920	San Francisco	8. 6. 1920	Chicago			
24. 6. 1924	New York City	10. 6. 1924	Cleveland			
26. 6. 1928	Houston	12. 6. 1928	Kansas City			
27. 6. 1932	Chicago	14. 6. 1932	Chicago			
23. 6. 1936	Philadelphia	9. 6. 1936	Cleveland			
15. 7. 1940	Chicago	24. 6. 1940	Philadelphia			

Demokratische Partei		Republikanische Partei		Andere Parteien		
Beginn des Parteitags	Ort	Beginn des Parteitags	Ort	Partei	Beginn des Parteitags	Ort
19. 6. 1944	Chicago	26. 6. 1944	Chicago			
12. 7. 1948	Philadelphia	21. 6. 1948	Philadelphia			
				SR	17. 8. 1948	Philadelphia
				P	22. 7. 1948	Birmingham
21. 7. 1952	Chicago	7. 7. 1952	Chicago			
13. 8. 1956	Chicago	20. 8. 1956	San Francisco			
11. 7. 1960	Los Angeles	25. 7. 1960	Chicago			
24. 8. 1964	Atlantic City	13. 7. 1964	San Francisco			
26. 8. 1968	Chicago	5. 8. 1968	Miami Beach			
10. 7. 1972	Miami Beach	21. 8. 1972	Miami Beach			
12. 7. 1976	New York City	16. 8. 1976	Kansas City			
11. 8. 1980	New York City	14. 7. 1980	Detroit			
16. 7. 1984	San Francisco	20. 8. 1984	Dallas			
18. 7. 1988	Atlanta	15. 8. 1988	New Orleans			
13. 7. 1992	New York City	17. 8. 1992	Houston			
26. 8. 1996	Chicago	10. 8. 1996	San Diego			
14. 8. 2000	Los Angeles	29. 7. 2000	Philadelphia			

Der *Supreme Court*

1. Allgemeines

Der *Supreme Court* ist der oberste Gerichtshof der Vereinigten Staaten. Die Richter, deren Zahl der Kongreß bestimmt, werden vom Präsidenten mit Zustimmung des Senats auf Lebenszeit ernannt. 1801 wurde die Zahl der Richter auf fünf festgelegt, 1807 auf sieben, 1837 auf neun, 1863 auf zehn; seit 1869 beträgt sie neun. Die Jurisdiktion des *Supreme Court* erstreckt sich in der Hauptsache auf Revisionsfälle. Im frühen 19. Jahrhundert wuchs sein Prestige beträchtlich unter dem Vorsitz J. Marshalls, der ihm u.a. die Zuständigkeit für die *judicial review* sicherte, das heißt für die Prüfung der Verfassungskonformität von Gesetzen (siehe unten S. 96, *Marbury gegen Madison*). Urteile werden mit einfacher Mehrheit gefällt, wobei die Mehrheitsmeinung oftmals von einem einzelnen Richter herausgearbeitet wird.

2. Personelle Zusammensetzung

■ **Tabelle 21:** Richter am *Supreme Court* (seit 1789; Vorsitzende in Fettdruck)

Name	Staat (bei Ernennung)	Amtsdauer	Jahre	Ernannt von Präsident	Geburts-Todesjahr
John Jay	NY	1789–1795	5	Washington	1745–1829
James Wilson	PA	1789–1798	8	Washington	1742–1798
John Rutledge	SC	1790–1791	1	Washington	1739–1800
William Cushing	MA	1790–1810	20	Washington	1732–1810
John Blair	VA	1789–1796	5	Washington	1732–1800
Robert H. Harrison	MD	1789–1790	–	Washington	1745–1790
James Iredell	NC	1790–1799	9	Washington	1751–1799
Thomas Johnson	MD	1791–1793	1	Washington	1732–1819
William Paterson	NJ	1793–1806	13	Washington	1745–1806
John Rutledge	SC	1795	0	Washington	1739–1800
Samuel Chase	MD	1796–1811	15	Washington	1741–1811

Name	Staat (bei Ernennung)	Amtsdauer	Jahre	Ernannt von Präsident	Geburts-Todesjahr
Oliver Ellsworth	CT	1796–1800	4	Washington	1745–1807
Bushrod Washington	VA	1798–1829	31	J. Adams	1762–1829
Alfred Moore	NC	1799–1804	4	J. Adams	1755–1810
John Marshall	VA	1801–1835	34	J. Adams	1755–1835
William Johnson	SC	1804–1834	30	Jefferson	1771–1834
Brockholst Livingston	NY	1806–1823	16	Jefferson	1757–1823
Thomas Todd	KY	1807–1826	18	Jefferson	1765–1826
Gabriel Duval	MD	1811–1835	23	Madison	1752–1844
Joseph Story	MA	1811–1845	33	Madison	1779–1845
Smith Thompson	NY	1823–1843	20	Monroe	1768–1843
Robert Trimble	KY	1826–1828	2	J.Q. Adams	1777–1828
John McLean	OH	1829–1861	32	Jackson	1785–1861
Henry Baldwin	PA	1830–1844	14	Jackson	1780–1844
James M. Wayne	GA	1835–1867	32	Jackson	1790–1867
Roger B. Taney	MD	1836–1864	28	Jackson	1777–1864
Philip P. Barbour	VA	1836–1841	4	Jackson	1783–1841
John Catron	TN	1837–1865	28	Jackson	1786–1865
John McKinley	AL	1837–1852	14	Van Buren	1780–1852
Peter V. Daniel	VA	1841–1860	19	Van Buren	1784–1860
Samuel Nelson	NY	1845–1872	27	Tyler	1792–1873
Levi Woodbury	NH	1845–1851	5	Polk	1789–1851
Robert C. Grier	PA	1846–1870	23	Polk	1794–1870
Benjamin R. Curtis	MA	1851–1857	6	Fillmore	1809–1874
John A. Campbell	AL	1853–1861	8	Pierce	1811–1889
Nathan Clifford	ME	1858–1881	23	Buchanan	1803–1881
Noah H. Swayne	OH	1862–1881	18	Lincoln	1804–1884
Samuel F. Miller	IA	1862–1890	28	Lincoln	1816–1890
David Davis	IL	1862–1877	14	Lincoln	1815–1886
Stephen J. Field	CA	1863–1897	34	Lincoln	1816–1899
Salmon P. Chase	OH	1864–1873	8	Lincoln	1808–1873
William Strong	PA	1870–1880	10	Grant	1808–1895
Joseph P. Bradley	NJ	1870–1892	22	Grant	1813–1892
Ward Hunt	NY	1873–1882	9	Grant	1810–1886
Morrison R. Waite	OH	1874–1888	14	Grant	1816–1888
John M. Harlan	KY	1877–1911	34	Hayes	1833–1911
William B. Woods	GA	1880–1887	7	Hayes	1824–1887
Stanley Matthews	OH	1881–1889	7	Garfield	1824–1889
Horace Gray	MA	1882–1902	20	Arthur	1828–1902
Samuel Blatchford	NY	1882–1893	11	Arthur	1820–1893
Lucius Q.C. Lamar	MS	1888–1893	5	Cleveland	1825–1893
Melville W. Fuller	IL	1888–1910	21	Cleveland	1833–1910
David J. Brewer	KS	1890–1910	20	B. Harrison	1837–1910

Name	Staat (bei Ernennung)	Amtsdauer	Jahre	Ernannt von Präsident	Geburts- Todesjahr
Henry B. Brown	MI	1890–1906	16	B. Harrison	1836–1913
George Shiras, Jr.	PA	1892–1903	10	B. Harrison	1832–1924
Howell E. Jackson	TN	1893–1895	2	B. Harrison	1832–1895
Edward D. White	LA	1894–1910	16	Cleveland	1845–1921
Rufus W. Peckham	NY	1895–1909	14	Cleveland	1838–1909
Joseph McKenna	CA	1898–1925	26	McKinley	1843–1926
Oliver W. Holmes	MA	1902–1932	30	T. Roosevelt	1841–1935
William R. Day	OH	1903–1922	19	T. Roosevelt	1849–1923
William H. Moody	MA	1906–1910	3	T. Roosevelt	1853–1917
Horace H. Lurton	TN	1910–1914	4	Taft	1844–1914
Charles E. Hughes	NY	1910–1916	5	Taft	1862–1948
Willis Van Devanter	WY	1911–1937	26	Taft	1859–1941
Joseph R. Lamar	GA	1911–1916	4	Taft	1857–1916
Edward D. White	LA	1910–1921	10	Taft	1845–1921
Mahlon Pitney	NJ	1912–1922	10	Taft	1858–1924
James C. McReynolds	TN	1914–1941	26	Wilson	1862–1946
Louis D. Brandeis	MA	1916–1939	22	Wilson	1856–1941
John H. Clarke	OH	1916–1922	5	Wilson	1857–1945
William H. Taft	CT	1921–1930	8	Harding	1857–1930
George Sutherland	UT	1922–1938	15	Harding	1862–1942
Pierce Butler	MN	1922–1939	16	Harding	1866–1939
Edward T. Sanford	TN	1923–1930	7	Harding	1865–1930
Harlan F. Stone	NY	1925–1941	16	Coolidge	1872–1946
Charles E. Hughes	NY	1930–1941	11	Hoover	1862–1948
Owen J. Roberts	PA	1930–1945	15	Hoover	1875–1955
Benjamin N. Cardozo	NY	1932–1938	6	Hoover	1870–1938
Hugo L. Black	AL	1937–1971	34	F. Roosevelt	1886–1971
Stanley F. Reed	KY	1938–1957	19	F. Roosevelt	1884–1980
Felix Frankfurter	MA	1939–1962	23	F. Roosevelt	1882–1965
William O. Douglas	CT	1939–1975	36	F. Roosevelt	1898–1980
Frank Murphy	MI	1940–1949	9	F. Roosevelt	1890–1949
Harlan F. Stone	NY	1941–1946	4	F. Roosevelt	1872–1946
James F. Byrnes	SC	1941–1942	1	F. Roosevelt	1879–1972
Robert H. Jackson	PA	1941–1954	13	F. Roosevelt	1892–1954
Wiley B. Rutledge	IA	1943–1949	6	F. Roosevelt	1894–1949
Harold H. Burton	OH	1945–1958	13	Truman	1888–1964
Frederick M. Vinson	KY	1946–1953	7	Truman	1890–1953
Tom C. Clark	TX	1949–1967	18	Truman	1899–1977
Sherman Minton	IN	1949–1956	7	Truman	1890–1965
Earl Warren	CA	1953–1969	16	Eisenhower	1891–1974
John M. Harlan	NY	1955–1971	16	Eisenhower	1899–1971
William J. Brennan, Jr.	NJ	1956–1990	33	Eisenhower	1906–1997

Name	Staat (bei Ernennung)	Amtsdauer	Jahre	Ernannt von Präsident	Geburts-Todesjahr
Charles E. Whittaker	MT	1957–1962	5	Eisenhower	1901–1973
Potter Stewart	OH	1958–1981	23	Eisenhower	1915–1985
Byron R. White	CO	1962–1993	31	Kennedy	1917–
Arthur J. Goldberg	IL	1962–1965	3	Kennedy	1908–1990
Abe Fortas	TN	1965–1969	4	Johnson	1910–1982
Thurgood Marshall	NY	1967–1991	24	Johnson	1908–1993
Warren E. Burger	VA	1969–1986	17	Nixon	1907–1995
Harry A. Blackmun	MN	1970–1994	24	Nixon	1908–
Lewis F. Powell, Jr.	VA	1972–1987	15	Nixon	1907–1998
William H. Rehnquist	AZ	1971–1986	14	Nixon	1924–
John Paul Stevens	IL	1975–		Ford	1920–
Sandra Day O'Connor	AZ	1981–		Reagan	1930–
William H. Rehnquist	AZ	1986–		Reagan	1924–
Antonin Scalia	DC	1986–		Reagan	1936–
Anthony M. Kennedy	CA	1988–		Reagan	1936–
David H. Souter	NH	1990–		Bush	1939–
Clarence Thomas	DC	1991–		Bush	1948–
Ruth Bader Ginsburg	DC	1993–		Clinton	1933–
Stephen G. Breyer	MA	1994–		Clinton	1938–

3.   Bedeutende Urteile des *Supreme Court* (seit 1803)

Marbury gegen Madison (1803). Das Gericht erklärte einen Teil des *Judiciary Act* von 1789 für verfassungswidrig und etablierte damit seine Befugnis zur *judicial review*, das heißt zur Prüfung der Verfassungskonformität von Gesetzen.

McCulloch gegen Maryland (1819). Das Gericht entschied, daß die Verfassung das Recht des Bundes impliziert, die Bank of the United States zu schaffen, auch wenn dies nicht ausdrücklich in der Verfassung dargelegt wird. Damit rechtfertigte das Gericht eine lose Auslegung der Verfassung und etablierte gleichzeitig den Grundsatz, daß Bundesgewalt vor Staatengewalt geht.

Dartmouth College gegen Woodward (1819). Das Gericht entschied, daß Privatverträge nicht der Regulierung durch die Einzelstaaten unterliegen. Dies begünstigte in der Folge das Wachstum von Geschäftsunternehmen.

Dred Scott gegen Sanford (1857). Das Gericht entschied, daß Sklaven, da sie keine freien Bürger seien, auch kein Klagerecht hätten. Darüberhinaus bestritt das

Gericht dem Kongreß das Recht, die Sklaverei in den nördlichen Territorien zu verbieten und hob damit den sogenannten Missouri–Kompromiß von 1820 auf.

Plessy gegen Ferguson (1896). Das Gericht entschied, daß der 14. Verfassungszusatz zwar politische, aber nicht notwendig soziale Gleichheit etabliere. Dieses Urteil wird für gewöhnlich als den Grundsatz "separate but equal" etablierend zitiert und diente in der Folge dazu, die Rassentrennung allgemein zu rechtfertigen.

Northern Securities Co. gegen die Vereinigten Staaten (1904). Das Gericht entschied, daß die *Northern Securities Co.* praktisch ein Eisenbahnmonopol im amerikanischen Nordwesten besitze und daher entsprechend dem *Sherman Antitrust Act* aufzulösen sei. Das Urteil hatte Signalwirkung im staatlichen Bemühen, die Trustbildung einzudämmen.

Muller gegen Oregon (1908). Das Gericht erklärte ein Gesetz des Staates Oregon für verfassungsgemäß, das die Limitierung der Frauenarbeitszeit gestattete. Es verneinte damit, daß diese Limitierung gegen die im 14. Verfassungszusatz garantierte Vertragsfreiheit verstieß und öffnete damit den Weg zu weiterer Sozialgesetzgebung.

Schenck gegen die Vereinigten Staaten (1919). Das Gericht erklärte den *Espionage Act* von 1917 für verfassungsgemäß und etablierte damit den Grundsatz, daß Rede– und Pressefreiheit eingeschränkt werden können, wenn eine deutliche und direkt existierende Gefahr *(clear and present danger)* dies erfordert.

Schechter Poultry Corp. gegen die Vereinigten Staaten (1935). Das Gericht entschied, daß der Kongreß seine Befugnisse überschritt, als er im *National Industrial Recovery Act* von 1933 dem Präsidenten zu weit gehende Entscheidungsgewalt zugestand.

Brown gegen Board of Education of Topeka (1954). Das Gericht entschied, daß Rassentrennung in Schulen dem Gleichheitsprinzip des 14. Verfassungszusatzes widerspricht. Es hob damit praktisch das in *Plessy gegen Ferguson* ergangene Urteil auf.

Gideon gegen Wainwright (1963). Das Gericht entschied, daß ein mittelloser Angeklagter Anrecht auf einen gerichtlich ernannten Pflichtverteidiger hat. Es dehnte damit das im 14. Verfassungszusatz festgelegte Recht auf ordentlichen Prozeß *(due process)* von der Bundesebene auch auf die Staatenebene aus.

Miranda gegen Arizona (1966). Das Gericht entschied, daß Verdächtige von der Polizei darauf aufmerksam zu machen sind, daß sie die Aussage verweigern oder die Gegenwart eines Anwalts verlangen dürfen.

Roe gegen Wade (1973). Das Gericht entschied, daß Gesetze von Einzelstaaten, die Abtreibung untersagen, verfassungswidrig sind.

Die Vereinigten Staaten gegen Nixon (1974). Das Gericht entschied, daß weder die Gewaltenteilung noch die Notwendigkeit, präsidentielle Kommunikation vertraulich zu halten, ein absolutes Recht *(executive privilege)* etablieren, die Herausgabe gerichtlich angeforderten Beweismaterials zu verweigern.

Regents of University of California gegen Bakke (1978). Das Gericht entschied, daß Universitäten Rasse und ethnische Herkunft von Studienbewerbern bei der Zulassung zwar berücksichtigen können, aber keine klaren Rassenquoten festlegen dürfen.

U.S. Term Limits Inc. gegen Thorton (1995). Das Gericht entschied, daß weder der Kongreß noch die Einzelstaaten die Amtsdauer von Mitgliedern des Kongresses beschränken dürfen, da die Verfassung die Wahl seiner Gesetzgeber dem Volke vorbehält.

Clinton gegen City of New York (1998). Das Gericht erklärte den sogenannten *Line-Item Veto Act* von 1996, der ein Vetorecht für Teile eines Gesetzes etablierte, für verfassungswidrig.

Kolonien und Staaten

1. Die britischen Kolonien in Nordamerika

1.1 Allgemeines

Die sich 1776 zu den Vereinigten Staaten zusammenschließenden 13 britischen Kolonien in Nordamerika waren vor dem Zusammenschluß verfassungsmäßig nicht miteinander verbunden. Jede Kolonie stand in unmittelbarer Beziehung zum Mutterland, von dem sie ihren Verfassungsstatus durch den sogenannten Charter erhalten hatte. Dieser Charter konnte die betreffende Kolonie einer Siedlungsgesellschaft (*corporate charter*), einem Privateigentümer (*proprietary charter*) oder der Krone selbst zusprechen. In nicht wenigen Fällen änderte sich der Charter-Status während der Kolonialzeit.

■ **Tabelle 22:** Kolonien: Gründung und Charter-Status (1607-1776)

Name	Besiedlung (Weiße) ab	Charter (Jahr)	Religion zunächst	urspr. Status	Veränderung im Status
Virginia	1607	1606 1609 1612	anglikan.	Gesellsch. (kommerz.)	1624 Kronkol.
Maryland	1634	1632	kathol.	P.eigentümer	–
Plymouth	1620	(1620)	separat. /purit.	Gesellsch. (religiös)	1691 zu Massachusetts
Massachusetts	1630	1629	puritan.	Gesellsch. (religiös)	1691 Kronkol.
Connecticut	1635	1662	puritan.	Gesellsch.	–
New Hampshire	1623	1679	puritan.	Kronkolonie	–
Rhode Island	1636	1644 1663	separat. /purit.	Gesellsch. (religiös)	–
North Carolina	1653	1663	anglikan.	P.eigentümer	1729 Kronkol.
South Carolina	1670	1663	anglikan.	P.eigentümer	1729 Kronkol.

Name	Besiedlung (Weiße) ab	Charter (Jahr)	Religion zunächst	urspr. Status	Veränderung im Status
New Jersey	1660er	1664	anglikan.	P.eigentümer	1702 Kronkol.
New York	1614	1664	anglikan.	P.eigentümer	1685 Kronkol.
Pennsylvania	1682	1681	quäker.	P.eigentümer	–
Delaware	(1638)	(1702)	(quäker.)	P.eigentümer	–
Georgia	1733	1732	anglikan.	Treuhänder (Trustees)	1753 Kronkol.

P.eigentümer = Privateigentümer *(proprietary charter)*
Gesellsch. = Siedlungsgesellschaft *(corporate charter)*
Kronkol. = Kronkolonie *(royal colony)*

Somit hatten die Kolonien um 1760 folgenden Charter-Status:

Zwei waren in Gesellschafterbesitz *(corporate charter)*:
Connecticut, Rhode Island.

Drei waren im Besitz von Privateigentümern *(proprietary charter)*:
Maryland, Pennsylvania, Delaware.

Acht waren Kronkolonien *(crown colonies)*:
Virginia, Massachusetts, New Hampshire, North Carolina, South Carolina, New York, New Jersey, Georgia.

2. Die Staaten der Union

2.1 Allgemeines

Im Frieden von Paris 1783 gestand Großbritannien seinen ehemaligen 13 nordamerikanischen Kolonien, die sich 1776 zu den Vereinigten Staaten zusammengeschlossen hatten, die Unabhängigkeit zu und übertrug ihnen gleichzeitig das bis zum Mississippi reichende bisherige britische Gebiet. Während der folgenden Generationen dehnten sich die Vereinigten Staaten dann bis zum Pazifik hin aus. Die Frage, wie diese Gebiete verwaltungsmäßig zu organisieren seien, lösten die Vereinigten Staaten auf zweierlei Weise. Anfangs wurden einige weitere, schon bevölkerungsstarke Staaten (Vermont; Kentucky; Tennessee) durch Kongreßbeschluß direkt aufgenommen. Danach wurde das in der *Northwest Ordinance* (1787) vorgesehene Verfahren üblich, daß neue Gebiete zuerst als Territorien von Washington aus verwaltet wurden; war die Bevölkerung auf 60 000 Menschen angewachsen, konnte ein Territorium die Aufnahme in die Union beantragen.

2.2 Einige Fakten

■ **Tabelle 23:** Staaten: Eintrittsdaten, Hauptstädte, Flächen

Reihen- folge des Eintritts	Staat	Erste weiße Siedlung[1]	Datum des Eintritts in die Union[2]	Hauptstadt (heute)	Fläche qkm
1	Delaware	1638	7. 12. 1787	Dover	5 300
2	Pennsylvania	1682	12. 12. 1787	Harrisburg	117 000
3	New Jersey	1660er	18. 12. 1787	Trenton	20 300
4	Georgia	1733	2. 1. 1788	Atlanta	152 000
5	Connecticut	1635	9. 1. 1788	Hartford	13 000
6	Massachusetts	1620	6. 2. 1788	Boston	21 400
7	Maryland	1634	28. 4. 1788	Annapolis	27 400
8	South Carolina	1670	23. 5. 1788	Columbia	80 400
9	New Hampshire	1623	21. 6. 1788	Concord	24 100
10	Virginia	1607	25. 6. 1788	Richmond	106 000
11	New York	1614	26. 7. 1788	Albany	128 000
12	North Carolina	1653	21. 11. 1789	Raleigh	136 000
13	Rhode Island	1636	29. 5. 1790	Providence	3 100
14	Vermont	1724	4. 3. 1791	Montpelier	24 900
15	Kentucky	1774	1. 6. 1792	Frankfort	105 000
16	Tennessee	1757	1. 6. 1796	Nashville	109 000
17	Ohio	1788	1. 3. 1803	Columbus	107 000
18	Louisiana	1699	30. 4. 1812	Baton Rouge	126 000
19	Indiana	1733	11. 12. 1816	Indianapolis	94 000
20	Mississippi	1699	10. 12. 1817	Jackson	124 000
21	Illinois	1720	3. 12. 1818	Springfield	146 000
22	Alabama	1702	14. 12. 1819	Montgomery	134 000
23	Maine	1624	15. 3. 1820	Augusta	86 000
24	Missouri	1735	10. 8. 1821	Jefferson City	180 000
25	Arkansas	1785	15. 6. 1836	Little Rock	138 000
26	Michigan	1668	26. 1. 1837	Lansing	151 000
27	Florida	1565	3. 2. 1845	Tallahassee	152 000
28	Texas	1691	29. 12. 1845	Austin	692 000
29	Iowa	1788	28. 12. 1846	Des Moines	146 000
30	Wisconsin	1766	29. 5. 1848	Madison	145 000
31	California	1769	9. 9. 1850	Sacramento	411 000
32	Minnesota	1805	11. 5. 1858	St. Paul	218 000
33	Oregon	1811	14. 2. 1859	Salem	251 000
34	Kansas	1727	29. 1. 1861	Topeka	213 000
35	West Virginia	1727	30. 6. 1863	Charleston	62 600
36	Nevada	1850	31. 10. 1864	Carson City	286 000
37	Nebraska	1847	1. 3. 1867	Lincoln	200 000
38	Colorado	1858	1. 8. 1876	Denver	270 000

Reihen- folge des Eintritts	Staat	Erste weiße Siedlung[1]	Datum des Eintritts in die Union[2]	Hauptstadt (heute)	Fläche qkm
39	North Dakota	1766	2. 11. 1889	Bismarck	183 000
40	South Dakota	1856	2. 11. 1889	Pierre	200 000
41	Montana	1809	8. 11. 1889	Helena	381 000
42	Washington	1811	11. 11. 1889	Olympia	177 000
43	Idaho	1842	3. 7. 1890	Boise	216 000
44	Wyoming	1834	10. 7. 1890	Cheyenne	254 000
45	Utah	1847	4. 1. 1896	Salt Lake City	220 000
46	Oklahoma	1889	16. 11. 1907	Oklahoma City	181 000
47	New Mexico	1605	6. 1.1912	Santa Fe	315 000
48	Arizona	1848	14. 2. 1912	Phoenix	295 000
49	Alaska	1784	3. 1. 1959	Juneau	1 519 000
50	Hawaii	1820	21. 8. 1959	Honolulu	16 700
–	District of Columbia	–	(1791)	Washington	174

[1] Erste dauerhafte Siedlung Weißer.
[2] Bei den ersten 13 Staaten bezeichnet das Datum den Zeitpunkt der Verfassungsratifikation.
Für Bevölkerungsangaben siehe Tabellen 28 und 29, Seiten 107-15.

3. Die Konföderierten Staaten von Amerika (*Confederate States of America*, 1861-65)

3.1 Allgemeines

Die Sezession der amerikanischen Südstaaten und ihre Bildung einer eigenen Konföderation führten 1861 zum Bürgerkrieg. Der erste Staat, der sich von der Union lossagte, war South Carolina, wo eine eigens einberufene Sezessionsversammlung am 20.12.1860 mit Wirkung vom 24.12. die 1788 erfolgte Ratifizierung der Unionsverfassung widerrief. Nach und nach erklärten noch zehn weitere Staaten ihre Lostrennung von der Union. Einige sklavenhaltende Staaten allerdings blieben auf der Seite des Nordens. In **Missouri** verhinderten Unionsanhänger in der Sezessionsversammlung am 28.2.1861 und am 7.3. die Sezession; das Staatsparlament sprach sich am 7.3. gegen dieselbe aus; am 31.10. verabschiedeten sezessionistische Mitglieder des Parlaments unter dem Schutz konföderierter Truppen eine Sezessionsresolution, und der konföderierte Kongreß nahm ihre Delegierten auf. Ebenso wurden einige Delegierte **Kentuckys** in diesen Kongreß aufgenommen, die von einem von Konföderierten besetzten Teil des Staates entsandt wurden. In **Maryland** stimmte das Staatsparlament am 27.4. gegen die Sezession (53:13). In **Delaware** entschied sich die Legislative am 3.1. einstimmig gegen die Sezession. Für das westliche Virginia trat in Wheeling eine Versammlung zusammen und bestellte am 11.6. einen unionistischen Gouverneur; diese Distrikte wurden am 20.6.1863 als der Staat **West Virginia** in die Union aufgenommen.

Die Staaten South Carolina, Georgia, Alabama, Mississippi, Louisiana und Florida entsandten insgesamt 42 Delegierte nach Montgomery AL, wo diese am 4.2.1861 zusammentraten und eine provisorische Verfassung für die "Confederate States of America" annahmen. Jefferson Davis aus Mississippi wurde zum provisorischen Präsidenten und Alexander H. Stephens aus Georgia zum provisorischen Vizepräsidenten bestimmt. Am 11.3. wurde eine endgültige Verfassung angenommen. Sie verbot die Sklaveneinfuhr, nicht aber den innerstaatlichen Sklavenhandel. Am 20.7. siedelte der Kongreß nach Richmond VA über. Davis wurde im Oktober zum ordentlichen Präsidenten gewählt und am 22.2.1862 offiziell in sein Amt eingeführt.

Nach dem Sieg der Union 1865 wurden die sezessionistischen Staaten einzeln wieder zur Union zugelassen, sobald sie bestimmte Auflagen, vor allem die Annahme des 14. Verfassungszusatzes, erfüllt hatten.

3.2 Abfolge von Sezession und Wiederaufnahme

■ **Tabelle 24:** Sezession und Wiederaufnahme der Südstaaten

Staat	Datum der Sezession	Abstimmergebnis		Datum der Wieder- aufnahme
		in der Sezes- sionsversamml.	in der Volks- abstimmung	
South Carolina	20. 12. 1860	169:0		9. 7. 1868
Mississippi	9. 1. 1861	85:15		23. 2. 1870
Florida	10. 1. 1861	62:7		25. 6. 1868
Alabama	11. 1. 1861	61:39		13. 7. 1868
Georgia	19. 1. 1861	208:89		15. 7. 1870
Louisiana	26. 1. 1861	113:17		9. 7. 1868
Texas	2. 3. 1861	166:8	34 794:11 325	30. 3. 1870
Virginia	17. 4. 1861	88:55	128 884:32 134	26. 1. 1870
Arkansas	6. 5. 1861	69:1		22. 6. 1868
North Carolina	20. 5. 1861	einstimmig		4. 7. 1868
Tennessee	8. 6. 1861		104 019:47 238	24. 7. 1866

4. Das Gebietswachstum der Vereinigten Staaten

4.1 Allgemeines

Das Gebiet der Vereinigten Staaten wuchs seit der Erlangung der Unabhängigkeit mehr oder weniger kontinuierlich bis zur Mitte des 20. Jahrhunderts. Manche Ländereien wurden gekauft (Louisiana-Gebiet; Gadsden-Streifen; Alaska; Virgin Islands); manche wurden durch diplomatischen Druck erworben (Florida; Oregon; Amerikanisch-Samoa; Panama-Kanalzone); manche wurde erobert (von Mexiko abgetretene Gebiete; Philippinen; Puerto Rico; Guam; TTPI); wieder andere bewarben sich selbst um Aufnahme (Texas; Hawaii).

4.2 Zeitliche Abfolge der Gebietserwerbungen

■ **Tabelle 25:** Gebietswachstum der Vereinigten Staaten (nach 1783)

Jahr	Gebiet	Fläche (km²)	Gesamtfläche (km²)
1793	Gründerstaaten	2 301 694	2 301 694
1803	Louisiana-Kauf	2 142 427	4 444 121
1819	Florida	186 488	4 630 609
1845	Texas	1 010 470	5 641 079
1846	Oregon	739 652	6 380 731
1848	Abtretung Mexikos	1 370 154	7 750 885
1853	Gadsden-Kauf	76 767	7 827 653
1867	Alaska	1 527 471	9 355 124
1898	Hawaii	16 705	9 371 830
1899	Philippinen	299 404	9 671 234
1899	Puerto Rico	8 897	9 680 130
1899	Guam	549	9 680 679
1900	Amerikanisch-Samoa	197	9 680 876
1904	Panama-Kanalzone	1 432	9 682 308
1917	Virgin Islands	344	9 682 652
1946	(Philippinen)	(299 404)	9 383 248
1947	TTPI[1]	1 860	9 385 108
	Andere Gebiete	119	9 385 227

---

[1] Trust Territory of the Pacific Islands.

Bevölkerung

1. Bevölkerung während Kolonialzeit und Revolution

■ **Tabelle 26:** Gesamte Bevölkerung nach Kolonien, Staaten oder Gebieten (1610–1780, geschätzt, in Tsd.)

Kolonie oder Staat oder Gebiet	1610	1620	1630	1640	1650	1660	1670	1680	1690
Maine	–	–	0,4	0,9	1,0	–	–	–	–
New Hampshire	–	–	0,5	1,1	1,3	1,6	1,8	2,0	4,2
Vermont	–	–	–	–	–	–	–	–	–
Plymouth	–	0,1	0,4	1,0	1,6	2,0	5,3	6,4	7,4
Massachusetts	–	–	0,5	8,9	14	20	30	40	50
Rhode Island	–	–	–	0,3	0,8	1,5	2,1	3,0	4,2
Connecticut	–	–	–	1,5	4,1	8,0	13	17	21
New York	–	–	0,4	1,9	4,1	5,0	5,8	9,8	14
New Jersey	–	–	–	–	–	–	1,0	3,4	8,0
Pennsylvania	–	–	–	–	–	–	–	0,7	11
Delaware	–	–	–	–	0,2	0,5	0,7	1,0	1,5
Maryland	–	–	–	0,6	4,5	8,4	13	18	24
Virginia	0,4	2,2	2,5	10	19	27	35	53	53
North Carolina	–	–	–	–	–	1,0	4,0	5,4	7,6
South Carolina	–	–	–	–	–	–	0,2	1,2	3,9
Georgia	–	–	–	–	–	–	–	–	
Kentucky	–	–	–	–	–	–	–	–	–
Tennessee	–	–	–	–	–	–	–	–	–

	1700	1710	1720	1730	1740	1750	1760	1770	1780
Maine	–	–	–	–	–	–	20	31	49
New Hamsphire	5,0	5,7	9,4	11	23	28	39	62	88
Vermont	–	–	–	–	–	–	–	10	48
Massachusetts	56	62	91	114	152	188	203	235	269
Rhode Island	5,9	7,6	12	17	25	33	45	58	53

Kolonie oder Staat oder Gebiet	1700	1710	1720	1730	1740	1750	1760	1770	1780
Connecticut	26	39	59	76	90	111	142	184	207
New York	19	22	37	49	64	77	117	163	210
New Jersey	14	20	30	38	51	71	93	117	140
Pennsylvania	18	24	31	52	86	120	184	240	327
Delaware	2,5	3,6	5,4	9,2	20	29	33	35	45
Maryland	30	43	66	91	116	141	162	203	245
Virginia	59	78	88	114	180	231	340	447	538
North Carolina	11	15	21	30	52	73	110	197	270
South Carolina	5,7	11	17	30	45	64	94	124	180
Georgia	–	–	–	–	2	5,2	10	23	56
Kentucky	–	–	–	–	–	–	–	16	45
Tennessee	–	–	–	–	–	–	–	1	10

■ **Tabelle 27:** Schwarze Bevölkerung nach Kolonien, Staaten oder Gebieten (1640-1780, geschätzt, in Tsd.; und Anteil an Gesamtbevölkerung in Prozent)

Kolonie oder Staat oder Gebiet	1640	Anteil %	1660	Anteil %	1680	Anteil %	1700	Anteil %
Maine	–	–	–	–	–	–	–	–
New Hampshire	0,03	3	0,05	3	0,08	4	0,13	3
Vermont	–	–	–	–	–	–	–	–
Plymouth	–	–	–	–	–	–	–	–
Massachusetts	0,15	2	0,42	2	0,17	0	0,8	1
Rhode Island	–	–	0,07	4	0,18	6	0,3	5
Connecticut	0,02	1	0,03	0	0,05	0	0,5	2
New York	0,2	12	0,6	12	1,2	12	2,3	12
New Jersey	–	–	–	–	0,2	6	0,8	6
Pennsylvania	–	–	–	–	0,03	4	0,4	2
Delaware	–	–	0,03	6	0,06	6	0,1	6
Maryland	0,02	3	0,8	9	1,6	9	3,2	11
Virginia	0,2	1	1,0	4	3,0	7	16,4	30
North Carolina	–	–	0,02	2	0,2	4	0,4	4
South Carolina	–	–	–	–	0,2	17	2,4	43
Georgia	–	–	–	–	–	–	–	–
Kentucky	–	–	–	–	–	–	–	–
Tennessee	–	–	–	–	–	–	–	–

Kolonie oder Staat oder Gebiet	1720	An- teil %	1740	An- teil %	1760	An- teil %	1780	An- teil %
Maine	–	–	–	–	0,3	2	0,5	1
New Hampshire	0,2	2	0,5	2	0,6	2	0,5	1
Vermont	–	–	–	–	–	–	0,05	0
Massachusetts	2,3	2	3,0	2	4,5	2	4,8	2
Rhode Island	0,5	5	2,4	10	3,5	8	2,4	5
Connecticut	1,1	2	2,6	3	3,8	3	5,9	3
New York	5,7	16	9,0	14	16,3	14	21,1	10
New Jersey	2,4	8	4,4	9	6,6	7	10,5	8
Pennsylvania	2,0	6	2,1	2	4,4	2	7,9	2
Delaware	0,7	13	1,0	5	1,7	5	3,0	7
Maryland	12,5	19	24,0	21	49,0	30	80,5	33
Virginia	26,6	30	60,0	33	141,0	41	220,1	41
North Carolina	3,0	14	11,0	21	33,6	30	91,0	34
South Carolina	12,0	70	30,0	67	57,3	61	97,0	54
Georgia	–	–	–	–	3,6	37	20,8	37
Kentucky	–	–	–	–	–	–	7,2	16
Tennessee	–	–	–	–	–	–	1,5	15

2. Bevölkerung der Vereinigten Staaten

■ **Tabelle 28:** Gesamte Bevölkerung nach Staaten (seit 1790; in Tsd.)

Staat	1790	1800	1810	1820	1830	1840	1850	1860
Alabama	–	1[a]	9[a]	128	310	591	772	964
Alaska	–	–	–	–	–	–	–	–
Arizona	–	–	–	–	–	–	–	–
Arkansas	–	–	1	14	30	98	210	435
California	–	–	–	–	–	–	93	380
Colorado	–	–	–	–	–	–	–	34
Connecticut	238	251	262	275	298	310	371	460
Delaware	59	64	73	73	77	78	92	112
District of Columbia	–	14	24	33	40	44	52	75
Florida	–	–	–	–	35	54	87	140
Georgia	83	163	252	341	517	691	906	1 057
Hawaii	–	–	–	–	–	–	–	–
Idaho	–	–	–	–	–	–	–	–
Illinois	–	–	12	55	157	476	851	1 712
Indiana	–	6	25	147	343	686	988	1 350

Staat	1790	1800	1810	1820	1830	1840	1850	1860
Iowa	–	–	–	–	–	43	192	675
Kansas	–	–	–	–	–	–	–	107
Kentucky	74	221	407	564	688	780	982	1 156
Louisiana	–	–	77	153	216	352	518	708
Maine	97	152	229	298	399	502	583	628
Maryland	320	342	381	407	447	470	583	687
Massachusetts	379	423	472	523	610	738	995	1 231
Michigan	–	–	5	9	32	212	398	749
Minnesota	–	–	–	–	–	–	6	172
Mississippi	–	8[a]	31[a]	75	137	376	607	791
Missouri	–	–	20	67	140	384	682	1 182
Montana	–	–	–	–	–	–	–	–
Nebraska	–	–	–	–	–	–	–	26
Nevada	–	–	–	–	–	–	–	7
New Hampshire	142	184	214	244	269	285	318	326
New Jersey	181	211	246	278	321	373	490	672
New Mexico	–	–	–	–	–	–	62[d]	94[e]
New York	340	589	959	1 373	1 919	2 429	3 097	3 881
North Carolina	394	478	556	639	738	753	869	993
North Dakota	–	–	–	–	–	–	–	5[g]
Ohio	–	45	231	581	938	1 519	1 980	2 340
Oklahoma	–	–	–	–	–	–	–	–
Oregon	–	–	–	–	–	–	12	52
Pennsylvania	434	602	810	1 049	1 348	1 724	2 312	2 906
Rhode Island	69	69	77	83	97	109	148	175
South Carolina	249	346	415	503	581	534	669	704
South Dakota	–	–	–	–	–	–	–	–
Tennessee	36	106	262	423	682	829	1003	1 110
Texas	–	–	–	–	–	–	213	604
Utah	–	–	–	–	–	–	11	40
Vermont	85	154	218	236	281	292	314	315
Virginia	692	808	878	938	1 044	1 025	1 119	1 220
Washington	–	–	–	–	–	–	1[f]	12[h]
West Virginia	56	79	105	137	177	225	302	377
Wisconsin	–	–	–	–	–	31	305	776
Wyoming	–	–	–	–	–	–	–	–
Vereinigte Staaten	3 929	5 308	7 240	9 638	12 866	17 069	23 192	31 443

Staat	1870	1880	1890	1900	1910	1920	1930	1940
Alabama	997	1 263	1 513	1 829	2 138	2 348	2 646	2 833
Alaska	–	33	32	64	64	55	59[b]	73[c]
Arizona	10	40	88	123	204	334	436	499
Arkansas	484	803	1 128	1 312	1 574	1 752	1 854	1 949
California	560	865	1 213	1 485	2 378	3 427	5 677	6 907
Colorado	40	194	413	540	799	940	1 036	1 123
Connecticut	537	623	746	908	1 115	1 381	1 607	1 709
Delaware	125	147	168	185	202	223	238	267
District of Columbia	132	178	230	279	331	438	487	663
Florida	188	269	391	529	753	968	1 468	1 897
Georgia	1 184	1 542	1 837	2 216	2 609	2 896	2 909	3 124
Hawaii	–	–	–	154	192	256	368	423
Idaho	15	33	89	162	326	432	445	525
Illinois	2 540	3 078	3 826	4 822	5 639	6 485	7 631	7 897
Indiana	1 681	1 978	2 192	2 516	2 701	2 930	3 239	3 428
Iowa	1 194	1 625	1 912	2 232	2 225	2 404	2 471	2 538
Kansas	364	996	1 428	1 470	1 691	1 769	1 881	1 801
Kentucky	1 321	1 649	1 859	2 147	2 290	2 417	2 615	2 846
Louisiana	727	940	1 119	1 382	1 656	1 799	2 102	2 364
Maine	627	649	661	694	742	768	797	847
Maryland	781	935	1 042	1 188	1 295	1 450	1 632	1 821
Massachusetts	1 457	1 783	2 239	2 805	3 366	3 852	4 250	4 317
Michigan	1 184	1 637	2 094	2 421	2 810	3 668	4 842	5 256
Minnesota	440	781	1 310	1 751	2 076	2 387	2 564	2 792
Mississippi	828	1 132	1 290	1 551	1 797	1 791	2 010	2 184
Missouri	1 721	2 168	2 679	3 107	3 293	3 404	3 629	3 785
Montana	21	39	143	243	376	549	538	559
Nebraska	123	452	1 063	1 066	1 192	1 296	1 378	1 316
Nevada	42	62	47	42	82	77	91	110
New Hampshire	318	347	377	412	431	443	465	492
New Jersey	906	1 131	1 445	1 884	2 537	3 156	4 041	4 160
New Mexico	92	120	160	195	327	360	423	532
New York	4 383	5 083	6 003	7 269	9 114	10 385	12 588	13 479
North Carolina	1 071	1 400	1 618	1 894	2 206	2 559	3 170	3 572
North Dakota	2[g]	37[g]	191	319	577	647	681	642
Ohio	2 665	3 198	3 672	4 158	4 767	5 759	6 647	6 908
Oklahoma	–	–	259	790	1 657	2 028	2 396	2 336
Oregon	91	175	318	414	673	783	954	1 090
Pennsylvania	3 522	4 283	5 258	6 302	7 665	8 720	9 631	9 900
Rhode Island	217	277	346	429	543	604	687	713
South Carolina	706	996	1 151	1 340	1 515	1 684	1 739	1 900
South Dakota	12[g]	98[g]	349	402	584	637	693	643
Tennessee	1 259	1 542	1 768	2 021	2 185	2 338	2 617	2 916
Texas	819	1 592	2 236	3 049	3 897	4 663	5 825	6 415
Utah	87	144	211	277	373	449	508	550

Staat	1870	1880	1890	1900	1910	1920	1930	1940
Vermont	331	332	332	344	356	352	360	359
Virginia	1 225	1 513	1 656	1 854	2 062	2 309	2 422	2 678
Washington	24	75	357	518	1 142	1 357	1 563	1 736
West Virginia	442	618	763	959	1 221	1 464	1 729	1 902
Wisconsin	1 055	1 315	1 693	2 069	2 334	2 632	2 939	3 138
Wyoming	9	21	63	93	146	194	226	251
Vereinigte Staaten	38 558	50 189	62 980	76 212	92 228	106 022	123 203	132 165

Staat	1950	1960	1970	1980	1990	1998
Alabama	3 062	3 267	3 444	3 394	4 222	4 352
Alaska	192	226	300	402	550	614
Arizona	750	1 302	1 771	2 718	3 665	4 669
Arkansas	1 910	1 786	1 923	2 286	2 352	2 538
California	10 586	15 717	19 953	23 668	29 786	32 667
Colorado	1 325	1 754	2 207	2 890	3 294	3 971
Connecticut	2 007	2 535	3 032	3 108	3 287	3 274
Delaware	318	446	548	594	666	744
District of Columbia	802	764	757	638	607	523
Florida	2 771	4 952	6 789	9 746	12 938	14 916
Georgia	3 445	3 943	4 590	5 463	6 478	7 642
Hawaii	500	633	769	965	1 108	1 193
Idaho	589	667	713	944	1 007	1 229
Illinois	8 712	10 081	11 114	11 427	11 431	12 045
Indiana	3 934	4 662	5 194	5 490	5 544	5 899
Iowa	2 621	2 758	2 824	2 914	2 777	2 862
Kansas	1 905	2 179	2 247	2 364	2 478	2 629
Kentucky	2 945	3 038	3 219	3 661	3 687	3 936
Louisiana	2 684	3 257	3 641	4 206	4 220	4 369
Maine	914	969	992	1 125	1 228	1 244
Maryland	2 343	3 101	3 922	4 217	4 781	5 135
Massachusetts	4 691	5 149	5 689	5 737	6 016	6 147
Michigan	6 372	7 823	8 875	9 262	9 295	9 817
Minnesota	2 982	3 414	3 805	4 076	4 376	4 725
Mississippi	2 179	2 178	2 217	2 521	2 575	2 752
Missouri	3 955	4 320	4 677	4 917	5 117	5 439
Montana	591	675	694	787	799	880
Nebraska	1 326	1 411	1 483	1 570	1 578	1 663
Nevada	160	285	489	800	1 202	1 747
New Hampshire	533	607	738	921	1 109	1 185
New Jersey	4 835	6 067	7 168	7 365	7 748	8 115
New Mexico	681	951	1 016	1 303	1 515	1 737
New York	14 830	16 782	18 237	17 558	17 991	18 175

Staat	1950	1960	1970	1980	1990	1998
North Carolina	4 062	4 556	5 082	5 882	6 632	7 546
North Dakota	620	632	618	653	639	638
Ohio	7 947	9 706	10 652	10 798	10 847	11 209
Oklahoma	2 233	2 328	2 559	3 025	3 146	3 347
Oregon	1 521	1 769	2 091	2 633	2 842	3 282
Pennsylvania	10 498	11 319	11 794	11 864	11 883	12 001
Rhode Island	792	859	947	947	1 003	988
South Carolina	2 117	2 383	2 591	3 122	3 486	3 836
South Dakota	653	681	666	691	696	738
Tennessee	3 292	3 567	3 924	4 591	4 877	5 431
Texas	7 711	9 580	11 197	14 229	16 986	19 760
Utah	689	891	1 059	1 461	1 723	2 100
Vermont	378	390	444	511	563	591
Virginia	3 319	3 967	4 648	5 347	6 189	6 791
Washington	2 379	2 853	3 409	4 132	4 867	5 689
West Virginia	2 006	1 860	1 744	1 950	1 793	1 811
Wisconsin	3 435	3 952	4 418	4 706	4 892	5 224
Wyoming	291	330	332	470	454	481
Vereinigte Staaten	151 326	179 323	203 302	226 542	248 765	270 299

---

[a] Bevölkerung in dem Teil des damaligen Mississippi-Territoriums, der zum jetzigen Staat Mississippi gehört.

[b] Bevölkerungszählung am 1.10.1929.

[c] Bevölkerungszählung am 1.10.1939.

[d] Angabe für das New-Mexico-Territorium, zu dem die heutigen Staaten Arizona und New Mexico gehörten sowie kleinere Gebiete von Colorado und Nevada.

[e] Einschließlich der Bevölkerung des 1863 zum Arizona-Territorium geschlagenen Gebiets.

[f] Bevölkerung der Teile des Oregon-Territoriums, aus denen 1853 das Washington-Territorium gebildet wurde

[g] North und South Dakota bildeten damals noch das Dakota-Territorium.

[h] Hierin enthalten die Bevölkerung Idahos und von Teilen von Montana und Wyoming.

■ **Tabelle 29:** Schwarze Bevölkerung nach Staaten (seit 1790; in Tsd.)

Staat	1790	1800	1810	1820	1830	1840	1850	1860
Alabama	–	–	–	42	119	256	345	438
Alaska	–	–	–	–	–	–	–	–
Arizona	–	–	–	–	–	–	–	–
Arkansas	–	–	–	2	5	20	48	111
California	–	–	–	–	–	–	1	4
Colorado	–	–	–	–	–	–	–	0
Connecticut	6	6	7	8	8	8	8	9
Delaware	13	14	17	17	19	20	20	22
District of Columbia	–	2	5	7	9	10	14	14
Florida	–	–	–	–	16	27	40	63
Georgia	30	60	107	151	220	284	385	466
Hawaii	–	–	–	–	–	–	–	–
Idaho	–	–	–	–	–	–	–	–
Illinois	–	–	1	1	2	4	5	8
Indiana	–	0	1	1	4	7	11	11
Iowa	–	–	–	–	–	0	0	1
Kansas	–	–	–	–	–	–	–	1
Kentucky	13	41	82	129	170	190	221	236
Louisiana	–	–	42	80	126	194	262	350
Maine	1	1	1	1	1	1	1	1
Maryland	111	125	145	147	156	152	165	171
Massachusetts	5	6	7	7	7	9	9	10
Michigan	–	–	0	0	0	1	3	7
Minnesota	–	–	–	–	–	–	0	0
Mississippi	–	4	17	33	66	197	311	437
Missouri	–	–	4	11	26	60	90	119
Montana	–	–	–	–	–	–	–	–
Nebraska	–	–	–	–	–	–	–	0
Nevada	–	–	–	–	–	–	–	0
New Hampshire	1	1	1	1	1	1	1	0
New Jersey	14	17	19	20	21	22	24	25
New Mexico	–	–	–	–	–	–	0	0
New York	26	31	40	39	45	50	49	49
North Carolina	106	140	179	220	265	269	316	362
North Dakota	–	–	–	–	–	–	–	–
Ohio	–	0	2	5	10	17	25	37
Oklahoma	–	–	–	–	–	–	–	–
Oregon	–	–	–	–	–	–	0	0
Pennsylvania	10	16	23	30	38	48	54	57
Rhode Island	4	4	4	4	4	3	4	4
South Carolina	109	149	201	265	323	335	394	412
South Dakota	–	–	–	–	–	–	–	–
Tennessee	4	14	46	83	146	189	246	283

Staat	1790	1800	1810	1820	1830	1840	1850	1860
Texas	–	–	–	–	–	–	59	183
Utah	–	–	–	–	–	–	0	0
Vermont	0	1	1	1	1	1	1	1
Virginia	306	367	426	465	520	502	527	549
Washington	–	–	–	–	–	–	–	0
West Virginia	–	–	–	–	–	–	–	–
Wisconsin	–	–	–	–	–	0	1	1
Wyoming	–	–	–	–	–	–	–	–
Vereinigte Staaten	757	1002	1378	1772	2331	2874	3643	4442
in Prozent (Anteil an Gesamtbevölkerung)	19,3	18,9	19,0	18,4	18,1	16,8	15,7	14,1

	1870	1880	1890	1900	1910	1920	1930	1940
Alabama	476	600	678	827	908	901	945	983
Alaska	–	–	–	0	0	0	0	0
Arizona	0	0	1	2	2	8	11	15
Arkansas	122	211	309	367	443	472	478	483
California	4	6	11	11	22	39	81	124
Colorado	0	2	6	9	11	11	12	12
Connecticut	10	12	12	15	15	21	29	33
Delaware	23	26	28	31	31	30	33	36
District of Columbia	43	60	76	87	94	110	132	187
Florida	92	127	166	231	309	329	432	514
Georgia	545	725	859	1 035	1 177	1 206	1 071	1 085
Hawaii	–	–	–	0	1	0	1	0
Idaho	0	0	0	0	1	1	1	1
Illinois	29	46	57	85	109	182	329	387
Indiana	25	39	45	58	60	81	112	122
Iowa	6	10	11	13	15	19	17	17
Kansas	17	43	50	52	54	58	66	65
Kentucky	222	271	268	285	262	236	226	214
Louisiana	364	484	559	651	714	700	776	849
Maine	2	1	1	1	1	1	1	1
Maryland	175	210	216	235	232	244	276	302
Massachusetts	14	19	22	32	38	45	45	55
Michigan	12	15	15	16	17	60	169	208
Minnesota	1	2	4	5	7	9	9	10
Mississippi	444	650	743	908	1 009	935	1 010	1 075
Missouri	118	145	150	161	157	178	224	244
Montana	0	0	1	2	2	2	1	1
Nebraska	1	2	9	6	8	13	14	14
Nevada	0	0	0	0	1	0	1	1

Staat	1870	1880	1890	1900	1910	1920	1930	1940
New Hampshire	1	1	1	1	1	1	1	0
New Jersey	31	39	48	70	90	117	209	227
New Mexico	0	1	2	2	2	6	3	5
New York	52	65	70	99	134	198	413	571
North Carolina	392	531	561	624	698	763	919	981
North Dakota	0	0	0	0	1	0	0	0
Ohio	63	80	87	97	111	186	309	339
Oklahoma	–	–	22	56	138	149	172	169
Oregon	0	0	1	1	1	2	2	3
Pennsylvania	65	86	108	157	194	285	431	470
Rhode Island	5	6	7	9	10	10	10	11
South Carolina	416	604	689	782	836	865	794	814
South Dakota	0	0	1	0	1	1	1	0
Tennessee	322	403	431	480	473	452	478	509
Texas	253	393	488	621	690	742	855	924
Utah	0	0	1	1	1	1	1	1
Vermont	1	1	1	1	2	1	1	0
Virginia	513	632	635	661	671	690	650	661
Washington	0	0	2	3	6	7	7	7
West Virginia	18	26	33	43	64	86	115	118
Wisconsin	2	3	2	3	3	5	11	12
Wyoming	0	0	1	1	2	1	1	1
Vereinigte Staaten	4 880	6 581	7 489	8 834	9 828	10 463	11 891	12 866
in Prozent (Anteil an Gesamtbevölkerung)	12,7	13,1	11,9	11,6	10,7	9,9	9,7	9,8

	1950	1960	1970	1980	1990	% 1990
Alabama	980	980	903	996	1 021	25,3
Alaska	–	7	9	14	22	4,1
Arizona	26	43	53	75	111	3,0
Arkansas	427	389	352	373	374	15,9
California	462	884	1 400	1 819	2 209	7,4
Colorado	20	40	66	102	133	4,0
Connecticut	53	107	181	217	274	8,3
Delaware	44	61	78	96	112	16,9
District of Columbia	281	412	538	448	400	65,8
Florida	603	880	1 042	1 342	1 760	13,6
Georgia	1 063	1 123	1 187	1 465	1 747	27,0
Hawaii	3	5	8	17	27	2,5
Idaho	1	2	2	3	3	0,3
Illinois	646	1 037	1 426	1 675	1 694	14,8

Staat	1950	1960	1970	1980	1990	% 1990
Indiana	174	269	357	415	432	7,8
Iowa	20	25	33	42	48	1,7
Kansas	73	91	107	126	143	5,8
Kentucky	202	216	231	259	263	7,1
Louisiana	882	1 039	1 087	1 237	1 299	30,8
Maine	1	3	3	3	5	0,4
Maryland	386	518	699	958	1 190	24,9
Massachusetts	73	112	176	221	300	5,0
Michigan	442	718	991	1 199	1 292	13,9
Minnesota	14	22	35	53	95	2,2
Mississippi	986	916	816	887	915	35,6
Missouri	297	391	480	514	548	10,7
Montana	1	1	2	2	2	0,3
Nebraska	19	29	40	48	57	3,6
Nevada	4	13	28	51	79	6,6
New Hampshire	1	2	3	4	7	0,6
New Jersey	319	515	770	925	1 037	13,4
New Mexico	8	17	20	24	30	2,0
New York	918	1 418	2 169	2 402	2 859	15,9
North Carolina	1 047	1 116	1 126	1 316	1 456	22,0
North Dakota	0	1	2	3	4	0,6
Ohio	513	786	970	1 077	1 155	10,6
Oklahoma	146	153	172	205	234	7,4
Oregon	12	18	26	37	46	1,6
Pennsylvania	638	853	1 017	1 048	1 090	9,2
Rhode Island	14	18	25	28	39	3,9
South Carolina	822	829	789	948	1 040	29,8
South Dakota	1	1	2	2	3	0,5
Tennessee	531	587	621	726	778	16,0
Texas	977	1 187	1 399	1 710	2 022	11,9
Utah	3	4	7	9	12	0,7
Vermont	0	1	1	1	2	0,3
Virginia	734	816	861	1 008	1 163	18,8
Washington	31	49	71	106	150	3,1
West Virginia	115	89	67	65	56	3,1
Wisconsin	28	75	128	183	245	5,0
Wyoming	3	2	3	3	4	0,8
Vereinigte Staaten	15 045	18 872	22 580	26 683	29 986	
in Prozent (Anteil an Gesamtbevölkerung)	9,9	10,5	11,1	11,8	12,1	

3. Einwanderung

■ **Tabelle 30:** Gesamtzahl der Einwanderer pro Jahr (seit 1820; in Tsd.)

Jahr	Einwanderer (in Tsd.)	Jahr	Einwanderer (in Tsd.)	Jahr	Einwanderer (in Tsd.)	Jahr	Einwanderer (in Tsd.)
1820	8	1858	123	1896	343	1934	29
1821	9	1859	121	1897	231	1935	35
1822	7	1860	154	1898	229	1936	36
1823	6	1861	92	1899	312	1937	50
1824	8	1862	92	1900	449	1938	68
1825	10	1863	176	1901	488	1939	83
1826	11	1864	193	1902	649	1940	71
1827	19	1865	248	1903	857	1941	52
1828	27	1866	319	1904	813	1942	29
1829	23	1867	316	1905	1 026	1943	24
1830	23	1868	139	1906	1 108	1944	29
1831	22	1869	353	1907	1 285	1945	38
1832	60	1870	387	1908	783	1946	109
1833	59	1871	321	1909	752	1947	147
1834	65	1872	405	1910	1 042	1948	171
1835	45	1873	460	1911	879	1949	188
1836	76	1874	313	1912	838	1950	249
1837	79	1875	227	1913	1 198	1951	206
1838	39	1876	170	1914	1 218	1952	266
1839	68	1877	142	1915	327	1953	170
1840	84	1878	138	1916	299	1954	208
1841	80	1879	178	1917	295	1955	238
1842	105	1880	457	1918	111	1956	322
1843	52	1881	669	1919	141	1957	327
1844	79	1882	789	1920	430	1958	253
1845	114	1883	603	1921	805	1959	261
1846	154	1884	519	1922	310	1960	265
1847	235	1885	392	1923	523	1961	271
1848	227	1886	334	1924	707	1962	284
1849	297	1887	490	1925	294	1963	306
1850	370	1888	547	1926	304	1964	292
1851	379	1889	444	1927	335	1965	297
1852	372	1890	455	1928	307	1966	323
1853	369	1891	560	1929	280	1967	362
1854	428	1892	580	1930	241	1968	454
1855	201	1893	440	1931	97	1969	359
1856	200	1894	286	1932	36	1970	373
1857	251	1895	259	1933	23	1971	370

Jahr	Einwanderer (in Tsd.)	Jahr	Einwanderer (in Tsd.)	Jahr	Einwanderer (in Tsd.)	Jahr	Einwanderer (in Tsd.)
1972	385	1979	460	1986	602	1993	904
1973	400	1980	531	1987	602	1994	804
1974	395	1981	597	1988	643	1995	720
1975	386	1982	594	1989	1 091	1996	916
1976	502	1983	560	1990	1 530	1997	798
1977	462	1984	544	1991	1 827		
1978	601	1985	570	1992	974		

■ **Tabelle 31:** Zahl der Einwanderer nach Herkunft (seit 1820; in Tsd.)

Zeitraum	Gesamt	Dt.	Asiat.	It.	Brit.	Ir.	Mex.	Russ.	Kbk.
1820-1830	152	8	–	–	27	54	5	–	4
1831-1840	599	152	–	2	76	207	7	–	12
1841-1850	1 713	435	–	2	267	781	3	–	14
1851-1860	2 598	952	42	9	424	914	3	–	11
1861-1870	2 315	787	65	12	607	436	2	3	9
1871-1880	2 812	718	124	56	548	437	5	39	14
1881-1890	5 247	1 453	70	307	807	655	2	213	29
1891-1900	3 688	505	75	652	272	388	1	505	–
1901-1910	8 795	341	324	2 046	526	339	50	1 597	108
1911-1920	5 736	144	247	1110	341	146	219	922	123
1921-1930	4 107	412	112	455	330	221	459	89	75
1931-1940	528	114	16	68	29	13	22	7	16
1941-1950	1 035	227	37	58	132	28	61	4	50
1951-1960	2 515	478	153	185	192	57	300	6	123
1961-1970	3 321	200	445	207	231	42	443	16	520
1971-1980	4 493	66	1 634	130	124	14	637	43	760
1981-1990	7 338	70	2 817	33	142	33	1 653	84	893
Gesamt	56 994	7 062	6 161	5 332	5 075	4 765	3 872	3 528	2 761

Asiat. = Asiaten; Brit. = Briten; Dt. = Deutsche; Ir. = Iren; It. = Italiener; Kbk. = Bewohner der Karibik; Mex. = Mexikaner; Russ. = Russen bzw. Sowjetbürger.

4. Städtewachstum

4.1 Städte

■ **Tabelle 32:** Städtewachstum (bevölkerungsstärkste Städte 1700-1990; Einwohnerzahlen in Tsd.)

1700

Boston	7
New York	5
Philadelphia	4

1720

Boston	12
Philadelphia	10
New York	7

1740

Boston	16
Philadelphia	13
New York	10

1760

Philadelphia	23
New York	18
Boston	16
Charleston	9

1775

Philadelphia	40
New York	25
Boston	16
Charleston	12
Newport	11

1790

Philadelphia	44
New York	33
Boston	18
Charleston	16
Baltimore	13

1800

Philadelphia	62
New York	61
Baltimore	27
Boston	25
Charleston	19
Salem	8
Providence	8

1820

New York	124
Philadelphia	98
Baltimore	63
Boston	43
New Orleans	27
Charleston	25
Washington	13
Salem	13
Albany	13
Richmond	12

1840

New York	313
Philadelphia	206
Baltimore	102
New Orleans	102
Boston	93
Cincinnati	46
Brooklyn	36
Albany	34
Charleston	29
Washington	23

1860

New York	814
Philadelphia	566
Brooklyn	267
Baltimore	212
Boston	178
New Orleans	169
Cincinnati	161
St. Louis	161
Chicago	112
Buffalo	81

1880

New York	1 206
Philadelphia	847
Brooklyn	567
Chicago	503
Boston	363
St. Louis	351
Baltimore	332
Cincinnati	255
San Francisco	234
New Orleans	216

1900

New York	3 437
Chicago	1 699
Philadelphia	1 294
St. Louis	575
Boston	561
Baltimore	509
Cleveland	382
Buffalo	352
San Francisco	343
Cincinnati	326

1920

New York	5 620
Chicago	2 702
Philadelphia	1 824
Detroit	993
Cleveland	797
St. Louis	773
Boston	748
Baltimore	734
Pittsburgh	588
Los Angeles	577

1940

New York	7 455
Chicago	3 397
Philadelphia	1 931
Detroit	1 623
Los Angeles	1 504
Cleveland	878
Baltimore	859
St. Louis	816
Boston	771
Pittsburgh	672

1960

New York	7 782
Chicago	3 550
Los Angeles	2 479
Philadelphia	2 003
Detroit	1 670
Baltimore	939
Houston	938
Cleveland	876
Washington	764
St. Louis	750

1980

New York	7 072
Chicago	3 005
Los Angeles	2 967
Philadelphia	1 688

		1990				
Houston	1 595	New York	7 323	Dallas	1 007	Houston	1 744
Detroit	1 203	Los Angeles	3 485	Phoenix	983	Philadelphia	1 478
Dallas	904	Chicago	2 784	San Antonio	936	San Diego	1 171
San Diego	875	Houston	1 631			Phoenix	1 159
Phoenix	790	Philadelphia	1 586	1996		San Antonio	1 068
Baltimore	787	San Diego	1 111	New York	7 381	Dallas	1 053
		Detroit	1 028	Los Angeles	3 554	Detroit	1 000
				Chicago	2 722		

4.2 Metropolitan Areas

Besonders in jüngerer Zeit sind die Einwohnerzahlen der administrativ definierten Stadtgebiete nicht mehr voll aussagekräftig; es empfiehlt sich die Berücksichtigung des jeweiligen Umlands, das mit der Stadt die sogenannte *Metropolitan Area* bildet; deren geographische Definition unterliegt freilich gelegentlichen Änderungen.

■ **Tabelle 33:** Bevölkerungsstärkste *Metropolitan Areas* (seit 1970)

1970		1990	
New York	9 974	New York	18 087
Los Angeles	7 042	Los Angeles	14 532
Chicago	6 977	Chicago	8 066
Washington / Baltimore	4 981	Washington / Baltimore	6 306
Philadelphia	4 824	San Francisco	6 253
Detroit	4 435	Philadelphia	5 899
Boston	3 849	Detroit	4 665
San Francisco	3 109	Boston	4 172
Nassau / Suffolk	2 556	Dallas	3 885
Dallas	2 378	Houston	3 711
1980		**1996**	
New York	17 540	New York	19 938
Los Angeles	11 498	Los Angeles	15 459
Chicago	7 937	Chicago	8 600
Washington / Baltimore	5 450	Washington / Baltimore	7 165
Philadelphia	5 681	San Francisco	6 605
San Francisco	5 368	Philadelphia	5 973
Detroit	4 753	Boston	5 563
Boston	3 912	Detroit	5 284
Houston	3 100	Dallas	4 575
Dallas	2 931	Houston	4 253

5.   Religion

■ **Tabelle 34:** Stärke der religiösen Gemeinschaften (1998)

Gemeinschaft	Anzahl der Gotteshäuser	Mitglieder (in Tsd.)
Römisch-katholische Kirche	22 728	61 208
Baptisten	95 109	33 209
davon		
Southern Baptist Convention	40 565	15 692
National Baptist Convention, U.S.A.	33 000	8 200
National Missionary Baptist Convention of America	?	2 500
Progressive National Baptist Convention	2 000	2 500
American Baptist Churches in the U.S.A.	5 807	1 503
Baptist Bible Fellowship International	3 600	1 500
Methodisten	52 761	14 183
davon		
United Methodist Church	36 361	8 495
African Methodist Episcopal Church	8 000	3 500
African Methodist Episcopal Zion Church	3 098	1 252
Christian Methodist Episcopal Church	2 340	719
Pentecostal Churches (Pfingstgemeinden)	46 170	11 123
davon		
Church of God in Christ	15 300	5 500
Assemblies of God	11 884	2 468
Pentecostal Assemblies of the World	1 760	1 000
Lutheraner	19 103	8 303
davon		
Evangelical Lutheran Church in America	10 936	5 181
Lutheran Church – Missouri Synod	6 154	2 595
Wisconsin Evangelical Lutheran Synod	1 252	412
Orthodoxe	1 678	5 014
davon		
Greek Orthodox Archdiocese of North and South America	532	1 950
Orthodox Church in America	600	2 000
Letter-day Saints (Mormonen)	12 160	4 978
Presbyterianer	14 416	4 160
davon		
Presbyterian Church (U.S.A.)	11 328	3 637

Gemeinschaft	Anzahl der Gotteshäuser	Mitglieder (in Tsd.)
Jüdische Gemeinschaften	2 440	3 500
Islam		3 332
Episcopal Church (Anglikaner)	7 415	2 537
Churches of Christ	14 000	2 250
Reformierte	7 810	1 975
davon United Church of Christ	6 110	1 453
Hindu		1 287
Jehovah's Witnesses (Zeugen Jehovas)	10 671	976
Christian Church (Disciples of Christ)	3 840	910
Adventisten	4 770	841
Buddhisten	62	780
Church of the Nazarene	5 135	608
Salvation Army (Heilsarmee)	1 264	453
Mennoniten	3 168	351
Evangelical Free Church of America	1 224	243
Unitarian Universalist Association	40	215
Brethren (German Baptists)	1 552	196
Friends (Quäker)	2 472	189

Wirtschaft

1. Einige Wirtschaftsdaten

■ **Tabelle 35:** Bruttosozialprodukt, Außenhandel, Energie und Stahl (seit 1790)

Jahr	Bruttosozial- produkt (in Mrd. $)	Exporte (in Mio. $)	Importe (in Mio. $)	Energie- verbrauch (in Trill. BTU)	Stahl- produktion (in Tsd. t)
1790	n.b.	20	23	n.b.	n.b.
1800	n.b.	71	91	n.b.	n.b.
1810	n.b.	67	85	n.b.	n.b.
1820	n.b.	70	74	n.b.	n.b.
1830	n.b.	74	71	n.b.	n.b.
1840	n.b.	132	107	n.b.	n.b.
1850	n.b.	152	178	n.b.	n.b.
1860	n.b.	400	362	n.b.	13
1870	7,4	451	462	n.b.	77
1880	11,2	853	761	n.b.	1 397
1890	13,1	910	823	n.b.	4 779
1900	18,7	1 499	930	n.b.	11 227
1910	35,3	1 919	1 646	n.b.	28 330
1920	91,5	8 664	5 784	n.b.	46 183
1930	90,7	4 013	3 500	n.b.	44 591
1940	100,0	4 030	7 433	n.b.	66 983
1950	286,5	10 816	9 125	34	96 836
1960	506,0	19 600	15 046	44	99 282
1970	1 016,0	42 700	40 189	66	131 514
1980	2 732,0	220 783	244 871	76	111 835
1990	5 524,5	393 600	495 300	84	98 906
1995	7 245,8	584 742	743 445	91	104 930
1997	8 083,4	689 182	870 671	94	108 561

■ **Tabelle 36:** Personenkraftwagen (seit 1900)

Jahr	Produktion	Importe	Zugelassene Fahrzeuge
1900	4 100		8 000
1905	24 200		77 400
1910	181 000		458 377
1915	895 900		2 332 426
1920	1 905 500		8 131 522
1925	3 735 100		17 481 001
1930	2 787 400		23 034 753
1935	3 273 800		22 567 827
1940	3 717 300		27 465 826
1945	69 500		25 796 985
1950	6 665 800		40 339 077
1955	7 920 100		52 144 739
1960	6 674 700		61 671 390
1965	9 305 500	564 000	75 257 588
1970	6 546 800	2 013 420	89 243 557
1975	6 717 000	2 074 653	106 705 934
1980	6 375 500	3 116 448	121 600 843
1985	8 184 800	4 397 679	127 885 193
1990	6 077 400	3 944 602	133 700 497
1995	6 350 400	3 624 428	128 386 775

2. Fiskalisches Verhalten der Bundesregierung

■ **Tabelle 37:** Bundesregierung: Einnahmen, Ausgaben und Verschuldung (seit 1790)

Jahr[1]	Einnahmen (in Mio.$)	Ausgaben (in Mio.$)	Überschuß (Defizit)	Staatsschuld (in Mio.$)	Staatsschuld pro Kopf der Bevölkerung (in $)
1790	4	4	–	75	19
1800	5,7	5,8	-0,1	83	16
1810	13	9,1	-3,9	53	7
1820	21	24	-3	91	9
1830	22	16	6	49	4
1840	30	24	6	4	0,2
1850	29	34	-5	63	3
1860	60	60	–	65	2

Jahr[1]	Einnahmen (in Mio.$)	Ausgaben (in Mio.$)	Überschuß (Defizit)	Staatsschuld (in Mio.$)	Staatsschuld pro Kopf der Bevölkerung (in $)
1865	161	684	-523	2 678	75
1870	447	378	69	2 436	61
1875	337	287	50	2 156	48
1880	288	256	32	2 091	42
1885	367	258	109	1 579	28
1890	375	279	96	1 222	19
1895	353	364	-11	1 097	16
1900	435	457	-22	1 263	16
1905	559	536	23	1 132	14
1910	629	639	-10	1 147	12
1915	710	720	-10	1 191	12
1920	3 484	8 065	-4 581	24 299	230
1925	4 307	3 579	728	20 516	177
1930	4 069	3 183	886	16 185	132
1935	2 771	5 215	-2 444	28 701	226
1940	6 548	9 468	-2 920	42 968	326
1945	45 159	92 712	-47 553	258 682	1 849
1950	39 443	42 562	-3 119	257 357	1 708
1955	65 451	68 444	-2 993	274 374	1 660
1960	92 492	92 191	301	286 331	1 596
1965	116 817	118 228	-1 411	317 274	1 630
1970	192 807	195 649	-2 842	370 919	1 825
1975	279 090	332 332	-53 242	541 925	2 521
1980	517 112	590 920	-73 808	907 700	3 985
1985	734 057	946 316	-212 260	1 823 100	7 598
1990	1 031 308	1 215 776	-220 469	3 233 300	13 000
1995	1 350 578	1 514 434	-163 856	4 973 983	18 929
1998	1 657 858	1 667 815	-9 857	5 529 921	20 475

[1] Bis 1935 repräsentieren die angegebenen Werte den Durchschnitt der jeweils vorhergehenden 10 beziehungsweise 5 Jahre.

3. Geldwert

■ **Tabelle 38:** Entwicklung der Verbraucherpreise (seit 1700)

Jahr	Index (1860 = 100)	Veränderung gegenüber Vorjahr in %	Jahr	Index (1860 = 100)	Veränderung gegenüber Vorjahr in %
1700	130		1737	66	1,5
1701	141	8,5	1738	71	7,6
1702	136	-3,5	1739	63	-11,3
1703	118	-13,2	1740	66	4,8
1704	108	-8,5	1741	91	37,9
1705	104	-3,7	1742	81	-11,0
1706	111	6,7	1743	71	-12,3
1707	119	7,2	1744	66	-7,0
1708	126	5,9	1745	64	-3,0
1709	116	-7,9	1746	65	1,6
1710	100	-13,8	1747	71	9,2
1711	105	5,0	1748	82	15,5
1712	119	13,3	1749	84	2,4
1713	128	7,6	1750	84	0,0
1714	128	0,0	1751	85	1,2
1715	88	-31,3	1752	87	2,4
1716	72	-18,2	1753	84	-3,4
1717	76	5,6	1754	81	-3,6
1718	88	15,8	1755	79	-2,5
1719	92	4,5	1756	77	-2,5
1720	76	-17,4	1757	81	5,2
1721	71	-6,6	1758	87	7,4
1722	75	5,6	1759	99	13,8
1723	76	1,3	1760	96	-3,0
1724	80	5,3	1761	90	-6,3
1725	95	18,8	1762	95	5,6
1726	92	-3,2	1763	95	0,0
1727	86	-6,5	1764	88	-7,4
1728	81	-5,8	1765	89	1,1
1729	80	-1,2	1766	98	10,1
1730	80	0,0	1767	95	-3,1
1731	71	-11,3	1768	90	-5,3
1732	67	-5,6	1769	93	3,3
1733	66	-1,5	1770	100	7,5
1734	67	1,5	1771	96	-4,0
1735	68	1,5	1772	109	13,5
1736	65	-4,4	1773	101	-7,3

Jahr	Index (1860 = 100)	Veränderung gegenüber Vorjahr in %	Jahr	Index (1860 = 100)	Veränderung gegenüber Vorjahr in %
1774	97	-3,9	1817	160	-5,3
1775	92	-5,2	1818	153	-4,4
1776	105	14,1	1819	153	0,0
1777	128	21,9	1820	141	-7,8
1778	166	29,7	1821	136	-3,5
1779	147	-11,4	1822	141	3,7
1780	165	12,2	1823	126	-10,6
1781	133	-19,4	1824	116	-7,9
1782	146	9,8	1825	119	2,6
1783	128	-12,3	1826	119	0,0
1784	123	-3,9	1827	120	0,8
1785	117	-4,9	1828	114	-5,0
1786	114	-2,6	1829	112	-1,8
1787	112	-1,6	1830	111	-0,9
1788	107	-4,5	1831	104	-6,3
1789	106	-0,9	1832	103	-1,0
1790	110	3,8	1833	101	-1,9
1791	113	2,7	1834	103	2,0
1792	115	1,8	1835	106	2,9
1793	119	3,5	1836	112	5,7
1794	132	10,9	1837	115	2,7
1795	151	14,4	1838	112	-2,6
1796	159	5,3	1839	112	0,0
1797	153	-3,8	1840	104	-7,1
1798	148	-3,3	1841	105	1,0
1799	148	0,0	1842	98	-6,7
1800	151	2,0	1843	89	-9,2
1801	153	1,3	1844	90	1,1
1802	129	-15,7	1845	91	1,1
1803	136	5,4	1846	92	1,1
1804	142	4,4	1847	99	7,6
1805	141	-0,7	1848	95	-4,0
1806	147	4,3	1849	92	-3,2
1807	139	-5,4	1850	94	2,2
1808	151	8,6	1851	92	-2,1
1809	148	-2,0	1852	93	1,1
1810	148	0,0	1853	93	0,0
1811	158	6,8	1854	101	8,6
1812	160	1,3	1855	104	3,0
1813	192	20,0	1856	102	-1,9
1814	211	9,9	1857	105	2,9
1815	185	-12,3	1858	99	-5,7
1816	169	-8,6	1859	100	1,0

Jahr	Index (1860 = 100)	Veränderung gegenüber Vorjahr in %	Jahr	Index (1860 = 100)	Veränderung gegenüber Vorjahr in %
1860	100	0,0	1903	106	2,9
1861	106	6,0	1904	107	0,9
1862	121	14,2	1905	106	-0,9
1863	151	24,8	1906	108	1,9
1864	189	25,2	1907	113	4,6
1865	196	3,7	1908	111	-1,8
1866	191	-2,6	1909	109	-1,8
1867	178	-6,8	1910	114	4,6
1868	171	-3,9	1911	114	0,0
1869	164	-4,1	1912	117	2,6
1870	157	-4,3	1913	119	1,7
1871	147	-6,4	1914	120	0,8
1872	147	0,0	1915	121	0,8
1873	144	-2,0	1916	130	7,4
1874	137	-4,9	1917	153	17,7
1875	132	-3,6	1918	180	17,6
1876	129	-2,3	1919	207	15,0
1877	126	-2,3	1920	240	15,9
1878	120	-4,8	1921	214	-10,8
1879	120	0,0	1922	200	-6,5
1880	123	2,5	1923	204	2,0
1881	123	0,0	1924	204	0,0
1882	123	0,0	1925	210	2,9
1883	121	-1,6	1926	211	0,5
1884	118	-2,5	1927	208	-1,4
1885	116	-1,7	1928	205	-1,4
1886	113	-2,6	1929	205	0,0
1887	114	0,9	1930	200	-2,4
1888	114	0,0	1931	182	-9,0
1889	111	-2,6	1932	163	-10,4
1890	109	-1,8	1933	155	-4,9
1891	109	0,0	1934	160	3,2
1892	109	0,0	1935	164	2,5
1893	108	-0,9	1936	166	1,2
1894	103	-4,6	1937	172	3,6
1895	101	-1,9	1938	169	-1,7
1896	101	0,0	1939	166	-1,8
1897	100	-1,0	1940	168	1,2
1898	100	0,0	1941	176	4,8
1899	100	0,0	1942	195	10,8
1900	101	1,0	1943	207	6,2
1901	102	1,0	1944	210	1,4
1902	103	1,0	1945	215	2,4

Jahr	Index (1860 = 100)	Veränderung gegenüber Vorjahr in %	Jahr	Index (1860 = 100)	Veränderung gegenüber Vorjahr in %
1946	233	8,4	1972	500	3,3
1947	267	14,6	1973	531	6,2
1948	288	7,9	1974	590	11,1
1949	285	-1,0	1975	643	9,0
1950	288	1,1	1976	680	5,8
1951	310	7,6	1977	725	6,6
1952	317	2,3	1978	780	7,6
1953	320	0,9	1979	868	11,3
1954	321	0,3	1980	985	13,5
1955	320	-0,3	1981	1087	10,4
1956	325	1,6	1982	1154	6,2
1957	336	3,4	1983	1191	3,2
1958	346	3,0	1984	1243	4,4
1959	348	0,6	1985	1287	3,5
1960	354	1,7	1986	1311	1,9
1961	358	1,1	1987	1359	3,7
1962	362	1,1	1988	1415	4,1
1963	366	1,1	1989	1483	4,8
1964	371	1,4	1990	1563	5,4
1965	377	1,6	1991	1629	4,2
1966	388	2,9	1992	1678	3,0
1967	399	2,8	1993	1728	3,0
1968	416	4,3	1994	1773	2,6
1969	438	5,3	1995	1823	2,8
1970	464	5,9	1996	1878	3,0
1971	484	4,3	1997	1921	2,3

■ **Tabelle 39:** Dollarparität zur deutschen Währung (seit 1914)

Jahr	Mark/RM/DM zu 1 Dollar	Jahr	Mark/RM/DM zu 1 Dollar
Vorkrieg	4,20	(Juni)	63
1915 (Jan.)	4,59	(Okt.)	124
1916 (Jan.)	5,36	1922 (Jan.)	186
1917 (Jan.)	5,53	(Feb.)	204
		(März)	230
1920 (Feb.)	100,50	(Juli)	402
(April)	60,50	(Aug.)	644
(Juni)	40,25	(Okt.)	1 815
(Okt.)	70,45	(Dez.)	6 750
1921 (Jan.)	57	1923 (Jan.)	6 890

Jahr		Mark/RM/DM zu 1 Dollar	Jahr	Mark/RM/DM zu 1 Dollar
	(Juni)	57 000	1961	4,00
	(Aug.)	900 000	1962	4,00
	(Okt.)	250 Mio	1963	4,00
	(Dez.)	3 430 Mio	1964	4,00
1924	(Jan.)	4 470 Mio	1965	4,00
1925	(Jan.)	4,22	1966	4,00
1926	(Jan.)	4,18	1967	4,00
1927	(Jan.)	4,20	1968	4,00
1928	(Jan.)	4,21	1969	3,66
1929	(Jan.)	4,20	1970	3,66
1930	(Jan.)	4,20	1971	3,48
1931	(Jan.)	4,20	1972	3,19
1931	(Jan.)	4,36	1973	2,66
1932	(Jan.)	4,24	1974	2,59
1933	(Jan.)	4,20	1975	2,62
1934	(Jan.)	2,61	1976	2,36
1935	(Jan.)	2,45	1977	2,10
1936	(Jan.)	2,48	1978	1,83
1937	(Jan.)	2,48	1979	1,73
1938	(Jan.)	2,49	1980	1,96
1939	(Jan.)	2,49	1981	2,25
1940	(Jan.)	2,50	1982	2,38
1945– Juni 1948		10,00	1983	2,72
1948	(Juni)	3,33	1984	3,15
1949	(Jan.)	3,33	1985	2,46
	(Sept.)	4,20	1986	1,94
1950		4,20	1987	1,58
1951		4,20	1988	1,78
1952		4,20	1989	1,70
1953		4,20	1990	1,49
1954		4,20	1991	1,52
1955		4,20	1992	1,61
1956		4,20	1993	1,73
1957		4,20	1994	1,55
1958		4,20	1995	1,43
1959		4,18	1996	1,55
1960		4,20	1997	1,79

4. Arbeitswelt

■ **Tabelle 40:** Arbeitskräftepotential und Arbeitslosigkeit nach Staaten (seit 1930)

Staat	1930		1940		1950	
	Arbeits-kräfte (in Tsd.)	arbeits-los %	Arbeits-kräfte (in Tsd.)	arbeits-los %	Arbeits-kräfte (in Tsd.)	arbeits-los %
Alabama	1 026	2,9	1 017	12,1	1 076	4,2
Alaska	–	–	–	–	47	9,8
Arizona	165	5,7	180	16,7	258	7,6
Arkansas	668	2,7	679	14,0	646	4,7
California	2 501	7,6	2 948	14,4	4 238	7,9
Colorado	403	7,5	421	17,0	498	4,2
Connecticut	677	7,5	770	11,6	875	5,4
Delaware	98	3,9	114	10,2	131	3,1
D. of Columbia	n.b.	n.b.	n.b.	n.b.	n.b.	n.b.
Florida	599	6,4	787	13,2	1 057	4,5
Georgia	1 162	3,4	1 226	9,7	1 299	3,4
Hawaii	–	–	–	–	185	9,5
Idaho	162	4,6	191	17,0	218	5,5
Illinois	3 185	8,9	3 361	14,5	3 694	4,0
Indiana	1 251	7,0	1 331	13,5	1 567	3,1
Iowa	913	3,4	958	9,9	1 021	1,8
Kansas	694	4,1	670	12,8	726	2,5
Kentucky	907	4,6	999	15,1	991	3,6
Louisiana	816	4,8	884	12,8	918	4,6
Maine	309	6,8	330	15,6	342	8,8
Maryland	673	4,7	767	9,9	938	4,6
Massachusetts	1 814	8,9	1 844	16,8	1 939	5,8
Michigan	1 927	10,2	2 126	14,2	2 530	5,4
Minnesota	993	5,6	1 101	15,4	1 186	3,5
Mississippi	845	1,9	808	10,0	743	3,5
Missouri	1 458	5,5	1 521	14,7	1 574	3,3
Montana	216	7,0	225	17,5	230	5,1
Nebraska	507	3,7	501	13,5	523	2,2
Nevada	43	7,3	48	13,6	68	6,7
New Hampshire	193	7,0	207	14,9	217	6,6
New Jersey	1 712	8,2	1 857	15,5	2 068	5,1
New Mexico	143	4,6	178	21,2	218	5,4
New York	5 523	7,7	5 962	16,6	6 325	6,0
North Carolina	1 141	3,9	1 334	9,4	1 513	3,3
North Dakota	240	3,1	236	15,0	232	3,8

Staat	1930 Arbeits-kräfte (in Tsd.)	1930 arbeits-los %	1940 Arbeits-kräfte (in Tsd.)	1940 arbeits-los %	1950 Arbeits-kräfte (in Tsd.)	1950 arbeits-los %
Ohio	2 616	8,2	2 766	15,2	3 201	4,4
Oklahoma	828	5,5	805	18,1	783	3,8
Oregon	410	7,7	453	14,0	617	6,5
Pennsylvania	3 722	8,8	3 986	19,0	4 158	5,4
Rhode Island	297	12,2	322	17,7	328	7,2
South Carolina	688	2,8	731	9,5	782	3,4
South Dakota	248	1,8	240	14,7	249	2,8
Tennessee	958	3,1	1 072	12,1	1 182	3,9
Texas	2 207	4,3	2 455	12,9	2 871	3,9
Utah	170	6,4	181	17,9	241	5,2
Vermont	141	5,8	141	11,5	145	5,5
Virginia	880	4,0	1 031	9,5	1 197	3,9
Washington	665	7,0	717	15,2	901	6,7
West Virginia	570	6,1	635	18,2	660	4,8
Wisconsin	1 130	5,7	1 228	13,6	1 396	2,9
Wyoming	92	5,3	100	13,8	113	4,3
Vereinigte Staaten	48 586	8,7	51 742	14,6	58 999	5,0

Staat	1960 Arbeits-kräfte (in Tsd.)	1960 arbeits-los %	1970 Arbeits-kräfte (in Tsd.)	1970 arbeits-los %	1980 Arbeits-kräfte (in Tsd.)	1980 arbeits-los %
Alabama	1 066	5,7	1 249	4,5	1 635	7,5
Alaska	58	12,8	98	9,2	183	9,7
Arizona	430	5,3	641	4,2	1 187	6,2
Arkansas	565	6,0	689	5,7	941	6,9
California	5 761	6,1	7 992	6,3	11 386	6,5
Colorado	627	4,0	826	4,2	1 434	5,0
Connecticut	1 010	4,6	1 298	3,5	1 555	4,7
Delaware	163	4,6	219	3,8	280	6,3
D. of Columbia	n.b.	n.b.	n.b.	n.b.	n.b.	n.b.
Florida	1 720	5,0	2 521	3,8	4 218	5,1
Georgia	1 385	4,5	1 805	3,2	2 481	5,9
Hawaii	209	4,2	294	3,0	436	4,7
Idaho	233	5,7	272	5,2	417	8,0
Illinois	3 899	4,5	4 592	3,7	5 459	7,2
Indiana	1 717	4,2	2 103	4,1	2 567	7,5
Iowa	1 019	3,2	1 127	3,5	1 374	5,0

Staat	1960 Arbeitskräfte (in Tsd.)	1960 arbeitslos %	1970 Arbeitskräfte (in Tsd.)	1970 arbeitslos %	1980 Arbeitskräfte (in Tsd.)	1980 arbeitslos %
Kansas	784	3,7	887	3,9	1 123	4,0
Kentucky	936	6,0	1 142	4,6	1 518	8,5
Louisiana	1 008	6,1	1 224	5,4	1 744	6,0
Maine	331	6,5	382	4,2	497	7,6
Maryland	1 134	4,8	1 590	3,2	2 066	5,8
Massachusetts	2 000	4,2	2 389	3,8	2 816	5,0
Michigan	2 727	6,9	3 455	5,9	4 212	11,0
Minnesota	1 233	5,0	1 528	4,2	1 993	5,4
Mississippi	682	5,4	756	5,0	1 099	7,1
Missouri	1 572	4,1	1 845	4,2	2 260	6,9
Montana	231	6,8	261	6,2	258	8,3
Nebraska	526	3,1	592	2,7	744	3,7
Nevada	112	6,2	209	5,4	424	5,9
New Hampshire	234	4,3	305	3,5	454	4,8
New Jersey	2 345	4,6	2 973	3,8	3 523	6,7
New Mexico	288	5,9	342	5,7	547	7,1
New York	6 599	5,2	7 422	4,0	8 013	7,1
North Carolina	1 605	4,5	2 955	3,4	2 759	5,5
North Dakota	214	5,6	214	4,6	288	5,3
Ohio	3 505	5,5	4 234	4,0	4 953	8,0
Oklahoma	786	4,4	968	4,2	1 343	4,1
Oregon	639	6,0	837	7,0	1 241	8,3
Pennsylvania	4 127	6,2	4 712	3,7	5 359	7,4
Rhode Island	317	5,3	388	4,0	459	7,0
South Carolina	804	4,1	992	3,8	1 405	6,1
South Dakota	238	4,1	249	3,7	312	4,9
Tennessee	1 222	5,2	1 526	4,4	2 068	7,4
Texas	3 319	4,5	4 298	3,6	6 575	4,0
Utah	302	4,1	399	5,2	620	5,5
Vermont	142	4,5	175	4,1	242	6,3
Virginia	1 341	4,2	1 767	3,0	2 471	5,0
Washington	1 002	6,6	1 339	7,9	1 938	7,4
West Virginia	538	8,3	579	5,1	753	8,4
Wisconsin	1 469	3,9	1 774	4,0	2 263	6,6
Wyoming	121	5,1	130	4,8	227	4,1
Vereinigte Staaten	67 990	5,5	79 802	4,9	104 120	7,1

Staat	1990 Arbeits-kräfte (in Tsd.)	arbeits-los %	1995 Arbeits-kräfte (in Tsd.)	arbeits-los %
Alabama	1 884	6,9	2 048	6,3
Alaska	271	7,0	301	7,3
Arizona	1 800	5,5	2 118	5,1
Arkansas	1 114	7,0	1 204	4,9
California	15 069	5,8	15 513	7,8
Colorado	1 780	5,0	2 095	4,2
Connecticut	1 827	5,2	1 709	5,5
Delaware	365	5,2	370	4,3
D. of Columbia	333	6,6	281	8,9
Florida	6 500	6,0	6 818	5,5
Georgia	3 309	5,5	3 592	4,9
Hawaii	552	2,9	576	5,9
Idaho	492	5,9	593	5,4
Illinois	5 952	6,2	6 019	5,2
Indiana	2 811	5,3	3 106	4,7
Iowa	1 442	4,3	1 543	3,5
Kansas	1 267	4,5	1 341	4,4
Kentucky	1 763	5,9	1 852	5,4
Louisiana	1 857	6,3	1 957	6,9
Maine	635	5,2	649	5,7
Maryland	2 596	4,7	2 725	5,1
Massachusetts	3 250	6,0	3 148	5,4
Michigan	4 605	7,6	4 792	5,3
Minnesota	2 388	4,9	2 233	4,3
Mississippi	1 184	7,6	1 262	6,1
Missouri	2 603	5,8	2 813	4,8
Montana	400	6,0	441	5,9
Nebraska	818	2,2	923	2,6
Nevada	673	4,9	796	5,4
New Hampshire	632	5,7	676	4,0
New Jersey	4 039	5,1	3 939	6,4
New Mexico	708	6,5	778	6,3
New York	8 811	5,3	8 540	6,3
North Carolina	3 429	4,2	3 674	4,3
North Dakota	325	4,0	333	3,3
Ohio	5 439	5,7	5 542	4,8
Oklahoma	1 509	5,7	1 553	4,7
Oregon	1 482	5,6	1 667	4,8
Pennsylvania	5 833	5,4	5 814	5,9
Rhode Island	515	6,8	486	7,0
South Carolina	1 729	4,8	1 843	5,1

| Staat | 1990 | | 1995 | |
	Arbeits-kräfte (in Tsd.)	arbeits-los %	Arbeits-kräfte (in Tsd.)	arbeits-los %
South Dakota	333	3,9	379	2,9
Tennessee	2 377	5,3	2 712	5,2
Texas	8 635	6,3	9 600	6,0
Utah	814	4,3	972	3,6
Vermont	300	5,0	333	4,2
Virginia	3 279	4,3	3 511	4,5
Washington	2 551	4,9	2 797	6,4
West Virginia	762	8,4	785	7,9
Wisconsin	2 591	4,4	2 838	3,7
Wyoming	236	5,5	250	4,8
Vereinigte Staaten	125 839	5,6	132 214	5,6

■ **Tabelle 41:** Stärke der Gewerkschaften (seit 1897)

Jahr	Arbeit-nehmer[1] (in Tsd.)	Gewerkschafts-mitglieder (in Tsd.)	Prozent
1897	n.b.	447	n.b.
1900	17 326	868	0,5
1905	21 112	2 022	9,6
1910	25 449	2 140	8,4
1915	28 647	2 583	9,0
1920	30 900	5 048	16,3
1925	34 507	3 510	10,2
1930	38 358	3 401	8,9
1935	42 173	3 584	8,5
1940	44 256	8 717	19,7
1945	45 280	14 322	31,6
1950	51 770	14 267	27,6
1955	58 576	16 802	28,7
1960	64 170	17 049	26,6
1965	70 092	17 299	24,7
1970	79 253	19 381	24,5
1975	83 922	19 611	23,4
1980	90 564	19 843	21,9
1985	94 521	16 996	18,0
1986	96 903	16 975	17,5
1987	99 303	16 913	17,0

Jahr	Arbeit- nehmer[1] (in Tsd.)	Gewerkschafts- mitglieder (in Tsd.)	Prozent
1988	101 407	17 002	16,8
1989	103 480	16 960	16,4
1990	103 905	16 740	16,1
1991	102 786	16 568	16,1
1992	103 688	16 390	15,8
1993	105 067	16 598	15,8
1994	107 989	16 748	15,5
1995	110 038	16 360	14,9
1996	111 960	16 269	14,5
1997	114 533	16 110	14,1
1998	116 730	16 211	13,9

[1] ohne Landwirtschaft

Streitkräfte

1. Personalstärke

■ **Tabelle 42:** Personalstärke der Streitkräfte (seit 1789; in Tsd.)

Jahr	Gesamt	Heer	Marine	Marinelande-truppen	Luftwaffe
1789	0,7	0,7	–	–	
1801	7,2	4,1	2,7	0,4	
1810	11,5	6	5,1	0,4	
1814	47	38	8	0,6	
1820	15	11	4	0,6	
1840	22	12	8	1,3	
1848	60	47	11	1,8	
1850	21	11	9	1,1	
1860	28	16	10	1,8	
1861	217	187	28	2,4	
1865	1063	1001	58	3,9	
1870	50	37	11	2,5	
1890	39	27	9	2	
1898	236	210	22	3,6	
1900	126	102	19	5	
1910	139	81	49	10	
1917	644	421	195	28	
1918	2897	2396	449	53	
1920	343	204	122	17	
1940	458	269	161	28	
1941	1801	1462	284	54	
1942	3859	3076	641	143	
1943	9045	6994	1742	309	
1944	11452	7995	2981	476	
1945	12123	8268	3381	475	
1950	1460	593	382	74	411
1953	3555	1534	794	249	978
1960	2476	873	618	171	815
1970	3066	1323	693	260	971
1980	2051	777	527	188	558

Jahr	Gesamt	Heer	Marine	Marinelande- truppen	Luftwaffe
1990	2044	732	579	197	535
1994	1610	541	469	174	426
1997	1439	492	396	174	377
1998	1409	492	381	173	363

2. Befehlshaber der Streitkräfte

2.1 *Joint Chiefs of Staff* (JCS; Oberkommando der Streitkräfte)

Die *Joint Chiefs of Staff* bestehen aus einem *Chairman* (Vorsitzenden), einem *Vice Chairman* (stellvertretenden Vorsitzenden), den Generalstabschefs des Heeres und der Lufwaffe sowie dem Oberkommandierenden der Marine und dem Befehlshaber der Marinelandetruppen. Das Gremium wurde 1942 geschaffen und erhielt 1947 durch den *National Security Act* rechtlichen Status. Es handelt aufgrund der vom Präsidenten beziehungsweise vom Verteidigungsminister erlassenen Richtlinien.

■ **Tabelle 43:** *Chairmen* (Vorsitzende) der *Joint Chiefs of Staff* (seit 1942)

Name	Amtszeit	Rang	Waffen- gattung
William D. Leahy	20. 7. 1942 – 21. 3. 1949	Fleet Admiral	Marine
Omar N. Bradley	16. 8. 1949 – 15. 8. 1953	Gen. of the Army	Heer
Arthur W. Radford	15. 8. 1953 – 15. 8. 1957	Admiral	Marine
Nathan F. Twining	15. 8. 1957 – 30. 9. 1960	General	Luftwaffe
Lyman L. Lemnitzer	1. 10. 1960 – 30. 9. 1962	General	Heer
Maxwell D. Taylor	1. 10. 1962 – 1. 7. 1964	General	Heer
Earle G. Wheeler	3. 7. 1964 – 2. 7. 1970	General	Heer
Thomas H. Moorer	2. 7. 1970 – 1. 7. 1974	Admiral	Marine
George S. Brown	1. 7. 1974 – 20. 6. 1978	General	Luftwaffe
David C. Jones	21. 6. 1978 – 18. 6. 1982	General	Luftwaffe
John W. Vessey, Jr.	18. 6. 1982 – 30. 9. 1985	General	Heer
William J. Crowe, Jr.	1. 10. 1985 – 30. 9. 1989	Admiral	Marine
Colin L. Powell	1. 10. 1989 – 30. 9. 1993	General	Heer
David E. Jeremiah	1. 10. 1993 – 24. 10. 1993	Admiral	Marine
John M. Shalikashvili	25. 10. 1993 – 30. 9. 1997	General	Heer
Henry H. Shelton	1. 10. 1997 –	General	Heer

2.2 Oberkommandierende der Waffengattungen

Heer

Von 1775 bis 1903 führte der Oberkommandierende des Heeres den Dienstgrad "Commanding General of the Army" (Kommandierender General des Heeres). Nach der Gründung des Generalstabs 1903 erhielt er die Bezeichnung "Army Chief of Staff" (Generalstabschef des Heeres).

■ **Tabelle 44:** Oberkommandierende des Heeres (seit 1775)

Name	Amtszeit	Rang
George Washington	15. 6. 1775 – 23. 12. 1783	General
Henry Knox	23. 12. 1783 – 20. 6. 1784	Major General
John Doughty	20. 6. 1784 – 12. 8. 1784	Major
Josiah Harmar	12. 8. 1784 – 4. 3. 1791	Lieutenant General
Arthur St. Clair	4. 3. 1791 – 5. 3. 1792	Major General
Anthony Wayne	13. 4. 1792 – 15. 12. 1796	Major General
James Wilkinson	15. 12. 1796 – 13. 7. 1798	Brigadier General
George Washington	13. 7. 1798 – 14. 12. 1799	Lieutenant General
Alexander Hamilton	14. 12. 1799 – 15. 6. 1800	Major General
James Wilkinson	15. 6. 1800 – 27. 1. 1812	Brigadier General
Henry Dearborn	27. 1. 1812 – 15. 6. 1815	Major General
Jacob J. Brown	15. 6. 1815 – 24. 2. 1828	Major General
Alexander Macomb	29. 5. 1828 – 25. 6. 1841	Major General
Winfield Scott	5. 7. 1841 – 1. 11. 1861	Major General
George B. McClellan	1. 11. 1861 – 11. 3. 1862	Major General
Henry W. Halleck	23. 7. 1862 – 9. 3. 1864	Major General
Ulysses S. Grant	9. 3. 1864 – 4. 3. 1869	General
William T. Sherman	8. 3. 1869 – 1. 11. 1883	General
Philip H. Sheridan	1. 11. 1883 – 5. 8. 1888	General
John M. Schofield	14. 8. 1888 – 29. 9. 1895	Lieutenant General
Nelson A. Miles	5. 10. 1995 – 8. 8. 1903	Lieutenant General
Samuel B.M. Young	15. 8. 1903 – 8. 1. 1904	Lieutenant General
Adna R. Chaffee	9. 1. 1904 – 14. 1. 1906	Lieutenant General
John C. Bates	15. 1. 1906 – 13. 4. 1906	Lieutenant General
J. Franklin Bell	14. 4. 1906 – 21. 4. 1910	Major General
Leonard Wood	22. 4. 1910 – 20. 4. 1914	Major General
William W. Wotherspoon	21. 4. 1914 – 15. 11. 1914	Major General
Hugh L. Scott	16. 11. 1914 – 21. 9. 1917	General
Tasker H. Bliss	22. 9. 1917 – 18. 5. 1918	General
Peyton C. March	19. 5. 1918 – 30. 6. 1921	General
John J. Pershing	1. 7. 1921 – 13. 9. 1924	General of the Armies
John L. Hines	14. 9. 1924 – 20. 11. 1926	Major General
Charles P. Summerall	21. 11. 1926 – 20. 11. 1930	General

Name	Amtszeit	Rang
Douglas MacArthur	21. 11. 1930 – 1. 10. 1935	General
Malin Craig	2. 10. 1935 – 31. 8. 1939	General
George C. Marshall	1. 9. 1939 – 18. 11. 1945	General of the Army
Dwight D. Eisenhower	19. 11. 1945 – 7. 2. 1948	General of the Army
Omar N. Bradley	7. 2. 1948 – 16. 8. 1949	General of the Army
J. Lawton Collins	16. 8. 1949 – 5. 8. 1953	General
Matthew B. Ridgway	16. 8. 1953 – 30. 6. 1955	General
Maxwell D. Taylor	30. 6. 1955 – 30. 6. 1959	General
Lyman L. Lemnitzer	1. 7. 1959 – 30. 9. 1960	General
George H. Decker	1. 10. 1960 – 30. 9. 1962	General
Earle G. Wheeler	1. 10. 1962 – 2. 7. 1964	General
Harold K. Johnson	3. 7. 1964 – 2. 7. 1968	General
William C. Westmoreland	3. 7. 1968 – 30. 6. 1972	General
Bruce Palmer, Jr.	1. 7. 1972 – 11. 10. 1972	General
Creighton W. Abrams, Jr.	12. 10. 1972 – 4. 9. 1974	General
Fred C. Weyand	3. 10. 1974 – 30. 9. 1976	General
Bernard W. Rogers	1. 10. 1976 – 21. 6. 1979	General
Edward C. Meyer	22. 6. 1979 – 21. 6. 1983	General
John A. Wickham, Jr.	23. 6. 1983 – 23. 6. 1987	General
Carl E. Vuono	23. 6. 1987 – 21. 6. 1991	General
Gordon R. Sullivan	21. 6. 1991 – 20. 6. 1995	General
Dennis J. Reimer	20. 6. 1995 – 22. 6. 1999	General
Eric K. Shinseki	22. 6. 1999 –	General

Marine

Bis 1900 wurde die amerikanische Marine von wechselnden Gremien geleitet. Im Jahre 1900 wurde ein General Navy Board geschaffen, als dessen Präsident von 1900 bis 1917 Admiral George Dewey diente. 1915 wurde die Position des Chief of Naval Operations geschaffen, der dann der Oberkommandierende der Marine wurde.

■ **Tabelle 45:** Oberkommandierende der Marine (seit 1915)

Name	Amtszeit	Rang
William S. Benson	11. 5. 1915 – 25. 9. 1919	Admiral
Robert E. Coontz	1. 11. 1919 – 21. 7. 1923	Admiral
Edward W. Eberle	21. 7. 1923 – 14. 11. 1927	Admiral
Charles F. Hughes	14. 11. 1927 – 17. 9. 1930	Admiral
William V. Pratt	17. 9. 1930 – 30. 6. 1933	Admiral
William H. Standley	1. 7. 1933 – 1. 1. 1937	Admiral
William D. Leahy	2. 1. 1937 – 1. 8. 1939	Fleet Admiral
Harold R. Stark	1. 8. 1939 – 26. 3. 1942	Admiral

Name	Amtszeit	Rang
Ernest J. King	26. 3. 1942 – 15. 12. 1945	Fleet Admiral
Chester W. Nimitz	15. 12. 1945 – 15. 12. 1947	Fleet Admiral
Louis E. Denfeld	15. 12. 1947 – 1. 11. 1949	Admiral
Forrest P. Sherman	2. 11. 1949 – 22. 7. 1951	Admiral
William M. Fechteler	16. 8. 1951 – 17. 8. 1953	Admiral
Robert B. Carney	17. 8. 1953 – 17. 8. 1955	Admiral
Arleigh A. Burke	17. 8. 1955 – 1. 8. 1961	Admiral
George W. Anderson, Jr.	1. 8. 1961 – 1. 8. 1963	Admiral
David L. McDonald	1. 8. 1963 – 1. 8. 1967	Admiral
Thomas H. Moorer	1. 8. 1967 – 1. 7. 1970	Admiral
Elmo R. Zumwalt, Jr.	1. 7. 1970 – 1. 7. 1974	Admiral
James L. Holloway III	1. 7. 1974 – 30. 6. 1978	Admiral
Thomas B. Hayward	1. 7. 1978 – 30. 6. 1982	Admiral
James D. Watkins	1. 7. 1982 – 30. 6. 1986	Admiral
Carlisle A.H. Trost	1. 7. 1986 – 30. 6. 1990	Admiral
Frank B. Kelso II	1. 7. 1990 – 23. 4. 1994	Admiral
Jeremy M. Boorda	23. 4. 1994 – 16. 5. 1996	Admiral
Jay L. Johnson	2. 8. 1996 –	Admiral

Marinelandetruppen (Marine Corps, volkstümlich "Marines")

Der Befehlshaber der Marinelandetruppen trägt die Bezeichnung "Commandant of the Marine Corps".

■ **Tabelle 46:** Oberkommandierende der Marinelandetruppen (seit 1775)

Name	Amtszeit	Rang
Samuel Nicholas	28. 11. 1775 – 1781	Major
William W. Burrows	12. 7. 1798 – 6. 3. 1804	Lieutenant Colonel
Franklin Wharton	7. 3. 1804 – 1. 9. 1818	Lieutenant Colonel
Anthony Gale	3. 3. 1819 – 16. 10. 1820	Lieutenant Colonel
Archibald Henderson	17. 10. 1820 – 6. 1. 1859	Colonel
John Harris	7. 1. 1859 – 12. 5. 1864	Colonel
Jacob Zeilin	10. 6. 1864 – 31. 10. 1876	Brigadier General
Charles McCawley	1. 11. 1876 – 29. 1. 1891	Colonel
Charles Heywood	30. 1. 1891 – 2. 10. 1903	Major General
George Elliott	3. 10. 1903 – 30. 11. 1910	Major General
William Biddle	3. 2. 1911 – 24. 2. 1914	Major General
George Barnett	25. 2. 1914 – 30. 6. 1920	Major General
John A. Lejeune	1. 7. 1920 – 4. 3. 1929	Major General
Wendell Neville	5. 3. 1929 – 8. 7. 1930	Major General
Ben H. Fuller	9. 7. 1930 – 28. 2. 1934	Major General
John H. Russell	1. 3. 1934 – 30. 11. 1936	Major General

Name	Amtszeit	Rang
Thomas Holcomb	1. 12. 1936 – 31. 12. 1943	Lieutenant General
Alexander A. Vandegrift	1. 1. 1944 – 31. 12. 1947	General
Clifton B. Cates	1. 1. 1948 – 31. 12. 1951	General
Lemeuel C. Shepherd, Jr.	1. 1. 1952 – 31. 12. 1955	General
Randolph M. Pate	1. 1. 1956 – 31. 12. 1959	General
David M. Shoup	1. 1. 1960 – 31. 12. 1963	General
Wallace M. Greene, Jr.	1. 1. 1964 – 31. 12. 1967	General
Leonard F. Chapman, Jr.	1. 1. 1968 – 31. 12. 1971	General
Robert E. Cushman, Jr.	1. 1. 1972 – 30. 6. 1975	General
Louis H. Wilson	1. 7. 1975 – 30. 6. 1979	General
Robert H. Barrow	1. 7. 1979 – 30. 6. 1983	General
Paul X. Kelley	1. 7. 1983 – 30. 6. 1987	General
Alfred M. Gray, Jr.	1. 7. 1987 – 30. 6. 1991	General
Carl E. Mundy, Jr.	1. 7. 1991 – 30. 6. 1995	General
Charles C. Krulak	1. 7. 1995 – 30. 6. 1999	General
James L. Jones	1. 7. 1999 –	General

Luftwaffe

Bis 1947 war die Luftwaffe Teil des Heeres und hieß "Army Air Corps". Nach Einrichtung des Verteidigungsministeriums (Department of Defense) 1947 wurde die Luftwaffe eine selbständige Waffengattung mit der Bezeichnung "United States Air Force". Ihr Oberkommandierender trägt die Bezeichnung "Chief of Staff of the Air Force" (Generalstabschef der Luftwaffe).

■ **Tabelle 47:** Oberkommandierende der Luftwaffe (seit 1947)

Name	Amtszeit	Rang
Carl Spaatz	26. 9. 1947 – 29. 4. 1948	General
Hoyt S. Vandenberg	30. 4. 1948 – 29. 6. 1953	General
Nathan F. Twining	30. 6. 1953 – 30. 6. 1957	General
Thomas D. White	1. 7. 1957 – 30. 6. 1961	General
Curtis E. LeMay	30. 6. 1961 – 31. 1. 1965	General
John P. McConnell	1. 2. 1965 – 31. 7. 1969	General
John D. Ryan	1. 8. 1969 – 31. 7. 1973	General
George S. Brown	1. 8. 1973 – 30. 6. 1974	General
David C. Jones	1. 7. 1974 – 20. 6. 1978	General
Lew Allen, Jr.	1. 7. 1978 – 30. 6. 1982	General
Charles A. Gabriel	1. 7. 1982 – 30. 6. 1986	General
Larry D. Welch	1. 7. 1986 – 30. 6. 1990	General
Michael J. Dugan	1. 7. 1990 – 17. 9. 1990	General
Merrill A. McPeak	30. 10. 1990 – 25. 10. 1994	General
Ronald R. Fogleman	26. 10. 1994 – 1. 9. 1997	General
Michael E. Ryan	6. 10. 1997 –	General

3. Offiziersdienstgrade

■ **Tabelle 48:** Offiziersdienstgrade (englisch und deutsch)

Heer/Luftwaffe/ Marinelandetruppen	Marine	Deutsche Entsprechung
General of the Army /Air Force/–	Fleet Admiral	Generaloberst/Großadmiral
General	Admiral	General/Admiral
Lieutenant General	Vice Admiral	Generalleutnant/Vizeadmiral
Major General	Rear Admiral	Generalmajor/Konteradmiral
Brigadier General	Commodore	Brigadegeneral/Flottillenadmiral
Colonel	Captain	Oberst/Kapitän zur See
Lieutenant Colonel	Commander	Oberstleutnant/Fregattenkapitän
Major	Lieutenant Commander	Major/Korvettenkapitän
Captain	Lieutenant	Hauptmann/Kapitänleutnant
First Lieutenant	Lieutenant j.g.	Oberleutnant
Second Lieutenant	Ensign	Leutnant

4. Kriegsverluste

■ **Tabelle 49:** Amerikanische Tote und Verwundete in den Kriegen der Vereinigten Staaten (seit 1775)

Krieg	Waffen- gattung	Zahl der Dienenden	Zahl der Gefallenen	Sonstige Tote	Verwundete
Revolutions- krieg (1775-83)	Heer	n.b.	4 044	n.b.	6 004
	Marine	n.b.	342	n.b.	114
	M.L.Tr.	n.b.	49	n.b.	70
	Gesamt	**n.b.**	**4 435**	**n.b.**	**6 188**
Krieg von 1812 (1812-14)	Heer	n.b.	1 950	n.b.	5 950
	Marine	n.b.	265	n.b.	704
	M.L.Tr.	n.b.	45	n.b.	111
	Gesamt	**286 730**	**2 260**	**n.b.**	**6 765**
Mexikan. Krieg (1846-48)	Heer	n.b.	1 721	11 550	4 102
	Marine	n.b.	1	n.b.	3
	M.L.Tr.	n.b.	11	n.b.	47
	Gesamt	**78 789**	**1 733**	**11 550**	**4 152**

Krieg	Waffen-gattung	Zahl der Dienenden	Zahl der Gefallenen	Sonstige Tote	Verwundete
Bürgerkrieg	Heer	2 128 948	138 154	221 374	280 040
(1861-65)	Marine	n.b.	2 112	2 411	1 710
Union	M.L.Tr.	84 415	148	312	131
	Gesamt	**2 213 582**	**140 415**	**224 097**	**281 881**
Bürgerkrieg	Heer	n.b.	n.b.	n.b.	n.b.
(1861-65)	Marine	n.b.	n.b.	n.b.	n.b.
Konföderation	M.L.Tr.	n.b.	n.b.	n.b.	n.b.
	Gesamt	**n.b.**	**74 524**	**59 297**	**n.b.**
Span.-amerik.	Heer	280 564	369	2 061	1 594
Krieg	Marine	22 875	10	0	47
(1898)	M.L.Tr.	3 321	6	0	21
	Gesamt	**307 420**	**385**	**2 061**	**1 662**
Erster	Heer	4 057 101	50 510	55 868	193 663
Weltkrieg	Marine	599 051	431	6 856	819
(1917-18)	M.L.Tr.	78 839	2 461	390	9 520
	Gesamt	**4 743 826**	**53 513**	**63 195**	**204 002**
Zweiter	Heer	11 260 000	234 874	83 400	565 861
Weltkrieg	Marine	4 183 466	36 950	25 664	37 778
(1941-45)	M.L.Tr.	669 100	19 733	4 778	68 207
	Gesamt	**16 353 659**	**292 131**	**115 185**	**671 846**
Koreakrieg	Heer	2 834 000	27 709	2 452	77 596
(1950-53)	Marine	1 177 000	493	160	1 576
	M.L.Tr.	424 000	4 267	339	23 744
	Luftwaffe	1 285 000	1 198	298	368
	Gesamt	**5 764 143**	**33 667**	**3 249**	**103 284**
Vietnam-	Heer	4 368 000	30 929	7 272	96 802
krieg	Marine	1 842 000	1 631	931	4 178
(1964-73)	M.L.Tr.	794 000	13 085	1 753	51 392
	Luftwaffe	1 740 000	1 741	842	931
	Gesamt	**8 752 000**	**47 393**	**10 800**	**153 363**
Golfkrieg	Heer	246 682	98	105	n.b.
(1991)	Marine	98 852	6	14	n.b.
	M.L.Tr.	71 254	24	26	n.b.
	Luftwaffe	50 751	20	6	n.b.
	Gesamt	**467 939**	**148**	**151**	**467**

5. Kriegskosten

■ **Tabelle 50:** Amerikanische Aufwendungen für die Kriege der Vereinigten Staaten (seit 1775)

Krieg	Kriegskosten[1] (in Mio $)
Revolutionskrieg (1775–83)	100-140
Krieg von 1812 (1812–14)	89
Mexikanischer Krieg (1846–48)	82
Bürgerkrieg (1861–65)	
Union	2 300
Konföderation	1 000
Spanisch-amerikanischer Krieg (1898)	270
Erster Weltkrieg (1917–18)	32 700
Zweiter Weltkrieg (1941–45)	360 000
Koreakrieg (1950–53)	50 000
Vietnamkrieg (1964–73)	140 000
Golfkrieg (1991)	7 400

[1] ohne Folgekosten

Dokumente

1. Die Unabhängigkeitserklärung (1776)

1.1 Allgemeines

Als in der Auseinandersetzung mit dem britischen Mutterland das Verlangen in den 13 amerikanischen Kolonien nach Lostrennung deutlich wuchs, brachte der virginische Delegierte Richard H. Lee am 7.6.1776 im Kontinentalkongreß (siehe S. 64) eine entsprechende Resolution ein. Am 11.6. wurde ein fünfköpfiger Ausschuß mit der Abfassung einer Unabhängigkeitserklärung beauftragt. Thomas Jefferson schrieb den Rohentwurf, der nach einigen Änderungen im Ausschuß am 28.6. dem Kongreß vorgelegt wurde. Dieser billigte Lees Unabhängigkeitsresolution mit 12:0 Stimmen am 2.7. (bei Stimmenthaltung der Kolonie New York). Nach Debatte und einigen Änderungen wurde daraufhin am 4.7. die vom Ausschuß vorgelegte Unabhängigkeitserklärung ohne Gegenstimme bei erneuter Enthaltung New Yorks (das aber am 9.7. beitrat) angenommen. In den folgenden Wochen unterzeichneten insgesamt 56 Delegierte.

1.2 Text der Unabhängigkeitserklärung (englisch)

In Congress, July 4, 1776.

A Declaration by the Representatives of the United States of America, in General Congress Assembled.

When, in the course of human events, it becomes necessary for one people to dissolve the political bonds which have connected them with another, and to assume, among the powers of the earth, the separate and equal station to which the laws of nature and of nature's God entitle them, a decent respect to the opinions of mankind requires that they should declare the causes which impel them to the separation.

We hold these truths to be self-evident: That all men are created equal; that they are endowed by their Creator with certain unalienable rights; that among these are life, liberty, and the pursuit of happiness; that, to secure these rights, governments are instituted among men, deriving their just powers from the consent of the governed; that whenever any form of government becomes destructive of these ends, it is the right of the people to alter or to abolish it, and to institute new government, laying its foundation on such principles, and organizing its powers in such form, as to them shall seem most likely to effect their safety and happiness. Prudence, indeed, will dictate that governments long established should not be changed for light and transient causes; and accordingly all experience hath shown that mankind are more disposed to suffer, while evils are sufferable, than to right themselves by abolishing the forms to which they are accustomed. But when a long train of abuses and usurpations, pursuing invariably the same object, evinces a design to reduce them under absolute despotism, it is their right, it is their duty, to throw off such government, and to provide new guards for their future security. Such has been the patient sufferance of these colonies; and such is now the necessity which constrains them to alter their former systems of government. The history of the present King of Great Britain is a history of repeated injuries and usurpations, all having in direct object the establishment of an absolute tyranny over these states. To prove this, let facts be submitted to a candid world.

He has refused his assent to laws, the most wholesome and necessary for the public good.

He has forbidden his governors to pass laws of immediate and pressing importance, unless suspended in their operation till his assent should be obtained; and, when so suspended, he has utterly neglected to attend to them.

He has refused to pass other laws for the accommodation of large districts of people, unless those people would relinquish the right of representation in the legislature, a right inestimable to them, and formidable to tyrants only.

He has called together legislative bodies at places unusual, uncomfortable, and distant from the depository of their public records, for the sole purpose of fatiguing them into compliance with his measures.

He has dissolved representative houses repeatedly, for opposing, with manly firmness, his invasions on the rights of the people.

He has refused for a long time, after such dissolutions, to cause others to be elected; whereby the legislative powers, incapable of annihilation, have returned to the people at large for their exercise; the state remaining, in the mean time, exposed to all the dangers of invasions from without and convulsions within.

He has endeavored to prevent the population of these states; for that purpose obstructing the laws for naturalization of foreigners; refusing to pass others to encourage their migration hither, and raising the conditions of new appropriations of lands.

He has obstructed the administration of justice, by refusing his assent to laws for establishing judiciary powers.

He has made judges dependent on his will alone, for the tenure of their offices, and the amount and payment of their salaries.

He has erected a multitude of new offices, and sent hither swarms of officers to harass our people and eat out their substance.

He has kept among us, in times of peace, standing armies, without the consent of our legislatures.

He has affected to render the military independent of, and superior to, the civil power.

He has combined with others to subject us to a jurisdiction foreign to our constitution, and unacknowledged by our laws, giving his assent to their acts of pretended legislation:

For quartering large bodies of armed troops among us;

For protecting them, by a mock trial, from punishment for any murders which they should commit on the inhabitants of these states;

For cutting off our trade with all parts of the world;

For imposing taxes on us without our consent;

For depriving us, in many cases, of the benefits of trial by jury;

For transporting us beyond seas, to be tried for pretended offenses;

For abolishing the free system of English laws in a neighboring province, establishing therein an arbitrary government, and enlarging its boundaries, so as to render it at once an example and fit instrument for introducing the same absolute rule into these colonies;

For taking away our charters, abolishing our most valuable laws, and altering fundamentally the forms of our governments;

For suspending our own legislatures, and declaring themselves invested with power to legislate for us in all cases whatsoever.

He has abdicated government here, by declaring us out of his protection and waging war against us.

He has plundered our seas, ravaged our coasts, burned our towns, and destroyed the lives of our people.

He is at this time transporting large armies of foreign mercenaries to complete the works of death, desolation, and tyranny already begun with circumstances of cruelty and perfidy scarcely paralleled in the most barbarous ages, and totally unworthy the head of a civilized nation.

He has constrained our fellow-citizens, taken captive on the high seas, to bear arms against their country, to become the executioners of their friends and brethren, or to fall themselves by their hands.

He has excited domestic insurrection among us, and has endeavored to bring on the inhabitants of our frontiers the merciless Indian savages, whose known rule of warfare is an undistinguished destruction of all ages, sexes, and conditions.

In every stage of these oppressions we have petitioned for redress in the most humble terms; our repeated petitions have been answered only by repeated injury. A prince, whose character is thus marked by every act which may define a tyrant, is unfit to be the ruler of a free people.

Nor have we been wanting in our attentions to our British brethren. We have warned them, from time to time, of attempts by their legislature to extend an unwarrantable jurisdiction over us. We have reminded them of the circumstances of our emigration and settlement here. We have appealed to their native justice and magnanimity; and we have conjured them, by the ties of our common kindred, to disavow these usurpations, which would inevitably interrupt our connections and correspondence. They, too, have been deaf to the voice of justice and of consanguinity. We must, therefore, acquiesce in the necessity which denounces our separation, and hold them, as we hold the rest of mankind, enemies in war, in peace friends.

We, therefore, the representatives of the United States of America, in General Congress assembled, appealing to the Supreme Judge of the world for the rectitude of our intentions, do, in the name and by the authority of the good people of these colonies, solemnly publish and declare, that these United Colonies are, and of right ought to be, FREE AND INDEPENDENT STATES; that they are absolved from all allegiance to the British crown, and that all political connection between them and the state of Great Britain is, and ought to be, totally dissolved; and that, as free and independent states, they have full power to levy war, conclude peace, contract alliances, establish commerce, and do all other acts and things which independent states may of right do. And for the support of this declaration, with a firm reliance on the protection of Divine Providence, we mutually pledge to each other our lives, our fortunes, and our sacred honor.

Signed by order and in behalf of Congress,

John Hancock, President

Attest.   Charles Thomson, Sec.
[also signed by 55 others]

1.3 Text der Unabhängigkeitserklärung (deutsch)

Im Kongreß, 4. Juli 1776.

Eine Erklärung der Delegierten der Vereinigten Staaten von Amerika, im Generalkongreß versammelt.

Wenn es im Laufe der Menschheitsgeschichte für ein Volk notwendig wird, die politischen Bande zu lösen, die es mit einem anderen Volke verbunden haben, und unter den Mächten der Erde den selbständigen und gleichberechtigten Rang einzunehmen, zu dem natürliches und göttliches Gesetz es berechtigen, so erfordert geziemende Achtung vor den Ansichten der Menschen, daß es die Gründe darlegt, die es zur Absonderung bewegen.

Folgende Wahrheiten bedürfen für uns keines Beweises: Daß alle Menschen gleich geschaffen sind; daß sie von ihrem Schöpfer mit gewissen unveräußerlichen Rechten ausgestattet sind, daß dazu Leben, Freiheit und das Streben nach

Glück gehören; daß zur Sicherung dieser Rechte Regierungen unter den Menschen eingesetzt sind, die ihre rechtmäßige Autorität aus der Zustimmung der Regierten herleiten; daß, wenn immer irgendeine Regierungsform diesen Zielen abträglich wird, das Volk berechtigt ist, sie zu ändern oder abzuschaffen und eine neue Regierung einzusetzen und diese auf solchen Prinzipien zu errichten und ihre Gewalten solchermaßen zu organisieren, wie es ihm zur Gewährleistung seiner Sicherheit und seines Glücks am ratsamsten erscheint. Die Vernunft gebietet freilich, daß seit langem bestehende Regierungen nicht aus geringfügigen und flüchtigen Anlässen geändert werden sollten; und dementsprechend hat alle Erfahrung gezeigt, daß die Menschen eher geneigt sind zu leiden, solange die Mißstände erduldbar sind, als sich durch die Beseitigung altgewohnter Formen Recht zu verschaffen. Aber wenn eine lange Reihe von Mißbräuchen und Übergriffen, die ausnahmslos das gleiche Ziel verfolgen, die Absicht deutlich werden läßt, das Volk unumschränktem Despotismus zu unterwerfen, so ist es sein Recht wie auch seine Pflicht, eine solche Regierung zu beseitigen und durch neue schützende Einrichtungen für seine künftige Sicherheit Vorsorge zu treffen. Entsprechend haben unsere Kolonien geduldig ausgeharrt; und dementsprechend sind sie nun notgedrungen gezwungen, ihre bisherige Regierungsform zu ändern. Die Regierungszeit des jetzigen Königs von Großbritannien ist voll wiederholt begangenen Unrechts und ständiger Übergriffe, die alle unmittelbar auf die Errichtung einer unumschränkten Tyrannei über unsere Staaten abzielen. Zum Beweis hierfür seien der unvoreingenommenen Welt Tatsachen unterbreitet:

Er hat Gesetzen seine Zustimmung versagt, die dem Wohl der Allgemeinheit überaus nützlich und notwendig waren.

Er hat seinen Gouverneuren verboten, Gesetze von unmittelbarer und drängender Wichtigkeit zu erlassen, wofern ihr Inkrafttreten nicht bis zur Erlangung seiner Zustimmung ausgesetzt würde; und wenn sie entsprechend aufgeschoben wurden, unterließ er es vollständig, sich mit ihnen zu befassen.

Er hat es abgelehnt, andere Gesetze zugunsten großer Bevölkerungskreise zu verabschieden, wenn diese Menschen nicht auf das Recht der Vertretung in der Legislative verzichten wollten, ein Recht, das ihnen unschätzbar wichtig ist und nur Tyrannen schrecken kann.

Er hat gesetzgebende Körperschaften nach ungewöhnlichen und unbequemen Orten einberufen, die vom Aufbewahrungsort ihrer öffentlichen Urkunden und amtlichen Unterlagen weit entfernt lagen, zu dem einzigen Zweck, sie zu ermüden und dadurch seinen Maßnahmen gefügig zu machen.

Er hat wiederholt Volksvertretungen aufgelöst, weil sie mit männlicher Festigkeit seinen Eingriffen in die Rechte des Volkes entgegengetreten sind.

Er hat sich nach solchen Auflösungen lange Zeit geweigert, neue Vertretungen wählen zu lassen; dadurch ist die gesetzgeberische Gewalt, die ja untilgbar ist, wieder an das Volk zurückgefallen, dem es nun freisteht, sie auszuüben; der Staat freilich bleibt mittlerweile allen Invasionsgefahren von außen und Erschütterungen im Innern ausgesetzt.

Er war bestrebt, die Besiedlung unserer Staaten zu hemmen; zu diesem Zweck hat er den Vollzug der Einbürgerungsgesetze für Ausländer behindert; er hat sich geweigert, andere Gesetze zu verabschieden, welche deren Einwanderung nach hier fördern sollten, und er hat die Bedingungen des Neuerwerbs von Land erschwert. Er hat die Rechtsprechung behindert, indem er Gesetzen über die Errichtung von Gerichtsbehörden seine Zustimmung verweigerte. Er hat Richter in bezug auf ihre Amtsdauer, die Höhe und den Zahlungsmodus ihrer Gehälter von seinem Willen allein abhängig gemacht.

Er hat eine Unzahl neuer Behörden eingerichtet und Schwärme von Beamten hierhergeschickt, um unser Volk zu belästigen und seine Substanz aufzuzehren.

Er hat in Friedenszeiten bei uns ohne die Zustimmung der gesetzgebenden Körperschaften stehende Heere unterhalten.

Er hat danach gestrebt, das Militär von der Zivilgewalt unabhängig zu machen und es ihr überzuordnen.

Er hat sich mit anderen zusammengetan, um uns einer Form der Rechtsprechung zu unterwerfen, die unserer Verfassung fremd und von unseren Gesetzen nicht anerkannt war; und er hat seine Zustimmung zu ihren angemaßten gesetzgeberischen Handlungen erteilt:

um starke Kontingente bewaffneter Truppen bei uns einzuquartieren;

um diese durch einen Scheinprozeß vor der Bestrafung für etwaige Morde zu bewahren, die sie an den Einwohnern unserer Staaten begehen würden;

um unseren Handel mit allen Teilen der Welt zu unterbinden;

um uns ohne unsere Zustimmung Steuern aufzuerlegen;

um uns in vielen Fällen der Vorteile eines Verfahrens vor einem Geschworenengericht zu berauben;

um uns nach Übersee zu verschleppen, um uns dort wegen angeblicher Vergehen vor Gericht zu stellen;

um das freie englische Rechtssystem in einer Nachbarprovinz abzuschaffen und dort eine Willkürregierung zu errichten und um die dortigen Grenzen auszuweiten mit der Absicht, diese Provinz gleichzeitig zu einem Vorbild und zu einem geeigneten Werkzeug für die Einführung des gleichen absoluten Herrschaftssystems auch in unseren Kolonien zu machen;

um uns unsere Charten zu entziehen, unsere wichtigsten Gesetze aufzuheben und unsere Regierungsform grundlegend zu ändern;

um unsere eigenen gesetzgebenden Körperschaften zu suspendieren und sich selbst als mit unumschränkter gesetzgebender Gewalt über uns ausgestattet zu erklären.

Er hat seinen Herrschaftsanspruch hier aufgegeben, indem er uns als außerhalb seines Schutzes stehend erklärte und Krieg gegen uns führte.

Er hat unsere Meere geplündert, unsere Küsten verwüstet, unsere Städte niedergebrannt und unsere Mitbürger getötet.

Er schafft zum gegenwärtigen Zeitpunkt große Heere fremder Söldner heran, um das Werk des Todes, der Verwüstung und der Tyrannei zu vollenden, das er bereits mit solcher Grausamkeit und Heimtücke begonnen hat, wie sie in den barbarischsten Zeiten kaum ihresgleichen finden, und die des Oberhauptes einer zivilisierten Nation gänzlich unwürdig sind. Er hat unsere auf hoher See gefangengenommenen Mitbürger gezwungen, Waffen gegen ihr Land zu erheben und so zu Henkern ihrer Freunde und Brüder zu werden oder selbst durch deren Hand zu fallen.

Er hat Erhebungen in unserer Mitte angeschürt und sich bemüht, auf die Bewohner unserer Grenze zur Wildnis hin die erbarmungslosen indianischen Wilden zu hetzen, deren Kriegführung bekanntlich darin besteht, alles ohne Rücksicht auf Alter, Geschlecht oder Zustand niederzumachen.

In jedem Stadium dieser Unterdrückung haben wir in der demütigsten Form um Abhilfe gebeten: Unsere wiederholten Bitten sind lediglich durch wiederholtes Unrecht beantwortet worden. Ein Fürst, dessen Charakter solchermaßen durch alle die Handlungen gebrandmarkt ist, die einen Tyrannen kennzeichnen, ist ungeeignet, über ein freies Volk zu herrschen.

Auch haben wir es nicht an Aufmerksamkeit gegenüber unseren britischen Brüdern fehlen lassen. Wir haben sie von Zeit zu Zeit vor Versuchen ihrer Gesetzgeber gewarnt, eine unvertretbare Rechtsgewalt über uns zu errichten. Wir haben sie an die Umstände erinnert, unter denen unsere Auswanderung und Ansiedlung hier erfolgten. Wir haben an ihr angeborenes Gerechtigkeitsgefühl und ihre Hochherzigkeit appelliert und sie bei den Banden unserer gemeinsamen Herkunft beschworen, von diesen Übergriffen abzulassen, die unvermeidlich zur Unterbrechung unserer Verbindungen und Beziehungen führen würden. Auch sie sind taub geblieben gegenüber der Stimme der Gerechtigkeit und der Blutsverwandtschaft. Wir müssen uns deshalb mit der notwendigen Folgerung aus unserer Trennung abfinden und sie wie die übrige Menschheit behandeln: im Krieg als Feinde, im Frieden als Freunde.

Daher tun wir, die in gemeinsamem Kongreß versammelten Vertreter der Vereinigten Staaten von Amerika, unter Anrufung des obersten Weltenrichters als Zeugen für die Rechtschaffenheit unserer Absichten, im Namen und Auftrag des wohlmeinenden Volkes unserer Kolonien feierlich kund und zu wissen, daß diese Vereinigten Kolonien freie und unabhängige Staaten sind und rechtens sein sollen; daß sie von jeglicher Treuepflicht gegen die britische Krone entbunden sind, und daß jede politische Verbindung zwischen ihnen und dem Staate Großbritannien vollständig gelöst ist und sein soll; und daß sie als freie und unabhängige Staaten das uneingeschränkte Recht haben, Krieg zu führen, Frieden zu schließen, Bündnisse einzugehen, Handel zu treiben und alle sonstigen Handlungen vorzunehmen und Tätigkeiten auszuüben, zu denen unabhängige Staaten rechtens befugt sind. Und zur Bekräftigung dieser Erklärung geloben wir uns gegenseitig, im festen Vertrauen auf den Schutz der göttlichen Vorsehung, den Einsatz unseres Lebens, unseres Gutes und unserer heilig gehaltenen Ehre.

Unterzeichnet auf Anordnung und im Namen des Kongresses,

John Hancock, Präsident
Charles Thomson, Sekretär

Bezeugt:
[55 weitere Unterzeichner]

2. Die Konföderationsartikel (1781)

2.1 Allgemeines

Der zweite Kontinentalkongreß (siehe S. 64) beschloß am 12.6.1776, einen Ausschuß unter dem Vorsitz von John Dickinson einzusetzen, der die Grundlinien eines Zusammenschlusses zwischen den Kolonien beraten sollte. Ein ausgearbeiteter Konföderationsentwurf wurde dem Kontinentalkongreß am 12.7. vorgelegt. Nach mehrfach unterbrochener Debatte nahm dieser am 15.11.1777 den Entwurf an und sandte ihn den Einzelstaaten zu. Nach der Ratifizierung durch die letzteren traten die Konföderationsartikel am 1.3.1781 in Kraft. Sie stellen die erste Verfassung der Vereinigten Staaten dar.

2.2 Text der Konföderationsartikel (englisch)

Articles of Confederation

Whereas the Delegates of the United States of America in Congress assembled did on the fifteenth day of November in the Year of our Lord One Thousand Seven Hundred and Seventy seven, and in the Second Year of the Independence of America agree to certain articles of Confederation and perpetual Union between the States of Newhampshire, Massachusetts-bay, Rhodeisland and Providence Plantations, Connecticut, New York, New Jersey, Pennsylvania, Delaware, Maryland, Virginia, North-Carolina, South-Carolina and Georgia in the Words following, viz. "Articles of Confederation and perpetual Union between the states of Newhampshire, Massachusetts-bay, Rhodeisland and Providence Plantations, Connecticut, New-York, New-Jersey, Pennsylvania, Delaware, Maryland, Virginia, North-Carolina, South-Carolina and Georgia.

Article I
The Stile of this confederacy shall be "The United States of America."

Article II
Each state retains its sovereignty, freedom and independence, and every Power, Jurisdiction and right, which is not by this confederation expressly delegated to the United States, in Congress assembled.

Article III
The said states hereby severally enter into a firm league of friendship with each other, for their common defence, the security of their Liberties, and their mutual and general welfare, binding themselves to assist each other, against all force offered to, or attacks made upon them, or any of them, on account of religion, sovereignty, trade, or any other pretence whatever.

Article IV

The better to secure and perpetuate mutual friendship and intercourse among the people of the different states in this union, the free inhabitants of each of these states, paupers, vagabonds and fugitives from Justice excepted, shall be entitled to all privileges and immunities of free citizens in the several states; and the people of each state shall have free ingress and regress to and from any other state, and shall enjoy therein all the privileges of trade and commerce subject to the same duties, impositions and restrictions as the inhabitants thereof respectively, provided that such restriction shall not extend so far as to prevent the removal of property imported into any state, to any other state of which the Owner is an inhabitant; provided also that no imposition, duties or restriction shall be laid by any state, on the property of the united states, or either of them.

If any Person guilty of, or charged with treason, felony, or other high misdemeanor in any state, shall flee from Justice, and be found in any of the united states, he shall upon demand of the Governor or executive power, of the state from which he fled, be delivered up and removed to the state having jurisdiction of his offence.

Full faith and credit shall be given in each of these states to the records, acts and judicial proceedings of the courts and magistrates of every other state.

Article V

For the more convenient management of the general interests of the united states, delegates shall be annually appointed in such manner as the legislature of each state shall dircct, to meet in Congress on the first Monday in November in every year, with a power reserved to each state, to recal its delegates, or any of them, at any time within the year, and to send others in their stead, for the remainder of the Year.

No state shall be represented in Congress by less than two, nor by more than seven Members; and no person shall be capable of being a delegate for more than three years in any term of six years; nor shall any person, being a delegate, be capable of holding any office under the united states, for which he, or another for his benefit receives any salary, fees or emolument of any kind.

Each state shall maintain its own delegates in a meeting of the states, and while they act as members of the committee of the states.

In determining questions in the united states, in Congress assembled, each state shall have one vote.

Freedom of speech and debate in Congress shall not be impeached or questioned in any Court, or place out of Congress, and the members of congress shall be protected in their persons from arrests and imprisonments, during the time of their going to and from, and attendance on congress, except for treason, felony, or breach of the peace.

Article VI

No state without the Consent of the united states in congress assembled, shall send any embassy to, or receive any embassy from, or enter into any conference, agreement, or alliance or treaty with any King, prince or state; nor shall any person holding any office of profit or trust under the united states, or any of them, accept of any present, emolument, office or title of any kind whatever from any king, prince or foreign state; nor shall the united states in congress assembled, or any of them, grant any title of nobility.

No two or more states shall enter into any treaty, confederation or alliance whatever between them, without the consent of the united states in congress assembled, specifying accurately the purposes for which the same is to be entered into, and how long it shall continue.

Note state shall lay any imposts or duties, which may interfere with any stipulations in treaties, entered into by the united states in congress assembled, with any king prince or state, in pursuance of any treaties already proposed by congress, to the courts of France and Spain.

No vessels of war shall be kept up in time of peace by any state, except such number only, as shall be deemed necessary by the united states in congress assembled, for the defence of such state, or its trade; nor shall any body of forces be kept up by any state, in time of peace, except such number only, as in the judgment of the united states, in congress assembled, shall be deemed requisite to garrison the forts necessary for the defence of such state; but every state shall always keep up a well regulated and disciplined militia, sufficiently armed and accoutred, and shall provide and constantly have ready for use, in public stores, a due number of field pieces and tents, and a proper quantity of arms, ammunition and camp equipage.

No state shall engage in any war without the consent of the united states in congress assembled, unless such state be actually invaded by enemies, or shall have received certain advice of a resolution being formed by some nation of Indians to invade such state, and the danger is so imminent as not to admit of a delay, till the united states in congress assembled can be consulted: nor shall any state grant commissions to any ships or vessels of war, nor letters of marque or reprisal, except it be after a declaration of war by the united states in congress assembled, and then only against the kingdom or state and the subjects thereof, against which war has been so declared, and under such regulations as shall be established by the united states in congress assembled, unless such state be infested by pirates, in which case vessels of war may be fitted out for that occasion, and kept so long as the danger shall continue, or until the united states in congress assembled shall determine otherwise.

Article VII

When land-forces are raised by any state for the common defence, all officers of or under the rank of colonel, shall be appointed by the legislature of each state respectively by whom such forces shall be raised, or in such manner as such state shall direct, and all vacancies shall be filled up by the state which first made the appointment.

Article VIII

All charges of war, and all other expences that shall be incurred for the common defence or general welfare, and allowed by the united states in congress assembled, shall be defrayed out of a common treasury, which shall be supplied by the several states, in proportion to the value of all land within each state, granted to or surveyed for any Person, as such land and the buildings and improvements thereon shall be estimated according to such mode as the united states in congress assembled, shall from time to time direct and appoint. The taxes for paying that proportion shall be laid and levied by the authority and direction of the legislatures of the several states within the time agreed upon by the united states in congress assembled.

Article IX

The united states in congress assembled, shall have the sole and exclusive right and power of determining on peace and war, except in the cases mentioned in the sixth article – of sending and receiving ambassadors – entering into treaties and alliances, provided that no treaty of commerce shall be made whereby the legislative power of the respective states shall be restrained from imposing such imposts and duties on foreigners, as their own people are subjected to, or from prohibiting the exportation or importation of any species of goods or commodities whatsoever – of establishing rules for deciding in all cases, what captures on land or water shall be legal, and in what manner prizes taken by land or naval forces in the service of the united states shall be divided or appropriated – of granting letters of marque and reprisal in times of peace – appointing courts for the trial of piracies and felonies committed on the high seas and establishing courts for receiving and determining finally appeals in all cases of captures, provided that no member of congress shall be appointed a judge of any of the said courts.

The united states in congress assembled shall also be the last resort on appeal in all disputes and differences now subsisting or that herafter may arise between two or more states concerning boundary, jurisdiction or any other cause whatever; which authority shall always be exercised in the manner following. Whenever the legislative or executive authority or lawful agent of any state in controversy with another shall present a petition to congress, stating the matter in question and praying for a hearing, notice thereof shall be given by order of congress to the legislative or executive authority of the other state in controversy, and a day assigned for the appearance of the parties by their lawful agents, who shall then be directed to appoint by joint consent, commissioners or judges to constitute a court for hearing and determining the matter in question: but if they cannot agree, congress shall name three persons out of each of the united states, and from the list of such persons each party shall alternately strike out one, the petitioners beginning, until the number shall be reduced to thirteen; and from that number not less than seven, nor more than nine names as congress shall direct, shall in the presence of congress be drawn out by lot, and the persons whose names shall be so drawn or any five of them, shall be commissioners or judges, to hear and finally determine the controversy, so always as a major part of the judges who shall hear the cause shall agree in the determination: and if either party shall neglect to attend at the day appointed, without shewing reasons, which congress shall judge sufficient, or being present shall refuse to strike, the congress shall proceed to nominate three persons out of each state, and the secretary of congress shall strike in behalf of such party absent or refusing; and the judgment and sentence of the court to be appointed, in the manner before prescribed, shall be final and conclusive; and if any of the parties shall refuse to submit to the authority of such court, or to appear to defend their claim or cause, the court shall nevertheless proceed to pronounce sentence, or judgment, which shall in like manner be final and decisive, the judgment or sentence and other proceedings being in either case transmitted to congress, and lodged among the acts of congress for the security of the parties concerned: provided that every commissioner, before he sits in judgment, shall take an oath to be administered by one of the judges of the supreme or superior court of the state, where the cause shall be tried, "well and truly to hear and determine the matter in question, according to the best of his judgment, without favour, affection or hope of reward:" provided also that no state shall be deprived of territory for the benefit of the united states.

All controversies concerning the private right of soil claimed under different grants of two or more states, whose jurisdictions as they may respect such lands, and the states which passed such grants are adjusted, the said grants or either of them being at the same time claimed to have originated antecedent to such settlement of jurisdiction, shall on the petition of either party to the congress of the united states, be finally determined as near as may be in the same manner as is before prescribed for deciding disputes respecting territorial jurisdiction between different states.

The united states in congress assembled shall also have the sole and exclusive right and power of regulating the alloy and value of coin struck by their own authority, or by that of the respective states – fixing the standard of weights and measures throughout the united states – regulating the trade and managing all affairs with the Indians, not members of any of the states, provided that the legislative right of any state within its own limits be not infringed or violated – establishing and regulating post-offices from one state to another, throughout all the united states, and exacting such postage on the papers passing thro' the same as may be requisite to defray the expences of the said office – appointing all officers of the land forces, in the service of the united states, excepting regimental officers – appointing all the officers of the naval forces, and commissioning all officers whatever in the service of the united states – making rules for the government and regulation of the said land and naval forces, and directing their operations.

The united states in congress assembled shall have authority to appoint a committee, to sit in the recess of congress, to be denominated "A Committee of the States," and to consist of one delegate from each state; and to appoint such other committees and civil officers as may be necessary for managing the general affairs of the united states under their direction – to appoint one of their number to preside, provided that no person be allowed to serve in the office of president more than one year in any term of three years; to ascertain the necessary sums of Money to be raised for the service of the united states, and to appropriate and apply the same for defraying the public expences – to borrow money, or emit bills on the credit of the united states, transmitting every half year to the respective states an account of the sums of money so borrowed or emitted, – to build and equip a navy – to agree upon the number of land forces, and to make requisitions from each state for its quota, in proportion to the number of white inhabitants in such state; which requisition shall be binding, and thereupon the legislature of each state shall appoint the regimental officers, raise the men and cloath, arm and equip them in a soldier like manner, at the expence of the united states, and the officers and men so cloathed, armed and equipped shall march to the place appointed, and within the time agreed on by the united states in congress assembled: But if the united states in congress assembled shall, on consideration of circumstances judge proper that any state should not raise men, or should raise a smaller number than its quota, and that any other state should raise a greater number of men than the quota thereof, such extra number shall be raised, officered, cloathed, armed and equipped in the same manner as the quota of such state, unless the legislature of such state shall judge that such extra number cannot be safely spared out of the same, in which case they shall raise, officer, cloath, arm and equip as many of such extra number as they judge can be safely spared. And the officers and men so cloathed, armed and equipped, shall march to the place appointed, and within the time agreed on by the united states in congress assembled.

The united states in congress assembled shall never engage in a war, nor grant letters of marque and reprisal in time of peace, nor enter into any treaties or alliances, nor coin money, nor regulate the value thereof, nor ascertain the sums and expences necessary for the defence and welfare of the united states, or any of them, nor emit bills, nor borrow money on the credit of the united states, nor appropriate money, nor agree upon the number of vessels of war, to be built or purchased, or the number of land or sea forces to be raised, nor appoint a commander in chief of the army or navy, unless nine states assent to the same: nor shall a question on any other point, except for adjourning from day to day be determined, unless by the votes of a majority of the united states in congress assembled.

The congress of the united states shall have power to adjourn to any time within the year, and to any place within the united states, so that no period of adjournment be for a longer duration than the space of six Months, and shall publish the Journal of their proceedings monthly, except such parts thereof relating to treaties, alliances or military operations as in their judgment require secresy; and the yeas and nays of the delegates of each state on any question shall be entered on the Journal, when it is desired by any delegate; and the delegates of a state, or any of them, at his or their request shall be furnished with a transcript of the said Journal, except such parts as are above excepted, to lay before the legislatures of the several states.

Article X
The committee of the states, or any nine of them, shall be authorised to execute, in the recess of congress, such of the powers of congress as the united states in congress assembled, by the consent on nine states shall from time to time think expedient to vest them with; provided that no power be delegated to the said committee, for the exercise of which, by the articles of confederation, the voice of nine states in the congress of the united states assembled is requisite.

Article XI
Canada acceding to this confederation, and joining in the measures of the united states, shall be admitted into, and entitled to all the advantages of this union: but no other colony shall be admitted into the same, unless such admission be agreed to by nine states.

Article XII
All bills of credit emitted, monies borrowed and debts contracted by, or under the authority of congress, before the assembling of the united states, in pursuance of the present confederation, shall be deemed and considered as a charge against the united states, for payment and satisfaction whereof the said united states, and the public faith are hereby solemnly pledged.

Article XIII
Every state shall abide by the determinations of the united states in congress assembled, on all questions which by this confederation are submitted to them. And the Articles of this confederation shall be perpetual; nor shall any alteration at any time hereafter be made in any of them; unless such alteration be agreed to in a congress of the united states, and be afterwards confirmed by the legislatures of every state.

AND WHEREAS it hath pleased the Great Governor of the World to incline the hearts of the legislatures we respectively represent in congress, to approve of, and to authorize us to ratify the said articles of confederation and perpetual union. KNOW YE that we the under-signed delegates, by virtue of the power and authority to us given for that purpose, do by these presents, in the name and in behalf of our respective constituents, fully and entirely ratify and confirm each and every of the said articles of confederation and perpetual union, and all and singular the matters and things therein contained: And we do further solemnly plight and engage the faith of our respective constitutents, that they shall abide by the determinations of the united states in congress assembled, on all questions, which by the said confederation are submitted to them. And that the articles thereof shall be inviolably observed by the states we respectively represent, and that the union shall be perpetual. In Witness whereof we have hereunto set our hands in Congress. Done at Philadelphia in the state of Pennsylvania the ninth Day of July in the Year of our

Lord one Thousand seven Hundred and Seventy-eight, and in the third year of the independence of America.

2.3   Text der Konföderationsartikel (deutsch)

Konföderationsartikel

Die Artikel der Konföderation und immerwährenden Vereinigung zwischen den Staaten New Hampshire, Massachusetts Bay, Rhode Island und Providence Plantations, Connecticut, New York, New Jersey, Pennsylvania, Delaware, Maryland, Virginia, North Carolina, South Carolina und Georgia.

Artikel 1
Der Titel dieses Staatenbunds soll "Die Vereinigten Staaten von Amerika" sein.

Artikel 2
Jeder Staat behält seine Souveränität, Freiheit und Unabhängigkeit sowie jegliche Gewalt, Zuständigkeit und jegliches Recht, sofern solches nicht durch diese Konföderation ausdrücklich den im Kongreß versammelten Vereinigten Staaten übertragen wird.

Artikel 3
Jeder der genannten Staaten schließt hiermit einen festen Freundschaftsbund mit jedem anderen zur gemeinsamen Verteidigung, zur Sicherung ihrer Freiheiten und ihres wechselseitigen wie auch des allgemeinen Wohls; sie verpflichten sich, einander gegen alle Bedrohungen oder Angriffe beizustehen, die aus Gründen der Religion, der Souveränität, des Handels oder aufgrund sonstiger Vorwände gegen sie als Ganzes oder einen Einzelstaat gemacht werden.

Artikel 4
Um gegenseitige Freundschaft und Kontakte zwischen den Bewohnern der verschiedenen Staaten dieser Union besser zu sichern und aufrechtzuerhalten, haben die freien Einwohner jedes dieser Staaten – Almosenempfänger, Vagabunden und flüchtige Verbrecher ausgenommen – in jedem der Staaten das Recht auf alle Privilegien und Immunitäten freier Bürger. Auch hat die Bevölkerung jedes Staates freien Zugang zu und Rückkehr aus jedem der anderen Staaten und genießt dort alle die Handels- und Gewerbeprivilegien und wird mit den gleichen Pflichten, Abgaben und Beschränkungen belegt wie die Einwohner des jeweiligen Staates; vorausgesetzt, daß sich diese Beschränkungen nicht so weit erstrecken, daß sie die Ausfuhr von Eigentum, das in einen Staat importiert wurde, in einen der anderen Staaten, dessen Einwohner der Besitzer des genannten Eigentums ist, verhindern; ebenso soll sichergestellt werden, daß kein Staat dem Eigentum der Vereinigten Staaten oder eines der anderen Staaten Abgaben, Zölle oder Einschränkungen auferlegt.

Falls eine Person, die in einem der Staaten des Hochverrats, eines Verbrechens oder eines anderen schweren Vergehens schuldig geworden oder angeklagt ist, sich der Gerichtsbarkeit durch Flucht entziehen und in einem anderen der Vereinigten Staaten aufgefunden werden sollte, soll sie, auf Aufforderung des Gouverneurs oder der vollziehenden Gewalt des Staates hin, aus dem sie floh, ausgeliefert und in den Staat gebracht werden, dem die Gerichtsbarkeit über ihr Vergehen zusteht.

In jedem Staat ist den amtlichen Dokumenten, Gesetzen und Rechtshandlungen der Gerichte und Amtsträger eines anderen Staats volle Anerkennung zu schenken.

Artikel 5

Um den allgemeinen Interessen der Vereinigten Staaten besser gerecht zu werden, werden jährlich in der Weise, welche die Legislative eines jeden Staates festlegen wird, Delegierte ernannt, die jedes Jahr am ersten Montag im November im Kongreß zusammenkommen, wobei jedem Staat das Recht vorbehalten bleibt, alle seine Delegierten oder jeden einzelnen von ihnen zu jeder Zeit des Jahres abzuberufen und an ihrer Statt für den Rest des Jahres andere Delegierte zu entsenden.

Kein Staat wird im Kongreß durch weniger als zwei oder mehr als sieben Mitglieder vertreten; und niemand kann länger als drei Jahre innerhalb eines Zeitraums von sechs Jahren Delegierter sein; auch kann niemand, während er Delegierter ist, ein Amt für die Vereinigten Staaten bekleiden, für das er oder jemand anderes zu seinem Nutzen ein Gehalt, Gebühren oder eine sonstige Vergütung bezieht.

Jeder Staat kommt für den Unterhalt seiner eigenen Delegierten auf, wenn die Staaten sich versammeln und während der Zeit, in der sie als Mitglieder des Staatenausschusses tätig sind.

Jeder Staat soll bei der Beschlußfassung der im Kongreß versammelten Vereinigten Staaten eine Stimme haben.

Die Rede- und Debattenfreiheit im Kongreß darf in keinem Gericht oder an einem anderen Ort außerhalb des Kongresses angefochten oder in Frage gestellt werden; und die Mitglieder des Kongresses sind während ihrer An- und Abreise sowie während ihrer Mitgliedschaft im Kongreß vor Verhaftung und Gefängnisstrafen geschützt, ausgenommen in Fällen von Verrat, Verbrechen oder Friedensbruch.

Artikel 6

Kein Staat darf ohne das Einverständnis der im Kongreß versammelten Vereinigten Staaten Botschaften an irgendwelche Könige, Fürsten oder Staaten senden oder von solchen empfangen noch mit solchen verhandeln noch Vereinbarungen, Allianzen oder Verträge mit solchen eingehen; auch darf eine Person, die ein bezahltes Amt der Vereinigten Staaten oder eines Einzelstaates innehat oder in deren Auftrag handelt, keine Geschenke, Vergütungen, Ämter oder Titel welcher Art auch immer von einem König, Fürsten oder fremden Staat entgegennehmen;

noch dürfen die im Kongreß versammelten Vereinigten Staaten oder ein Einzelstaat Adelstitel verleihen.

Zwei oder mehrere der Staaten dürfen keinerlei Verträge, Bündnisse oder Allianzen miteinander eingehen ohne die Zustimmung der im Kongreß versammelten Vereinigten Staaten; diese müssen genau festlegen, für welchen Zweck die Verbindung eingegangen wird und wie lange sie aufrechterhalten werden soll.

Kein Staat darf Abgaben oder Zölle erheben, die mit Bestimmungen von Verträgen kollidieren könnten, welche die im Kongreß versammelten Vereinigten Staaten mit Königen, Fürsten oder Staaten im Verfolg jener Verträge eingegangen sind, die der Kongreß bereits den Höfen Frankreichs und Spaniens angetragen hat.

In Friedenszeiten darf keiner der Staaten Kriegsschiffe einsatzbereit halten, abgesehen von der Anzahl, welche die im Kongreß versammelten Vereinigten Staaten zur Verteidigung dieses Staates oder seines Handels für nötig erachten; auch darf in Friedenszeiten kein Staat bewaffnete Truppen unterhalten, deren Zahl darüber hinausgeht, was nach Meinung der im Kongreß versammelten Vereinigten Staaten notwendig ist, um die für die Verteidigung eines Staates notwendigen Befestigungen mit einer Garnison zu belegen. Doch muß jeder Staat stets eine gut organisierte und disziplinierte, angemessen bewaffnete und ausgerüstete Miliz unterhalten und in öffentlichen Depots ständig eine hinreichende Anzahl von Feldgeschützen und Zelten sowie genügende Mengen von Waffen, Munition und Lagerausstattung einsatzbereit halten.

Kein Staat darf ohne die Zustimmung der im Kongreß versammelten Vereinigten Staaten an einem Krieg teilnehmen, es sei denn, daß Feinde tatsächlich in diesen Staat eingefallen sind oder daß sichere Informationen darüber vorliegen, daß ein Indianerstamm vorhat, in diesen Staat einzudringen und die drängende Gefahr keinen Aufschub erlaubt, um die im Kongreß versammelten Vereinigten Staaten zu konsultieren. Auch darf kein Staat Handelsschiffe oder Kriegsschiffe in seinen Kriegsdienst stellen noch Kaper- oder Repressalienbriefe ausstellen, wenn nicht zuvor die im Kongreß versammelten Vereinigten Staaten eine Kriegserklärung ausgesprochen haben und auch dann nur gegen das Königreich oder den Staat und deren Untertanen, denen auf diese Weise Krieg erklärt wurde, und gemäß der Richtlinien, die von den im Kongreß versammelten Vereinigten Staaten erlassen werden, es sei denn, der Staat sei von Piraten heimgesucht, in welchem Fall Kriegsschiffe ausgestattet und so lange unterhalten werden können, wie die Gefahr anhält oder bis die im Kongreß versammelten Vereinigten Staaten anders beschließen.

Artikel 7

Wenn ein Staat für die gemeinsame Verteidigung Landstreitkräfte aushebt, sollen alle Offiziere im Rang eines Obersten oder darunter durch die Legislative desjenigen Staates ernannt werden, der die Truppen aushebt, oder auf eine Weise, die dieser Staat festlegt; und freigewordene Posten sollen durch den Staat wieder besetzt werden, der den ursprünglichen Inhaber ernannte.

Artikel 8

Alle Kriegslasten und alle anderen Ausgaben, die für die gemeinsame Verteidigung oder das Allgemeinwohl gemacht und durch die im Kongreß versammelten Vereinigten Staaten genehmigt werden, sollen aus einer gemeinsamen Finanzkasse bestritten werden, in welche die einzelnen Staaten entsprechend dem Wert jener Ländereien eines Staates einzahlen werden, die an Personen vergeben oder für Personen vermessen worden sind; diese Ländereien sowie die Gebäude darauf und vorgenommene Verbesserungen sollen nach einem Modus geschätzt werden, den die im Kongreß versammelten Vereinigten Staaten von Zeit zu Zeit bestimmen und festlegen werden.

Die zur Bezahlung dieses Anteils nötigen Steuern sollen unter der Autorität und Leitung der Legislativen der Einzelstaaten innerhalb des Zeitraumes, den die im Kongreß versammelten Vereinigten Staaten bestimmen, auferlegt und erhoben werden.

Artikel 9

Die im Kongreß versammelten Vereinigten Staaten haben das ausschließliche und alleinige Recht und die Vollmacht, über Krieg und Frieden zu entscheiden, mit Ausnahme der im 6. Artikel erwähnten Fälle; das Recht, Botschafter auszusenden und zu empfangen; Verträge zu schließen und Allianzen beizutreten, vorausgesetzt, daß kein Handelsvertrag abgeschlossen wird, der die Legislativgewalt der einzelnen Staaten davon abhält, Abgaben und Zölle in solcher Höhe auf Fremde zu verhängen, wie sie von den eigenen Bewohnern zu leisten sind, oder den Export oder Import eines Handelsgutes zu verbieten. Sie haben das Recht und die Vollmacht, Richtlinien darüber aufzustellen, welche Arten von Kriegsbeschlagnahmungen zu Lande oder zu Wasser legal sind und auf welche Weise von Landtruppen oder der Marine im Dienste der Vereinigten Staaten beschlagnahmte Beute aufgeteilt oder zugewiesen werden soll; sie haben das Recht, Kaper- und Repressalienbriefe in Friedenszeiten zu gewähren; Gerichte zur Verhandlung von Fällen von Piraterie und anderen Verbrechen auf hoher See zu ernennen und Berufungsgerichte mit endgültiger Entscheidungsgewalt für alle Beschlagnahmefälle einzurichten, vorausgesetzt, daß kein Kongreßmitglied zum Richter in einem der erwähnten Gerichte ernannt wird.

Die im Kongreß versammelten Vereinigten Staaten sind auch die letzte Berufungsinstanz in allen nun bestehenden oder in Zukunft aufkommenden Meinungsverschiedenheiten und Streitigkeiten zwischen zwei oder mehreren Staaten hinsichtlich ihrer Grenzen, Rechtsbereiche oder irgendwelcher anderer Angelegenheiten; diese Autorität wird stets auf die folgende Weise ausgeübt: Sobald die Legislative, die Exekutivgewalt oder ein gesetzlicher Vertreter eines Staates, der mit einem anderen Staat im Konflikt steht, eine die Angelegenheit vortragende Petition an den Kongreß richtet und um Anhörung bittet, wird auf Anordnung des Kongresses die Legislative oder Exekutivgewalt des anderen beteiligten Staates unterrichtet, und es wird ein Termin für das Erscheinen beider Parteien in den

Personen ihrer gesetzesmäßigen Vertreter festgesetzt, die dann angewiesen werden, in gemeinsamem Einverständnis Schlichter oder Richter zu ernennen, welche ein Gericht zur Anhörung und Entscheidung der betreffenden Angelegenheit bilden werden; wenn sie jedoch zu keiner Übereinstimmung kommen, wird der Kongreß aus jedem Staat drei Personen benennen, und aus der Liste dieser Personen wird jede der Parteien abwechselnd eine Person ausstreichen, wobei der Antragsteller beginnt, bis die Zahl auf dreizehn reduziert ist; und aus dieser Zahl werden nicht weniger als sieben und nicht mehr als neun Namen, nach Maßgabe des Kongresses, in Gegenwart des Kongresses ausgelost; und die Personen, deren Namen gezogen werden, oder mindestens fünf von ihnen, werden Schlichter oder Richter sein, um die Streitigkeit anzuhören und in letzter Instanz zu entscheiden, und zwar so, daß immer eine Mehrzahl der Richter, die zur Anhörung der Angelegenheit eingesetzt sind, hinsichtlich des Beschlusses übereinstimmt. Und falls eine der Parteien es versäumt, am festgesetzten Tag zu erscheinen, ohne eine Begründung vorweisen zu können, die der Kongreß für hinreichend erachtet, oder wenn eine anwesende Partei sich weigert, Namen von der Liste zu streichen, wird der Kongreß aus jedem Staat drei Personen nominieren und der Schriftführer des Kongresses wird für die abwesende oder sich weigernde Partei Namen von der Liste streichen; und Urteil und Entscheidung des auf die oben beschriebene Weise zu ernennenden Gerichts werden abschließend und endgültig sein; und sollte eine der Parteien sich weigern, sich der Autorität des Gerichts zu unterwerfen oder zu erscheinen oder ihr Anliegen zu verteidigen, wird das Gericht trotzdem Urteil und Entscheidung treffen, und dieses Urteil wird ebenso abschließend und endgültig sein, wobei in jedem Fall das Urteil oder die Entscheidung und andere Verhandlungsunterlagen an den Kongreß weitergeleitet werden und zur Sicherheit der betroffenen Parteien bei den vom Kongreß erlassenen Gesetzen hinterlegt werden: dies alles unter der Voraussetzung, daß jeder der ernannten Schlichter, bevor er zur Urteilsfindung eingesetzt wird, einen Eid ablegt, der von einem der Richter des obersten Gerichtshofs desjenigen Staates abgenommen wird, in dem die Verhandlung stattfinden wird, "die Sache gut und wahrhaftig anzuhören und nach bestem Wissen und Gewissen zu entscheiden, ohne eine Seite zu begünstigen oder auf Belohnung zu hoffen"; unter der Voraussetzung auch, daß keinem Staat zugunsten der Vereinigten Staaten Gebiet entzogen wird.

[Es gibt] Kontroversen, die das Privateigentum an Boden betreffen und darauf zurückgehen, daß dieselben Ländereien von zwei oder mehreren Staaten mehrmals vergeben wurden, deren Zuständigkeit, was diese Ländereien und die Staaten, die sie vergeben haben, angeht, inzwischen korrigiert wurde; wofern vorgebracht wird, daß Anspruch auf diese Ländereien, oder eine von ihnen, schon vor der Korrektur der Zuständigkeit entstand, werden alle diese Kontroversen, auf die Petition einer Seite an den Kongreß der Vereinigten Staaten hin, endgültig entschieden auf möglichst gleiche Weise wie weiter oben vorgeschrieben hinsichtlich der Entscheidung von Streitigkeiten hinsichtlich Rechtszuständigkeit zwischen verschiedenen Staaten.

Auch haben die im Kongreß versammelten Vereinigten Staaten das alleinige und ausschließliche Recht und die Vollmacht, die Legierung und den Wert der Münzen zu bestimmen, die von ihnen selbst oder einzelnen Staaten geschlagen werden; die Gewichte und Maße in den ganzen Vereinigten Staaten zu standardisieren; den Handel mit denjenigen Indianern, die zu keinem der Staaten gehören, zu regulieren und alle ihre Angelegenheiten in die Hand zu nehmen, vorausgesetzt, daß das Gesetzgebungsrecht eines Staates innerhalb seiner Grenzen weder eingeschränkt noch verletzt wird. Auch haben sie das Recht, Postbureaus von einem Staat zum anderen in den gesamten Vereinigten Staaten einzurichten und gesetzlich zu regeln, sowie auf Papiere, die vom Postdienst befördert werden, Porto zu erheben, und zwar in der Höhe, die nötig sein wird, die Ausgaben eines solchen Dienstes zu bestreiten. Sie haben das Recht, alle Offiziere der Landstreitkräfte, die im Dienste der Vereinigten Staaten stehen – mit Ausnahme der Regimentsoffiziere – zu ernennen; alle Offiziere der Marinestreitkräfte zu ernennen und allen Offizieren jeglicher Art, die im Dienste der Vereinigten Staaten stehen, die Offizierspatente auszustellen; Richtlinien zur Führung und Reglementierung der genannten Land- und Marinestreitkräfte zu erlassen und ihre Unternehmungen zu leiten.

Die im Kongreß versammelten Vereinigten Staaten haben das Recht, für die sitzungslose Zeit des Kongresses einen Ausschuß zu bestellen, der "Staatenausschuß" genannt wird und aus einem Delegierten pro Staat besteht, und solch andere Ausschüsse und Verwaltungsbeamte zu bestellen, wie zur Führung der allgemeinen Geschäfte der Vereinigten Staaten unter der Leitung des Staatenausschusses notwendig sein werden; und einem der Ausschußmitglieder den Vorsitz zu übertragen, vorausgesetzt, daß niemandem gestattet wird, innerhalb eines Zeitraums von drei Jahren länger als ein Jahr den Posten des Vorsitzenden innezuhaben. Die im Kongreß versammelten Vereinigten Staaten haben die Autorität, die Summen festzulegen, die für die Aufgaben der Vereinigten Staaten aufzubringen sind und diese Gelder zur Bezahlung öffentlicher Ausgaben zu bewilligen und zu verwenden; Kredite aufzunehmen oder Regierungsobligationen zu begeben, wobei jedes halbe Jahr den jeweiligen Staaten eine Aufstellung über die Geldsummen, die auf diese Art geliehen oder ausgegeben wurden, weiterzuleiten ist; sie haben das Recht, eine Flotte zu bauen und auszurüsten, die Zahl der Landstreitkräfte festzusetzen und von jedem Staat seinen Beitrag zur Truppenstärke zu fordern, der im Verhältnis zur Zahl der weißen Einwohner eines solchen Staates stehen soll; diese Anforderungen sind bindend; und die Legislative eines jeden Staates ernennt daraufhin auf Kosten der Vereinigten Staaten die Regimentsoffiziere, hebt die Mannschaften aus, bekleidet sie, bewaffnet sie und rüstet sie militärisch aus. Die solchermaßen eingekleideten, bewaffneten und ausgerüsteten Offiziere und Mannschaften marschieren innerhalb der Zeit, auf die sich die im Kongreß versammelten Vereinigten Staaten geeinigt hatten, zum vereinbarten Treffpunkt. Wenn aber die im Kongreß versammelten Vereinigten Staaten in Anbetracht der Umstände es für nötig erachten werden, daß einer der Staaten keine Soldaten oder eine kleinere Anzahl, als seine Quote vorschreibt, ausheben soll, und einer der anderen Staaten eine größere Anzahl von Männern mustern soll, als seiner Quote entspricht, wird diese zusätzliche Anzahl in derselben Art und Weise wie die Quote des Staates ausgehoben, mit Offizieren versehen, eingekleidet, bewaffnet und ausgerüstet, es sei denn, die Legislative eines solchen Staates entscheidet, daß diese zusätzliche Anzahl von Männern nicht entbehrt werden kann, ohne die Sicherheit des Staates zu gefährden. In diesem Fall werden sie so viele, wie ihrer Meinung nach ohne Gefährdung entbehrt werden können, von der zusätzlich geforderten Anzahl ausheben, Offiziere für sie ernennen, sie einkleiden, bewaffnen und ausrüsten. Und die solchermaßen eingekleideten, bewaffneten und ausgerüsteten Offiziere und Mannschaften marschieren innerhalb der von den im Kongreß versammelten Vereinigten Staaten vereinbarten Zeit zum angegebenen Ort.

Die im Kongreß versammelten Vereinigten Staaten werden niemals an einem Krieg teilnehmen, in Friedenszeiten Kaper- und Repressalienbriefe ausstellen, Verträge schließen oder Allianzen beitreten, Geld prägen oder seinen Wert regulieren, Beträge und Ausgaben für die Verteidigung und das Wohlergehen der Vereinigten Staaten als ganzes oder einen einzelnen festsetzen, auch keine Obligationen ausgeben, kein Geld zu Lasten der Vereinigten Staaten aufnehmen, kein Geld bestimmten Zwecken zuteilen, keine Entscheidung darüber treffen, ob Kriegsschiffe gebaut oder gekauft werden sollen, ob die Zahl der Land- oder Marinestreitkräfte erhöht werden soll, und keine Oberbefehlshaber für die Armee oder Marine bestimmen, wenn nicht neun Staaten zustimmen. Es soll auch keine andere Angelegenheit, außer die Vertagung auf den nächsten Tag, anders entschieden werden als durch die Stimmen einer Mehrheit der im Kongreß versammelten Vereinigten Staaten.

Der Kongreß der Vereinigten Staaten hat die Vollmacht, sich auf jede beliebige Zeit innerhalb des Jahres und an jeden beliebigen Ort zu vertagen, doch soll der Zeitraum zwischen zwei Sitzungen nicht länger als sechs Monate betragen. Der Kongreß soll das Journal seiner Tätigkeit monatlich veröffentlichen, ausgenommen diejenigen Teile, welche Verträge, Bündnisse oder militärische Operationen betreffen, die nach seinem Urteil Geheimhaltung verlangen; die Ja und Neinstim men der Delegierten aller Staaten in jeder Angelegenheit sollen auf Wunsch eines Delegierten in das Journal mit aufgenommen werden; auch sollen die Delegierten eines Staates, oder auch nur ein Delegierter, auf Verlangen eine Kopie des genannten Journals erhalten, mit Ausnahme der Teile, die oben von der Veröffentlichung ausgenommen wurden, um sie den Legislativen der Einzelstaaten vorzulegen.

Artikel 10
Der Staatenausschuß oder neun seiner Mitglieder sind berechtigt, in der sitzungslosen Zeit des Kongresses diejenigen Vollmachten des letzteren auszuüben, mit welchen die im Kongreß versammelten Vereinigten Staaten durch Zustimmung von neun Staaten ihn jeweils auszustatten für ratsam halten; vorausgesetzt, daß dem genannten Ausschuß keine Vollmacht delegiert wird, zu deren Ausübung

laut den Konföderationsartikeln die Stimme von neun Staaten im versammelten Kongreß der Vereinigten Staaten Voraussetzung ist.

Artikel 11

Tritt Kanada dieser Konföderation bei und schließt sich dem Vorgehen der Vereinigten Staaten an, so soll es in die Union aufgenommen und all ihrer Vorteile teilhaftig werden; aber keine andere Kolonie darf aufgenommen werden, es sei denn, die Aufnahme wird von neun Staaten genehmigt.

Artikel 12

Alle Staatsobligationen, Anleihen und Schulden, die durch oder unter Autorität des Kongresses vor dem Zusammentreten der Vereinigten Staaten begeben oder aufgenommen wurden, um diese Konföderation zu ermöglichen, werden als Verbindlichkeit der Vereinigten Staaten erachtet und angesehen, für deren Bezahlung und Abtragung die besagten Vereinigten Staaten und der gute Wille des Gemeinwesens hiermit feierlich in die Pflicht genommen werden.

Artikel 13

Jeder Staat soll den Entscheidungen der im Kongreß versammelten Vereinigten Staaten Folge leisten in allen Fragen, die durch diese Konföderation den Vereinigten Staaten vorgelegt werden. Und die Konföderationsartikel sind von jedem Staat unverändert einzuhalten, und die Union ist immerwährend; auch soll in Zukunft nichts an den Artikeln geändert werden, es sei denn, eine solche Änderung werde im Kongreß der Vereinigten Staaten beschlossen und sie werde danach von der Legislatur eines jeden Staates bestätigt.

Diese Artikel sind den Legislaturen eines jeden der Vereinigten Staaten zur Beratung vorzulegen, und wenn diese sie annehmen, sollen sie ihre Delegierten autorisieren, die Artikel im Kongreß der Vereinigten Staaten zu ratifizieren; sobald dies geschehen ist, werden sie in Kraft treten.

3. Die Verfassung (1787)

3.1 Allgemeines

Nach der Gewinnung der Unabhängigkeit 1783 wurde bald deutlich, daß die *Articles of Confederation* keine adäquate Verfassung für den neuen Staat darstellten. Delegierte Virginias, Delawares, New Yorks, New Jerseys und Pennsylvanias trafen sich daher im September 1786 in Annapolis MD und forderten eine Versammlung von Delegierten aller Staaten zur Verfassungsberatung. Der (Kontinental-)Kongreß stimmte am 21.2.1787 zu, und am 14.5.1787 versammelten sich daraufhin in Philadelphia Delegierte von zwölf Staaten (Rhode Island fehlte).

Unter dem Vorsitz George Washingtons wurde unter strenger Geheimhaltung ein neuer Verfassungsentwurf ausgearbeitet, den 39 Delegierte am 17.9.1787 unterzeichneten. Der Entwurf ging an den (Kontinental-)Kongreß, der ihn am 28.9. an die 13 Einzelstaaten zur Ratifizierung durch eigens zu berufende Ratifikationsversammlungen (conventions) sandte. Diese ratifizierten in der aus Tabelle 23 ersichtlichen Reihenfolge. Da gemäß dem Entwurf die Ratifizierung durch neun Staaten genügte, entschied die Ratifizierung durch New Hampshire (21.6.1788) die Annahme. Am 4.3.1789 begann mit dem (unvollständigen) Zusammentritt des neuen Kongresses das Staatsleben unter der neuen, noch heute gültigen Verfassung.

3.2 Text der Verfassung (englisch)

The Constitution of the United States of America (September 17, 1787)

Preamble
We the People of the United States, in Order to form a more perfect Union, establish Justice, insure domestic Tranquility, provide for the common defence, promote the general Welfare, and secure the Blessings of Liberty to ourselves and our Posterity, do ordain and establish this Constitution for the United States of America.

Article I
Section 1. All legislative Powers herein granted shall be vested in a Congress of the United States, which shall consist of a Senate and House of Representatives.

Section 2. The House of Representatives shall be composed of Members chosen every second Year by the People of the several States, and the Electors in each State shall have the Qualifications requisite for Electors of the most numerous Branch of the State Legislature.

No Person shall be a Representative who shall not have attained to the Age of twenty five Years, and been seven Years a Citizen of the United States, and who shall not, when elected, be an inhabitant of that State in which he shall be chosen.

Representatives and direct Taxes shall be apportioned among the several States which may be included within this Union, according to their respective Numbers, [which shall be determined by adding to the whole Number of free Persons, including those bound to Service for a Term of Years, and excluding Indians not taxed, three fifths of all other Persons.][1] The actual Enumeration shall be made within three Years after the first Meeting of the Congress of the United States, and within every subsequent Term of ten Years, in such Manner as they shall by Law

---

[1] The passage in brackets [...] was superseded by the Fourteenth Amendment.

direct. The Number of Representatives shall not exceed one for every thirty Thousand, but each State shall have at Least one Representative and until such enumeration shall be made, the State of New Hampshire shall be entitled to chuse three, Massachusetts eight, Rhode-Island and Providence Plantations one, Connecticut five, New-York six, New Jersey four, Pennsylvania eight, Delaware one, Maryland six, Virginia ten, North Carolina five, South Carolina five, and Georgia three.[2]

When vacancies happen in the Representation from any State, the Executive Authority thereof shall issue Writs of Election to fill such Vacancies.

The House of Representatives shall chuse their Speaker and other Officers; and shall have the sole Power of Impeachment.

Section 3. The Senate of the United States shall be composed of two Senators from each State, [chosen by the Legislature thereof][3] for six Years; and each Senator shall have one Vote.

Immediately after they shall be assembled in Consequence of the first Election, they shall be divided as equally as may be into three Classes. The Seats of the Senators of the first Class shall be vacated at the Expiration of the second Year, of the second Class at the Expiration of the fourth Year, and of the third Class at the Expiration of the sixth Year, so that one third may be chosen every second Year, [and if Vacancies happen by Resignation, or otherwise, during the Recess of the Legislature of any State, the Executive thereof may make temporary Appointments until the next Meeting of the Legislature, which shall then fill such Vacancies.][4]

No Person shall be a Senator who shall not have attained to the Age of thirty Years, and been nine Years a Citizen of the United States, and who shall not, when elected, be an Inhabitant of that State for which he shall be chosen.

The Vice President of the United States shall be President of the Senate, but shall have no Vote, unless they be equally divided.

The Senate shall chuse their other Officers, and also a President pro tempore, in the Absence of the Vice President, or when he shall exercise the Office of President of the United States.

The Senate shall have the sole Power to try all Impeachments. When sitting for that Purpose, they shall be on Oath or Affirmation. When the President of the United States is tried, the chief Justice shall preside: and no Person shall be convicted without the concurrence of two thirds of the Members present.

Judgment in Cases of Impeachment shall not extend further than to removal from Office, and disqualification to hold and enjoy any Office of honor, Trust or Profit under the United States: but the Party convicted shall nevertheless be liable and subject to Indictment, Trial, Judgment and Punishment, according to Law.

---

[2] Last clause superseded.
[3] Superseded by the Seventeenth Amendment.
[4] Modified by the Seventeenth Amendment.

Section 4. The Times, Places and Manner of holding Elections for Senators and Representatives shall be prescribed in each State by the Legislature thereof; but the Congress may at any time by Law make or alter such Regulations, except as to the Places of chusing Senators.

[The Congress shall assemble at least once in every Year, and such Meeting shall be on the first Monday in December, unless they shall by Law appoint a different Day.][5]

Section 5. Each House shall be the Judge of the Elections, Returns and Qualifications of its own Members, and a Majority of each shall constitute a Quorum to do Business; but a smaller Number may adjourn from day to day, and may be authorized to compel the Attendance of absent Members, in such Manner, and under such Penalties as each House may provide.

Each House may determine the Rules of its Proceedings, punish its Members for disorderly Behaviour, and, with the Concurrence of two thirds, expel a Member.

Each House shall keep a Journal of its Proceedings, and from time to time publish the same, excepting such Parts as may in their Judgment require Secrecy; and the Yeas and Nays of the Members of either House on any question shall, at the Desire of one fifth of those Present, be entered on the Journal.

Neither House, during the Session of Congress, shall, without the Consent of the other, adjourn for more than three days, nor to any other Place than that in which the two Houses shall be sitting.

Section 6. The Senators and Representatives shall receive a Compensation for their Services, to be ascertained by Law, and paid out of the Treasury of the United States. They shall in all Cases, except Treason, Felony and Breach of the Peace, be privileged from Arrest during their Attendance at the Session of their respective Houses, and in going to and returning from the same; and for any Speech or Debate in either House, they shall not be questioned in any other Place.

No Senator or Representative shall, during the Time for which he was elected, be appointed to any civil Office under the Authority of the United States, which shall have been created, or the Emoluments whereof shall have been encreased during such time; and no Person holding any Office under the United States, shall be a Member of either House during his Continuance in Office.

Section 7. All bills for raising Revenue shall originate in the House of Representatives: but the Senate may propose or concur with Amendments as on other Bills.

Every Bill which shall have passed the House of Representatives and the Senate, shall, before it become a Law, be presented to the President of the United States. If he approve he shall sign it, but if not he shall return it, with his Objections to that House in which it shall have originated, who shall enter the Objections at large on their Journal, and proceed to reconsider it. If after such Reconsideration

---

[5] Superseded by the Twentieth Amendment.

two thirds of that House shall agree to pass the Bill, it shall be sent, together with the Objections, to the other House, by which it shall likewise be reconsidered, and if approved by two thirds of that House, it shall become a Law. But in all such Cases the Votes of both Houses shall be determined by Yeas and Nays, and the Names of the Persons voting for and against the Bill shall be entered on the Journal of each House respectively. If any Bill shall not be returned by the President within ten Days (Sundays excepted) after it shall have been presented to him, the Same shall be a Law, in like Manner as if he had signed it, unless the Congress by their Adjournment prevent its Return, in which Case it shall not be a Law.

Every Order, Resolution, or Vote to which the Concurrence of the Senate and House of Representatives may be necessary (except on a question of Adjournment) shall be presented to the President of the United States; and before the Same shall take Effect, shall be approved by him, or being disapproved by him, shall be repassed by two thirds of the Senate and House of Representatives, according to the Rules and Limitations prescribed in the Case of a Bill.

Section 8. The Congress shall have Power to lay and collect Taxes, Duties, Imposts and Excises, to pay the Debts and provide for the common Defence and general Welfare of the United States; but all Duties, Imposts and Excises shall be uniform throughout the United States:

To borrow Money on the credit on the United States;

To regulate Commerce with foreign Nations, and among the several States, and with the Indian Tribes;

To establish an uniform rule of Naturalization, and uniform Laws on the subject of Bankruptcies throughout the United States;

To coin Money, regulate the Value thereof, and of foreign Coin, and fix the Standard of Weights and Measures;

To provide for the Punishment of counterfeiting the Securities and current Coin of the United States;

To establish Post Offices and post Roads;

To promote the Progress of Science and useful Arts, by securing for limited times to Authors and Inventors the exclusive Right to their respective Writings and Discoveries;

To constitute Tribunals inferior to the supreme Court;

To define and punish Piracies and Felonies committed on the high Seas, and Offences against the Law of Nations;

To declare War, grant Letters of Marque and Reprisal, and make Rules concerning Captures on Land and Water;

To raise and support Armies, but no Appropriation of Money to that Use shall be for a longer Term than two Years;

To provide and maintain a Navy;

To make rules for the Government and Regulation of the land and naval Forces;

To provide for calling forth the Militia to execute the Laws of the Union, suppress Insurrections and repel Invasions;

To provide for organizing, arming, and disciplining, the Militia, and for governing such Part of them as may be employed in the Service of the United States, reserving to the States respectively, the Appointment of the Officers, and the Authority of training the Militia according to the discipline prescribed by Congress;

to exercise exclusive Legislation in all Cases whatsoever, over such District (not exceeding ten Miles square) as may, by Cession of particular States, and the Acceptance of Congress, become the Seat of the Government of the United States, and to exercise like Authority over all Places purchased by the Consent of the Legislature of the State in which the Same shall be, for the Erection of Forts, Magazines, Arsenals, dock-Yards, and other needful buildings; – And

To make all Laws which shall be necessary and proper for carrying into Execution the foregoing Powers, and all other Powers vested by this Constitution in the Government of the United States, or in any Department or Officer thereof.

Section 9. The Migration or Importation of such Persons as any of the States now existing shall think proper to admit, shall not be prohibited by the Congress prior to the Year one thousand eight hundred and eight, but a Tax or duty may be imposed on such Importation, not exceeding ten dollars for each Person[6].

The Privilege of the Writ of Habeas Corpus shall not be suspended, unless when in Cases of Rebellion or Invasion the public safety may require it.

No Bill of Attainder or ex post facto Law shall be passed.

No Capitation, or other direct, Tax shall be laid, unless in Proportion to the Census or Enumeration herein before directed to be taken[7].

No Tax or Duty shall be laid on Articles exported from any State.

No Preference shall be given by any Regulation of Commerce or Revenue to the Ports of one State over those of another; nor shall Vessels bound to, or from, one State, be obliged to enter, clear, or pay Duties in another.

No money shall be drawn from the Treasury but in Consequence of Appropriations made by Law; and a regular Statement and Account of the Receipts and Expenditures of all public Money shall be published from time to time.

No Title of Nobility shall be granted by the United States: And no Person holding any Office of Profit or Trust under them, shall, without the Consent of the Congress, accept of any present, Emolument, Office, or Title, of any kind whatever, from any King, Prince, or foreign State.

Section 10. No State shall enter into any Treaty, Alliance, or Confederation; grant Letters of Marque and Reprisal; coin Money; emit Bills of Credit; make any Thing but gold and silver Coin a Tender in Payment of Debts; pass any Bill of Attainder, ex post facto Law, or Law impairing the Obligation of Contracts, or grant any Title of Nobility.

---

[6] Superseded.
[7] Modified by the Sixteenth Amendment.

No State shall, without the Consent of the Congress, lay any Imposts or Duties on Imports or Exports, except what may be absolutely necessary for executing it's inspection laws; and the net Produce of all Duties and Imposts, laid by any State on Imports or Exports, shall be for the Use of the Treasury of the United States; and all such Laws shall be subject to the Revision and Control of the Congress.

No State shall, without the Consent of Congress, lay any Duty of Tonnage, keep Troops, or Ships of War in time of Peace, enter into any Agreement or Compact with another State, or with a foreign Power, or engage in War, unless actually invaded, or in such imminent Danger as will not admit of delay.

Article II

Section 1. The executive Power shall be vested in a President of the United States of America. He shall hold his Office during the Term of four Years, and, together with the Vice President, chosen for the same Term, be elected, as follows.

Each State shall appoint, in such Manner as the Legislature thereof may direct, a Number of Electors, equal to the whole Number of Senators and Representatives to which the State may be entitled in the Congress; but no Senator or Representative, or Person holding an Office of Trust or Profit under the United States, shall be appointed an Elector.

[The Electors shall meet in their respective States, and vote by Ballot for two Persons, of whom one at least shall not be an Inhabitant of the same State with themselves. And they shall make a List of all the Persons voted for, and of the Number of Votes for each; which list they shall sign and certify, and transmit sealed to the Seat of the Government of the United States, directed to the President of the Senat. The President of the Senate shall, in the Presence of the Senate and House of Representatives, open all the Certificates, and the Votes shall then be counted. The person having the greatest Number of Votes shall be the President, if such Number be a Majority of the whole Number of Electors appointed; and if there be more than one who have such Majority, and have an equal Number of Votes, then the House of Representatives shall immediately chuse by Ballot one of them for President; and if no Person have a Majority, then from the five highest on the List the said House shall in like Manner chuse the President. But in chusing the President, the Votes shall be taken by States, the Representation from each State having one Vote; A quorum for this purpose shall consist of a Member or Members from two thirds of the States, and a Majority of all the States shall be necessary to a Choice. In every Case, after the Choice of the President, the Person having the greatest Number of Votes of the Electors shall be the Vice President. But if there should remain two or more who have equal Votes, the Senate shall chuse from them by Ballot the Vice President.][8]

The Congress may determine the time of chusing the Electors, and the Day on which they shall give their Votes; which Day shall be the same throughout the United States.

---

[8] Superseded by the Twelfth Amendment.

No Person except a natural born Citizen, or a Citizen of the United States, at the time of the Adoption of this Constitution, shall be eligible to the Office of President; neither shall any Person be eligible to that Office who shall not have attained to the Age of thirty five Years, and been fourteen Years a Resident within the United States.

In Case of the Removal of the President from Office, or of his Death, Resignation, or Inability to discharge the Powers and Duties of the Said Office[9], the Same shall devolve on the Vice President, and the Congress may by Law provide for the Case of Removal, Death, Resignation or Inability, both of the President and Vice President, declaring what Officer shall then act as President, and such Officer shall act accordingly, until the Disability be removed, or a President shall be elcted.[10]

The President shall, at stated Times, receive for his Services, a Compensation, which shall neither be encreased nor diminished during the Period for which he shall have been elected, and he shall not receive within that Period any other Emolument from the United States, or any of them.

Before he enter on the Execution of his Office, he shall take the following Oath or Affirmation: – "I do solemnly swear (or affirm) that I will faithfully execute the Office of President of the United States, and will to the best of my Ability, preserve, protect and defend the Constitution of the United States."

Section 2. The President shall be Commander in Chief of the Army and Navy of the United States, and of the Militia of the several States, when called into the actual Service of the United States; he may require the Opinion, in writing, of the principal Officer in each of the executive Departments, upon any Subject relating to the Duties of their respective Offices, and he shall have Power to grant Reprieves and Pardons for Offenses against the United States, except in Cases of Impeachment.

He shall have Power, by and with the Advice and Consent of the Senate, to make Treaties, provided two thirds of the Senators present concur; and he shall nominate, and by and with the Advice and Consent of the Senate, shall appoint Ambassadors, other public Ministers and Consuls, Judges of the supreme Court, and all other Officers of the United States, whose Appointments are not herein otherwise provided for, and which shall be established by Law: but the Congress may by Law vest the Appointment of such inferior Officers, as they think proper, in the President alone, in the Courts of Law, or in the Heads of Departments.

The President shall have Power to fill up all Vacancies that happen during the Recess of the Senate, by granting Commissions which shall expire at the End of their next Session.

Section 3. He shall from time to time give to the Congress Information of the State of the Union, and recommend to their Consideration such Measures as he shall judge necessary and expedient; he may, on extraordinary Occasions, convene

---

[9] Modified by the Twenty-fifth Amendment.
[10] Modified by the Twentieth Amendment.

both Houses, or either of them, and in Case of Disagreement between them, with Respect to the Time of Adjournment, he may adjourn them to such Time as he shall think proper; he shall receive Ambassadors and other public Ministers; he shall take Care that the Laws be faithfully executed, and shall Commission all Officers of the United States.

Section 4. The President, Vice President and all civil Officers of the United States, shall be removed from Office on Impeachment for, and Conviction of, Treason, Bribery, or other high Crimes and Misdemeanors.

Article III

Section 1. The judicial Power of the United States, shall be vested in one supreme Court, and in such inferior Courts as the Congress may from time to time ordain and establish. The Judges, both of the supreme and inferior Courts, shall hold their Offices during good Behaviour, and shall, at stated Times, receive for their Services, a Compensation, which shall not be diminished during their Continuance in Office.

Section 2. The judicial Power shall extend to all Cases, in Law and Equity, arising under this Constitution, the Laws of the United States, and Treaties made, or which shall be made, under their authority; – to all Cases affecting Ambassadors, other public Ministers and Consuls; – to all Cases of admiralty and maritime Jurisdiction; – to Controversies to which the United States shall be a Party; – to Controversies between two or more States; – between a State and Citizens of another State;[11] – between Citizens of the same State claiming Lands under Grants of different States, and between a state, or the Citizens thereof, and foreign States, Citizens or Subjects.

In all cases affecting Ambassadors, other public Ministers and Consuls, and those in which a State shall be Party, the supreme Court shall have original Jurisdiction. In all the other Cases before mentioned, the supreme Court shall have appellate Jurisdiction, both as to Law and Fact, with such Exceptions, and under such Regulations as the Congress shall make.

The Trial of all Crimes, except in Cases of Impeachment, shall be by Jury; and such Trial shall be held in the State where the said Crimes shall have been committed, but when not committed within any State, the Trial shall be at such Place or Places as the Congress may by law have directed.

Section 3. Treason against the United States, shall consist only in levying War against them, or in adhering to their Enemies, giving them Aid and Comfort. No Person shall be convicted of Treason unless on the Testimony of two Witnesses to the same overt Act, or on Confession in open Court.

The Congress shall have Power to declare the Punishment of Treason, but no Attainder of Treason shall work Corruption of Blood, or Forfeiture except during the Life of the Person attainted.

---

[11] Modified by the Eleventh Amendment.

Article IV

Section 1. Full Faith and Credit shall be given in each State to the public Acts, Records, and judicial Proceedings of every other State. And the Congress may by general Laws prescribe the Manner in which such Acts, Records and Proceedings shall be proved, and the Effect thereof.

Section 2. The Citizens of each State shall be entitled to all Privileges and Immunities of Citizens in the several States.[12]

A Person charged in any State with Treason, Felony, or other Crime, who shall flee from Justice, and be found in another State, shall on Demand of the executive Authority of the State from which he fled, be delivered up, to be removed to the State having Jurisdiction of the Crime.

[No Person held to Service or Labour in one State, under the Laws thereof, escaping into another, shall, in Consequence of any Law or Regulation therein, be discharged from such Service or Labour, but shall be delivered up on Claim of the Party to whom such Service of Labour may be due.][13]

Section 3. New States may be admitted by the Congress into this Union; but no new State shall be formed or erected within the Jurisdiction of any other State; nor any State be formed by the Junction of two or more States, or Parts of States, without the Consent of the Legislatures of the States concerned as well as of the Congress.

The Congress shall have Power to dispose of and make all needful Rules and Regulations respecting the Territory or other Property belonging to the United States; and nothing in this Constitution shall be so construed as to Prejudice any Claims of the United States, or of any particular State.

Section 4. The United States shall guarantee to every State in this Union a Republican Form of Government, and shall protect each of them against Invasion; and on Application of the Legislature, or of the Executive (when the Legislature cannot be convened) against domestic Violence.

Article V

The Congress, whenever two thirds of both Houses shall deem it necessary, shall propose Amendments to this Constitution, or, on the Application of the Legislatures of two thirds of the several States, shall call a convention for proposing Amendments, which, in either Case, shall be valid to all Intents and Purposes, as Part of this Constitution, when ratified by the Legislatures of three fourths of the several States, or by conventions in three fourths thereof, as the one or the other. Mode of Ratification may be proposed by the Congress; Provided that no Amendment which may be made prior to the Year One thousand eight hundred and eight shall in any Manner affect the first and fourth Clauses in the Ninth Section of the

---

[12] Superseded by the Fourteenth Amendment.
[13] Superseded by the Thirteenth Amendment.

first Article,[14] and that no State, without its Consent, shall be deprived of its equal Suffrage in the Senate.

Article VI

All Debts contracted and Engagements entered into, before the Adoption of this Constitution, shall be as valid against the United States under this Constitution, as under the Confederation.[15]

This Constitution, and the Laws of the United States, shall be the supreme Law of the Land; and the Judges in every State shall be bound thereby, any Thing in the Constitution or Laws of any State to the Contrary notwithstanding.

The Senators and Representatives before mentioned, and the Members of the several State Legislatures, and all executive and judicial Officers, both of the United States and of the several States, shall be bound by Oath or Affirmation, to support this Constitution; but no religious Test shall ever be required as a Qualification to any Office or public Trust under the United States.

Article VII

The Ratification of the Conventions of nine States, shall be sufficient for the Establishment of this Constitution between the States so ratifying the Same.

Done in Convention by the Unanimous Consent of the States present the Seventeenth Day of September in the Year of our Lord one thousand seven hundred and Eighty seven and of the Independence of the United States of America the Twelfth.

In witness whereof We have hereunto subscribed our Names. G. Washington, *President and deputy from Virginia; Attest* William Jackson, *Secretary; Delaware:* Geo. Read, Gunning Bedford, jr., John Dickinson, Richard Bassett, Jaco. Broom; *Maryland:* James McHenry, Daniel of St. Thomas Jenifer, Daniel Carroll; *Virginia:* John Blair, James Madison, Jr.; *North Carolina:* Wm. Blount, Richd. Dobbs Spaight, Hu Williamson; *South Carolina:* J. Rutledge. Charles Cotesworth Pinckney, Charles Pinckney, Pierce Butler; *Georgia:* William Few, Abr. Baldwin; *New Hampshire:* John Langdon, Nicholas Gilman; *Massachusetts:* Nathaniel Gorham, Rufus King; *Connecticut:* Wm. Saml. Johnson, Roger Sherman; *New York:* Alexander Hamilton; *New Jersey:* Wil. Livingston, David Brearley, Wm. Paterson, Jona. Dayton; *Pennsylvania:* B. Franklin, Thomas Mifflin, Robt. Morris, Geo. Clymer, Thos. FitzSimons, Jared Ingersoll, James Wilson, Gouv. Morris.

---

[14] Superseded.

[15] Augmented by the Fourteenth Amendment.

Amendments

Article I[16]
Congress shall make no law respecting an establishment of religion, or prohibiting the free exercise thereof; or abridging the freedom of speech, or of the press; or the right of the people peaceably to assemble, and to petition the Government for a redress of grievances.

Article II
A well regulated Militia, being necessary to the security of a free State, the right of the People to keep and bear Arms, shall not be infringed.

Article III
No Soldier shall, in time of peace, be quartered in any house, without the consent of the Owner, nor in time of war, but in a manner to be prescribed by law.

Article IV
The right of the people to be secure in their persons, houses, papers, and effects, against unreasonable searches and seizures, shall not be violated, and no Warrants shall issue, but upon probable cause, supported by Oath or affirmation, and particularly describing the place to be searched, and the persons or things to be seized.

Article V
No person shall be held to answer for a capital, or otherwise infamous crime, unless on a presentment or indictment of a Grand Jury, except in cases arising in the land or naval forces, or in the Militia, when in actual service in time of War or public danger; nor shall any person be subject for the same offense to be twice put in jeopardy of life or limb; nor shall be compelled in any criminal case to be a witness against himself, nor be deprived of life, liberty, or property, without due process of law; nor shall private property be taken for public use, without just compensation.

Article VI
In all criminal prosecutions, the accused shall enjoy the right to a speedy and public trial, by an impartial jury of the State and district wherein the crime shall have been committed, which district shall have been previously ascertained by law, and to be informed of the nature and cause of the accusation; to be confronted with the witnesses against him; to have compulsory process for obtaining witnesses in his favour, and to have the Assistance of Counsel for his defense.

Article VII
In Suits at common law, where the value in controversy shall exceed twenty dollars, the right of trial by jury shall be preserved, and no fact tried by a jury, shall

---

[16] The first ten Amendments are known as the Bill of Rights. They were proposed by Congress on 25 Sept. 1789; after ratification by three fourths of the states, they became valid on 15 Dec. 1791.

be otherwise re-examined in any Court of the United States, than according to the rules of the common law.

Article VIII
Excessive bail shall not be required, nor excessive fines imposed, nor cruel and unusual punishments inflicted.

Article IX
The enumeration in the constitution, of certain rights, shall not be construed to deny or disparage others retained by the people.

Article X
The powers not delegated to the United States by the Constitution, nor prohibited by it to the States, are reserved to the States respectively, or to the people.

Article XI[17]
The judicial power of the United States shall not be construed to extend to any suit in law or equity, commenced or prosecuted against one of the United States by Citizens of another State, or by Citizens or Subjects of any foreign State.

Article XII[18]
The Electors shall meet in their respective states, and vote by ballot for President and Vice-President, one of whom, at least, shall not be an inhabitant of the same state with themselves; they shall name in their ballots the person voted for as President, and in distinct ballots the person voted for as Vice-President, and they shall make distinct lists of all persons voted for as President, and of all persons voted for as Vice-President, and of the number of votes for each, which lists they shall sign and certify, and transmit sealed to the seat of the government of the United States, directed to the President of the Senate; – The President of the Senate shall, in the presence of the Senate and House of Representatives, open all the certificates and the votes shall then be counted; – The person having the greatest number of votes for President, shall be the President, if such number be a majority of the whole number of Electors appointed; and if no person have such majority, then from the persons having the highest numbers not exceeding three on the list of those voted for as President, the House of Representatives shall choose immediately, by ballot, the President. But in choosing the President, the votes shall be taken by states, the representation from each state having one vote; a quorum for this purpose shall consist of a member or members from two-thirds of the states, and a majority of all the states shall be necessary to a choice. [And if the House of Representatives shall not choose a President whenever the right of choice shall devolve upon them, before the fourth day of March next following, then the Vice-President shall act as President, as in the case of the death or other constitutional

---

[17] Proposed by Congress 5 March 1794; ratified 7 Febr. 1795; valid 8 Jan. 1798.
[18] Proposed by Congress 12 Dec. 1803; valid 25 Sept. 1804.

disability of the President.][19] The person having the greatest number of votes as Vice-President, shall be the Vice-President, if such number be a majority of the whole number of Electors appointed, and if no person have a majority, then from the two highest numbers on the list, the Senate shall choose the Vice-President; a quorum for the purpose shall consist of two-thirds of the whole number of Senators, and a majority of the whole number shall be necessary to a choice. But no person constitutionally ineligible to the office of President shall be eligible to that of Vice-President of the United States.

Article XIII[20]
Section 1. Neither slavery nor involuntary servitude, except as a punishment for crime whereof the party shall have been duly convicted, shall exist within the United States, or any place subject to their jurisdiction.

Section 2. Congress shall have power to enforce this article by appropriate legislation.

Article XIV[21]
Section 1. All persons born or naturalized in the United States, and subject to the jurisdiction thereof, are citizens of the United States and of the State wherein they reside. No State shall make or enforce any law which shall abridge the privileges or immunities of citizens of the United States; nor shall any State deprive any person of life, liberty, or property, without due process of law; nor deny to any person within its jurisdiction the equal protection of the laws.

Section 2. Representatives shall be apportioned among the several States according to their respective numbers, counting the whole number of persons in each State, excluding Indians not taxed. But when the right to vote at any election for the choice of electors for President and Vice President of the United States, Representatives in Congress, the Executive and Judicial officers of a State, or the members of the Legislature thereof, is denied to any of the male inhabitants of such State, being twenty-one years of age, and citizens of the United States, or in any way abridged, except for participation in rebellion, or other crime, the basis of representation therein shall be reduced in the proportion which the number of such male citizens shall bear to the whole number of male citizens twenty-one years of age in such State.

Section 3. No person shall be a Senator or Representative in Congress, or elector of President and Vice President, or hold any office, civil or military, under the United States, or under any State, who, having previously taken an oath, as a member of Congress, or as an officer of the United States, or as a member of any State legislature, or as an executive or judicial officer of any State, to support the Constitu-

---

[19] Superseded by the Twentieth Amendment.
[20] Proposed by Congress 1 Feb. 1865; valid 18 Dec. 1865.
[21] Proposed by Congress 16 June 1866; valid 28 July 1868.

tion of the United States, shall have engaged in insurrection or rebellion against the same, or given aid and comfort to the enemies thereof. But Congress may by a vote of two-thirds of each House, remove such disability.

Section 4. The validity of the public debt of the United States, authorized by law, including debts incurred for payment of pensions and bounties for services in suppressing insurrection or rebellion, shall not be questioned. But neither the United States nor any State shall assume or pay any debt or obligation, incurred in aid of insurrection or rebellion against the United States, or any claim for the loss or emancipation of any slave; but all such debts, obligations, and claims shall be held illegal and void.

Section 5. The Congress shall have power to enforce, by appropriate legislation, the provisions of this article.

Article XV[22]
Section 1. The right of citizens of the United States to vote shall not be denied or abridged by the United States or by any State on account of race, color, or previous condition of servitude.

Section 2. The Congress shall have power to enforce this article by appropriate legislation.

Article XVI[23]
The Congress shall have power to lay and collect taxes on incomes, from whatever source derived, without apportionment among the several States, and without regard to any census or enumeration.

Article XVII[24]
The Senate of the United States shall be composed of two Senators from each State, elected by the people thereof, for six years; and each Senator shall have one vote. The electors in each State shall have the qualifications requisite for electors of the most numerous branch of the State legislatures.

When vacancies happen in the representation of any State in the Senate, the executive authority of such State shall issue writs of election to fill such vacancies; *Provided,* That the legislature of any State may empower the executive thereof to make temporary appointments until the people fill the vacancies by election as the legislature may direct.

This amendment shall not be so construed as to affect the election or term of any Senator chosen before it becomes valid as part of the Constitution.

---

[22] Proposed by Congress 27 Feb. 1869; valid 30 March 1870.
[23] Proposed by Congress 12 July 1909; valid 25 Feb. 1913.
[24] Proposed by Congress 16 May 1912; valid 31 May 1913.

Article XVIII[25]

[*Section 1.* After one year from the ratification of this article the manufacture, sale, or transportation of intoxicating liquors within, the importation thereof into, or the exportation thereof from the United States and all territory subject to the jurisdiction thereof for beverage purposes is hereby prohibited.

Section 2. The Congress and the several States shall have concurrent power to enforce this article by appropriate legislation.

Section 3. This article shall be inoperative unless it shall have been ratified as an amendment to the Constitution by the legislatures of the several States, as provided in the Constitution, within seven years from the date of the submission hereof to the States by the Congress.][26]

Article XIX[27]

The right of citizens of the United States to vote shall not be denied or abridged by the United States or by any State on account of sex.

Congress shall have power to enforce this article by appropriate legislation.

Article XX[28]

Section 1. The terms of the President and Vice President shall end at noon on the 20th day of January, and the terms of Senators and Representatives at noon on the 3d day of January, of the years in which such terms would have ended if this article had not been ratified; and the terms of their successors shall then begin.

Section 2. The Congress shall assemble at least once in every year, and such meeting shall begin at noon on the 3d day of January, unless they shall by law appoint a different day.

Section 3. If, at the time fixed for the beginning of the term of the President, the President elect shall have died, the Vice President elect shall become President. If a President shall not have been chosen before the time fixed for the beginning of his term, or if the President elect shall have failed to qualify, then the Vice President elect shall act as President until a President shall have qualified; and the Congress may by law provide for the case wherein neither a President elect nor a Vice President elect shall have qualified, declaring who shall then act as President, or the manner in which one who is to act shall be selected, and such person shall act accordingly until a President or Vice President shall have qualified.

Section 4. The Congress may by law provide for the case of the death of any of the persons from whom the House of Representatives may choose a President whenever the right of choice shall have devolved upon them, and for the case of the

---

[25] Proposed by Congress 17 Dec. 1917; valid 29 Jan. 1919.

[26] Superseded by the Twenty-first Amendment.

[27] Proposed by Congress 5 June 1919; valid 26 Aug. 1920.

[28] Proposed by Congress 3 March 1932; ratified 23 Jan. 1933; fully valid 15 Oct. 1933.

death of any of the persons from whom the Senate may choose a Vice President whenever the right of choice shall have devolved upon them.

Section 5. Sections 1 and 2 shall take effect on the 15th day of October following the ratification of this article.

Section 6. This article shall be inoperative unless it shall have been ratified as an amendment to the Constitution by the legislatures of three-fourths of the several States within seven years from the date of its submission.

Article XXI[29]
Section 1. The eighteenth article of amendment to the Constitution of the United States is hereby repealed.

Section 2. The transportation or importation into any State, Territory, or possession of the United States for delivery to use therein of intoxicating liquors, in violation of the laws thereof, is hereby prohibited.

Section 3. This article shall be inoperative unless it shall have been ratified as an amendment to the Constitution by conventions in the several States, as provided in the Constitution, within seven years from the date of the submission hereof to the States by the Congress.

Article XXII[30]
Section 1. No person shall be elected to the office of the President more than twice, and no person who has held the office of President, or acted as President, for more than two years of a term to which some other person was elected President shall be elected to the office of the President more then once. But this Article shall not apply to any person holding the office of President when this Article war proposed by the Congress, and shall not prevent any person who may be holding the office of President, or acting as President, during the term within which this Article becomes operative from holding the office of President or acting as President during the remainder of such term.

Section 2. This article shall be inoperative unless it shall have been ratified as an amendment to the Constitution by the legislatures of three-fourths of the several States within seven years from the date of its submission to the States by the Congress.

Article XXIII[31]
Section 1. The district constituting the seat of the United States shall appoint in such manner as the Congress may direct:

---

[29] Proposed by Congress 20 Feb. 1933; valid 5 Dec. 1933.
[30] Proposed by Congress 24 March 1947; valid 27 Feb. 1951.
[31] Proposed by Congress 16 June 1960; valid 29 March 1961.

A number of electors of President and Vice President equal to the whole number of Senators and Representatives in Congress to which the District would be entitled if it were a State, but in no event more than the least populous State; they shall be in addition to those appointed by the States, but they shall be considered, for the purposes of the election of President and Vice President, to be electors appointed by a State; and they shall meet in the District and perform such duties as provided by the twelfth article of amendment.

Section 2. The Congress shall have power to enforce this article by appropriate legislation.

Article XXIV[32]
Section 1. The right of citizens of the United States to vote in any primary or other election for President or Vice President, for electors for President or Vice President, or for Senator or Representative in Congress, shall not be denied or abridged by the United States or any State by reason of failure to pay any poll tax or other tax.

Section 2. The Congress shall have power to enforce this article by appropriate legislation.

Article XXV[33]
Section 1. In case of the removal of the President from office or of his death or resignation, the Vice President shall become President.

Section 2. Whenever there is a vacancy in the office of the Vice President, the President shall nominate a Vice President who shall take office upon confirmation by a majority vote of both Houses of Congress.

Section 3. Whenever the President transmits to the President pro tempore of the Senate and the Speaker of the House of Representatives his written declaration that he is unable to discharge the powers and duties of his office, and until he transmits to them a written declaration to the contrary, such powers and duties shall be discharged by the Vice President as Acting President.

Section 4. Whenever the Vice President and a majority of either the principal officers of the executive departments or of such other body as Congress may by law provide, transmit to the President pro tempore of the Senate and the Speaker of the House of Representatives their written declaration that the President is unable to discharge the powers and duties of his office, the Vice President shall immediately assume the powers and duties of the office as Acting President.

Thereafter, when the President transmits to the President pro tempore of the Senate and the Speaker of the House of Representatives his written declaration that no inability exists, he shall resume the powers and duties of his office unless the Vice President and a majority of either the principal officers of the executive

---

[32] Proposed by Congress 27 Aug. 1962; valid 23 Jan. 1964.
[33] Proposed by Congress 6 July 1965; valid 10 Feb. 1967.

department or of such other body as Congress may by law provide, transmit within four days to the President pro tempore of the Senate and the Speaker of the House of Representatives their written declaration that the President is unable to discharge the powers and duties of his office. Thereupon Congress shall decide the issue, assembling within forty-eight hours for that purpose if not in session. If the Congress, within twenty-one days after receipt of the latter written declaration, or, if Congress is not in session, within twenty-one days after Congress is required to assemble, determines by two-thirds vote of both Houses that the President is unable to discharge the powers and duties of his office, the Vice President shall continue to discharge the same as Acting President; otherwise, the President shall resume the powers and duties of his office.

Article XXVI[34]

Section 1. The right of citizens of the United States, who are eighteen years of age or older, to vote shall not be denied or abridged by the United States or by any State on account of age.

Section 2. The Congress shall have power to enforce this article by appropriate legislation.

Article XXVII[35]

No law, varying the compensation for the services of the Senators and Representatives, shall take effect, until an election of Representatives shall have intervened.

3.3   Text der Verfassung (deutsch)

Verfassung der Vereinigten Staaten von Amerika (17. September 1787)

Präambel

Wir, das Volk der Vereinigten Staaten, von der Absicht geleitet, unseren Bund zu vervollkommnen, die Gerechtigkeit zu verwirklichen, die Ruhe im Innern zu sichern, für die Landesverteidigung zu sorgen, das allgemeine Wohl zu fördern und das Glück der Freiheit uns selbst und unseren Nachkommen zu bewahren, setzen und begründen diese Verfassung für die Vereinigten Staaten von Amerika.

Artikel I

Abschnitt 1. Alle in dieser Verfassung verliehene gesetzgebende Gewalt ruht im Kongreß der Vereinigten Staaten, der aus einem Senat und einem Repräsentantenhaus besteht.

---

[34] Proposed by Congress 23 March 1971; valid 1 July 1971.
[35] Proposed by Congress 25 Sept. 1789; valid 7 May 1992.

Abschnitt 2. Das Repräsentantenhaus besteht aus Abgeordneten, die alle zwei Jahre in den Einzelstaaten vom Volke gewählt werden. Die Wähler in jedem Staate müssen den gleichen Bedingungen genügen, die für die Wähler der zahlenmäßig stärksten Kammer der gesetzgebenden Körperschaft des Einzelstaats vorgeschrieben sind.

Niemand kann Abgeordneter werden, der nicht das Alter von 25 Jahren erreicht hat, sieben Jahre Bürger der Vereinigten Staaten gewesen und zur Zeit seiner Wahl Einwohner desjenigen Staates ist, in dem er gewählt wird.

Die Abgeordnetenmandate und die direkten Steuern werden auf die einzelnen Staaten, die diesem Bund angeschlossen sind, im Verhältnis zu ihrer Einwohnerzahl verteilt; [diese wird ermittelt, indem zur Gesamtzahl der freien Personen, einschließlich der in einem befristeten Dienstverhältnis stehenden, jedoch ausschließlich der nicht besteuerten Indianer, drei Fünftel der Gesamtzahl aller übrigen Personen hinzugezählt werden][1]. Die Zählung selbst erfolgt innerhalb von drei Jahren nach dem ersten Zusammentritt des Kongresses der Vereinigten Staaten und dann jeweils alle zehn Jahre nach Maßgabe eines hierfür zu erlassenden Gesetzes. Auf je dreißigtausend Einwohner darf nicht mehr als ein Abgeordneter kommen, doch soll jeder Staat durch wenigstens einen Abgeordneten vertreten sein; bis zur Durchführung dieser Zählung hat der Staat New Hamsphire das Recht, drei zu wählen, Massachusetts acht, Rhode Island und Providence Plantations einen, Connecticut fünf, New York sechs, New Jersey vier, Pennsylvania acht, Delaware einen, Maryland sechs, Virginia zehn, North Carolina fünf, South Carolina fünf und Georgia drei.[2]

Wenn in der Vertretung eines Staates Abgeordnetensitze frei werden, dann schreibt dessen Regierung Ersatzwahlen aus, um die erledigten Mandate neu zu besetzen.

Das Repräsentantenhaus wählt aus seiner Mitte einen Präsidenten (Sprecher) und sonstige Parlamentsorgane. Es hat das alleinige Recht, Amtsanklage zu erheben.

Abschnitt 3. Der Senat der Vereinigten Staaten besteht aus je zwei Senatoren von jedem Einzelstaat, [die von dessen gesetzgebender Körperschaft][3] auf sechs Jahre gewählt werden. Jedem Senator steht eine Stimme zu.

Unmittelbar nach dem Zusammentritt nach der erstmaligen Wahl soll der Senat so gleichmäßig wie möglich in drei Gruppen aufgeteilt werden. Die Senatoren der ersten Gruppe haben nach Ablauf von zwei Jahren ihr Mandat niederzulegen, die der zweiten Gruppe nach Ablauf von vier Jahren und die der dritten Gruppe nach Ablauf von sechs Jahren, so daß jedes zweite Jahr ein Drittel neu zu wählen ist. [Falls durch Rücktritt oder aus einem anderen Grunde außerhalb der Tagungsperiode der gesetzgebenden Körperschaft eines Einzelstaates Sitze frei werden, kann dessen Regierung vorläufige Ernennungen vornehmen, bis die gesetzgeben-

---

[1] Der Absatz in eckiger Klammer [...] wurde durch den XIV. Zusatzartikel geändert.
[2] Letzter Absatz überholt.
[3] Durch den XVII. Zusatzartikel geändert.

de Körperschaft bei ihrem nächsten Zusammentritt die erledigten Mandate wieder besetzt.][4]

Niemand kann Senator werden, der nicht das Alter von 30 Jahren erreicht hat, neun Jahre Bürger der Vereinigten Staaten gewesen und zur Zeit seiner Wahl Einwohner desjenigen Staates ist, für den er gewählt wird.

Der Vizepräsident der Vereinigten Staaten ist Präsident des Senats. Er hat jedoch kein Stimmrecht, ausgenommen im Falle der Stimmengleichheit.

Der Senat wählt seine sonstigen Parlamentsorgane und auch einen Interimspräsidenten für den Fall, daß der Vizepräsident abwesend ist oder das Amt des Präsidenten der Vereinigten Staaten wahrnimmt.

Der Senat hat das alleinige Recht, über alle Amtsanklagen zu befinden. Wenn er zu diesem Zwecke zusammentritt, stehen die Senatoren unter Eid oder eidesstattlicher Verantwortlichkeit. Bei Verfahren gegen den Präsidenten der Vereinigten Staaten führt der Oberste Bundesrichter den Vorsitz. Niemand darf ohne Zustimmung von zwei Dritteln der anwesenden Mitglieder schuldig gesprochen werden.

In Fällen von Amtsanklagen lautet der Spruch höchstens auf Entfernung aus dem Amte und Aberkennung der Befähigung, ein Ehrenamt, eine Vertrauensstellung oder ein besoldetes Amt im Dienste der Vereinigten Staaten zu bekleiden oder auszuüben. Der für schuldig Befundene ist desungeachtet der Anklageerhebung, dem Strafverfahren, der Verurteilung und Strafverbüßung nach Maßgabe der Gesetze ausgesetzt und unterworfen.

Abschnitt 4. Zeit, Ort und Art der Durchführung der Senatoren- und Abgeordnetenwahlen werden in jedem Staate durch dessen gesetzgebende Körperschaft bestimmt. Jedoch kann der Kongreß jederzeit selbst durch Gesetz solche Bestimmungen erlassen oder ändern; nur die Orte der Durchführung der Senatorenwahlen sind davon ausgenommen.

[Der Kongreß tritt wenigstens einmal in jedem Jahre zusammen, und zwar am ersten Montag im Dezember, falls er nicht durch Gesetz einen anderen Tag bestimmt.][5]

Abschnitt 5. Jedes Haus obliegt selbst die Überprüfung der Wahlen, der Abstimmungsergebnisse und der Wählbarkeitsvoraussetzungen seiner eigenen Mitglieder. In jedem Hause ist die Anwesenheit der Mehrheit der Mitglieder zur Beschlußfähigkeit erforderlich. Eine kleinere Zahl Anwesender darf jedoch die Sitzung von einem Tag auf den anderen vertagen und kann ermächtigt werden, das Erscheinen abwesender Mitglieder in der von jedem Haus vorgesehenen Form und mit dementsprechender Strafandrohung zu erzwingen.

Jedes Haus kann sich eine Geschäftsordnung geben, seine Mitglieder wegen ordnungswidrigen Verhaltens bestrafen und mit Zweidrittelmehrheit ein Mitglied ausschließen.

---

[4] Durch den XVII. Zusatzartikel geändert.
[5] Durch den XX. Zusatzartikel geändert.

Jedes Haus führt ein fortlaufendes Verhandlungsprotokoll, das von Zeit zu Zeit zu veröffentlichen ist, ausgenommen solche Teile, die nach seinem Ermessen Geheimhaltung erfordern; die Ja- und die Nein-Stimmen der Mitglieder jedes Hauses zu jedweder Frage sind auf Antrag eines Fünftels der Anwesenden im Verhandlungsprotokoll zu vermerken.

Keines der beiden Häuser darf sich während der Sitzungsperiode des Kongresses ohne Zustimmung des andern auf mehr als drei Tage vertagen, noch an einem anderen als dem für beide Häuser bestimmten Sitzungsort zusammentreten.

Abschnitt 6. Die Senatoren und Abgeordneten erhalten für ihre Tätigkeit eine Entschädigung, die gesetzlich festgelegt und vom Schatzamt der Vereinigten Staaten ausbezahlt werden soll. Sie sind in allen Fällen, außer bei Verrat, Verbrechen und Friedensbruch, vor Verhaftung geschützt, solange sie an einer Sitzung ihres jeweiligen Hauses teilnehmen oder sich auf dem Wege dorthin oder auf dem Heimweg befinden; kein Mitglied darf wegen seiner Reden oder Äußerungen in einem der Häuser andernorts zur Rechenschaft gezogen werden.

Kein Senator oder Abgeordneter darf während der Zeit, für die er gewählt wurde, in irgendein Staatsamt im Dienste der Vereinigten Staaten berufen werden, das während dieser Zeit geschaffen oder mit erhöhten Bezügen ausgestattet wurde; und niemand, der ein Amt im Dienste der Vereinigten Staaten bekleidet, darf während seiner Amtsdauer Mitglied eines der beiden Häuser sein.

Abschnitt 7. Alle Gesetzesvorlagen zur Aufbringung von Haushaltmitteln gehen vom Repräsentantenhaus aus; der Senat kann jedoch wie bei anderen Gesetzesvorlagen Abänderungs- und Ergänzungsvorschläge einbringen.

Jede Gesetzesvorlage wird nach ihrer Verabschiedung durch das Repräsentantenhaus und den Senat, ehe sie Gesetzeskraft erlangt, dem Präsidenten der Vereinigten Staaten vorgelegt. Wenn er sie billigt, so soll er sie unterzeichnen, andernfalls jedoch mit seinen Einwendungen an jenes Haus zurückverweisen, von dem sie ausgegangen ist; dieses nimmt die Einwendungen ausführlich zu Protokoll und tritt erneut in die Beratung ein. Wenn nach dieser erneuten Lesung zwei Drittel des betreffenden Hauses für die Verabschiedung der Vorlage stimmen, so wird sie zusammen mit den Einwendungen dem anderen Hause zugesandt, um dort gleichfalls erneut beraten zu werden; wenn sie die Zustimmung von zwei Dritteln auch dieses Hauses findet, wird sie Gesetz. In allen solchen Fällen aber erfolgt die Abstimmung in beiden Häusern nach Ja- und Nein-Stimmen, und die Namen derer, die für und gegen die Gesetzesvorlage stimmen, werden im Protokoll des betreffenden Hauses vermerkt. Falls eine Gesetzesvorlage vom Präsidenten nicht innerhalb von zehn Tagen (Sonntage nicht eingerechnet) nach Übermittlung zurückgegeben wird, erlangt sie in gleicher Weise Gesetzeskraft, als ob er sie unterzeichnet hätte, es sei denn, daß der Kongreß durch Vertagung die Rückgabe verhindert hat; in diesem Fall erlangt sie keine Gesetzeskraft.

Jede Anordnung, Entschließung oder Abstimmung, für die Übereinstimmung von Senat und Repräsentantenhaus erforderlich ist (ausgenommen zur Frage einer Vertagung), muß dem Präsidenten der Vereinigten Staaten vorgelegt und, ehe sie wirksam wird, von ihm gebilligt werden; falls er ihre Billigung ablehnt, muß sie von Senat und Repräsentantenhaus mit Zweidrittelmehrheit nach Maßgabe der für Gesetzesvorlagen vorgeschriebenen Regeln und Fristen neuerlich verabschiedet werden.

Abschnitt 8. Der Kongreß hat das Recht, Steuern, Zölle, Abgaben und Akzisen aufzuerlegen und einzuziehen, um für die Erfüllung der Zahlungsverpflichtungen, für die Landesverteidigung und das allgemeine Wohl der Vereinigten Staaten zu sorgen; alle Zölle, Abgaben und Akzisen sind aber für das gesamte Gebiet der Vereinigten Staaten einheitlich festzusetzen;

auf Rechnung der Vereinigten Staaten Kredit aufzunehmen;

den Handel mit fremden Ländern, zwischen den Einzelstaaten und mit den Indianerstämmen zu regeln;

für das gesamte Gebiet der Vereinigten Staaten eine einheitliche Einbürgerungsordnung und ein einheitliches Konkursrecht zu schaffen;

Münzen zu prägen, ihren Wert und den fremder Währungen zu bestimmen und Maße und Gewichte zu normen;

Strafbestimmungen für die Fälschung von Staatsobligationen und gültigen Zahlungsmitteln der Vereinigten Staaten zu erlassen;

Postämter und Poststraßen einzurichten;

den Fortschritt von Kunst und Wissenschaft dadurch zu fördern, daß Autoren und Erfindern für beschränkte Zeit das ausschließliche Recht an ihren Publikationen und Entdeckungen gesichert wird;

dem Obersten Bundesgericht nachgeordnete Gerichte zu bilden;

Seeräuberei und andere Kapitalverbrechen auf hoher See sowie Verletzungen des Völkerrechts begrifflich zu bestimmen und zu ahnden;

Krieg zu erklären, Kaperbriefe auszustellen und Vorschriften über das Prisen- und Beuterecht zu Wasser und zu Lande zu erlassen;

Armeen aufzustellen und zu unterhalten, doch soll die Bewilligung von Geldmitteln hierfür nicht für länger als auf zwei Jahre erteilt werden;

eine Flotte zu bauen und zu unterhalten;

Reglements für Führung und Dienst der Land- und Seestreitkräfte zu erlassen;

Vorkehrungen für das Aufgebot der Miliz zu treffen, um den Bundesgesetzen Geltung zu verschaffen, Aufstände zu unterdrücken und Invasionen abzuwehren;

Vorkehrungen zu treffen für Aufbau, Bewaffnung und Ausbildung der Miliz und die Führung derjenigen ihrer Teile, die im Dienst der Vereinigten Staaten Verwendung finden, wobei jedoch den Einzelstaaten die Ernennung der Offiziere und die Aufsicht über die Ausbildung der Miliz nach den Vorschriften des Kongresses vorbehalten bleiben;

die ausschließliche und uneingeschränkte Gesetzgebung für jenes Gebiet (das nicht größer als zehn Quadratmeilen sein soll) auszuüben, das durch Abtretung seitens einzelner Staaten und Annahme seitens des Kongresses zum Sitz der Regierung der Vereinigten Staaten ausersehen wird, und gleiche Hoheitsrechte in allen Gebieten auszuüben, die zwecks Errichtung von Befestigungen, Magazinen, Arsenalen, Werften und anderen notwendigen Bauwerken mit Zustimmung der gesetzgebenden Körperschaft desjenigen Staates, in dem diese angelegt werden sollen, angekauft werden; – und

alle zur Ausübung der vorstehenden Befugnisse und aller anderen Rechte, die der Regierung der Vereinigten Staaten, einem ihrer Zweige oder einem einzelnen Amtsinhaber auf Grund dieser Verfassung übertragen sind, notwendigen und zweckdienlichen Gesetze zu erlassen.

Abschnitt 9. Die Einwanderung oder Hereinholung solcher Personen, deren Zulassung einer der derzeit bestehenden Staaten für angebracht hält, darf vom Kongreß vor dem Jahre 1808 nicht verboten werden, doch kann eine solche Hereinholung mit Steuer oder Zoll von nicht mehr als zehn Dollar für jede Person belegt werden[6].

Der Anspruch eines Verhafteten auf Ausstellung eines richterlichen Vorführungsbefehls darf nicht suspendiert werden, es sei denn, daß die öffentliche Sicherheit dies im Falle eines Aufstandes oder einer Invasion erforderlich macht.

Kein Ausnahmegesetz, das eine Verurteilung ohne Gerichtsverfahren zum Inhalt hat, oder Strafgesetz mit rückwirkender Kraft soll verabschiedet werden.

Kopfsteuern oder sonstige direkte Steuern dürfen nur nach Maßgabe der Ergebnisse der Schätzung oder Volkszählung, wie im Vorhergehenden angeordnet, auferlegt werden[7].

Waren, die aus einem Einzelstaat ausgeführt werden, dürfen nicht mit Steuern oder Zöllen belegt werden.

Eine Begünstigung der Häfen eines Einzelstaaten gegenüber denen eines anderen durch handels- oder abgabenrechtliche Vorschriften darf nicht gewährt werden; und Schiffe mit Bestimmungs- oder Abgangshafen in einem der Staaten dürfen nicht gezwungen werden, in einem anderen anzulegen, zu klarieren oder Gebühren zu entrichten.

Geld darf der Staatskasse nur auf Grund gesetzlicher Bewilligungen entnommen werden; über alle Einkünfte und Ausgaben der öffentlichen Hand ist der Öffentlichkeit von Zeit zu Zeit ordnungsgemäß Rechnung zu legen.

Adelstitel dürfen durch die Vereinigten Staaten nicht verliehen werden. Niemand, der ein besoldetes oder Ehrenamt in ihrem Dienst bekleidet, darf ohne Zustimmung des Kongresses ein Geschenk, Entgelt, Amt oder einen Titel irgendeiner Art von einem König, Fürsten oder fremden Staat annehmen.

Abschnitt 10. Kein Einzelstaat darf einem Vertrag, Bündnis oder einer Konföderation beitreten, Kaperbriefe ausstellen, Münzen prägen, Banknoten ausgeben, etwas anderes als Gold- und Silbermünzen zum gesetzlichen Zahlungsmittel erklä-

---

[6] Überholt.
[7] Vgl. den XVI. Zusatzartikel.

ren, ein Ausnahmegesetz, das eine Verurteilung ohne Gerichtsverfahren zum Inhalt hat, oder ein Strafgesetz mit rückwirkender Kraft oder ein Gesetz, das Ver-
tragsverpflichtungen beeinträchtigt, verabschieden oder einen Adelstitel verleihen.

Kein Einzelstaat darf ohne Zustimmung des Kongresses Abgaben oder Zölle
auf Ein- oder Ausfuhr legen, soweit dies nicht zur Durchführung der Überwa-
chungsgesetze unbedingt nötig ist; über den Reinertrag, der einem Staat aus Zöllen und Abgaben auf Ein- oder Ausfuhr zufließt, verfügt das Schatzamt der Vereinigten Staaten; alle derartigen Gesetze unterliegen der Revisions- und Aufsichts-
befugnis des Kongresses.

Kein Staat darf ohne Zustimmung des Kongresses Tonnengelder erheben, in
Friedenszeiten Truppen oder Kriegsschiffe unterhalten, Vereinbarungen oder Verträge mit einem der anderen Staaten oder mit einer fremden Macht schließen oder
sich in einen Krieg einlassen, es sei denn, er werde tatsächlich angegriffen oder die
Gefahr drohe so unmittelbar, daß sie keinen Aufschub duldet.

Artikel II

Abschnitt 1. Die vollziehende Gewalt liegt bei dem Präsidenten der Vereinigten
Staaten von Amerika. Seine Amtszeit beträgt vier Jahre, und er wird zugleich mit
dem für dieselbe Amtsperiode zu wählenden Vizepräsidenten auf folgende Weise
gewählt:

Jeder Einzelstaat bestimmt in der von seiner gesetzgebenden Körperschaft
vorgeschriebenen Weise eine Anzahl von Wahlmännern, die der Gesamtzahl der
dem Staat im Kongreß zustehenden Senatoren und Abgeordneten gleich ist; jedoch darf kein Senator oder Abgeordneter oder eine Person, die ein besoldetes
oder Ehrenamt im Dienste der Vereinigten Staaten bekleidet, zum Wahlmann
bestellt werden.

[Die Wahlmänner treten in ihren Staaten zusammen und stimmen durch
Stimmzettel für zwei Personen, von denen mindestens eine nicht Einwohner desselben Staates sein darf wie sie selbst. Sie führen in einer Liste alle Personen auf,
für die Stimmen abgegeben worden sind, und die Anzahl der ihnen zugefallenen
Stimmen; diese Liste unterzeichnen und beglaubigen sie und übersenden sie versiegelt an den Sitz der Regierung der Vereinigten Staaten, zu Händen des Senatspräsidenten. Der Präsident des Senats öffnet vor Senat und Repräsentantenhaus
alle diese beglaubigten Listen; anschließend sind die Stimmen zu zählen. Derjenige, der die größte Stimmenzahl auf sich vereinigt, soll Präsident sein, wenn diese
Zahl der Mehrheit der Gesamtzahl der bestellten Wahlmänner entspricht; wenn
aber mehrere eine derartige Mehrheit erreichen und die gleiche Anzahl von Stimmen erhalten, dann soll das Repräsentantenhaus sogleich einen von ihnen durch
Stimmzettel zum Präsidenten wählen; und wenn niemand eine derartige Mehrheit erreicht hat, soll das genannte Haus in gleicher Weise aus den fünf führenden
Personen auf der Liste den Präsidenten wählen. Bei dieser Präsidentschaftsstichwahl wird jedoch nach Staaten abgestimmt, wobei die Vertretung jedes Staates
eine Stimme hat; zur Beschlußfähigkeit ist für diesen Zweck die Anwesenheit von
je einem oder mehreren Abgeordneten von zwei Dritteln der Staaten und zum

Wahlentscheid eine Mehrheit aller Einzelstaaten erforderlich. In jedem Fall soll nach der Wahl des Präsidenten derjenige, der die größte Anzahl der Wahlmännerstimmen auf sich vereinigt, Vizepräsident sein. Wenn aber zwei oder mehrere die gleiche Stimmenzahl aufweisen, soll der Senat unter ihnen durch Stimmzettel den Vizepräsidenten auswählen.][8]

Der Kongreß kann den Zeitpunkt für die Wahl der Wahlmänner und den Tag ihrer Stimmenabgabe festsetzen; dieser Tag soll im ganzen Bereich der Vereinigten Staaten derselbe sein.

In das Amt des Präsidenten können nur in den Vereinigten Staaten geborene Bürger oder Personen, die zur Zeit der Annahme dieser Verfassung Bürger der Vereinigten Staaten waren, gewählt werden; es kann niemand in dieses gewählt werden, der nicht das Alter von 35 Jahren erreicht und seinen Wohnsitz seit 14 Jahren im Gebiete der Vereinigten Staaten gehabt hat.

Im Falle der Amtsenthebung des Präsidenten oder seines Todes, Rücktritts oder der Unfähigkeit zur Wahrnehmung der Befugnisse und Obliegenheiten seines Amtes[9] geht es auf den Vizepräsidenten über. Der Kongreß kann durch Gesetz für den Fall der Amtsenthebung, des Todes, des Rücktritts oder der Amtsunfähigkeit sowohl des Präsidenten als auch des Vizepräsidenten Vorsorge treffen und bestimmen, welcher Amtsträger dann die Geschäfte des Präsidenten wahrnehmen soll, und dieser Amtsträger versieht dann die Geschäfte so lange, bis die Amtsunfähigkeit behoben oder ein Präsident gewählt worden ist.[10].

Der Präsident erhält zu festgesetzten Zeiten für seine Dienste eine Vergütung. Diese darf während der Zeit, für die er gewählt ist, weder vermehrt noch vermindert werden, und er darf während dieses Zeitraumes auch keine sonstigen Einkünfte von den Vereinigten Staaten oder einem der Einzelstaaten beziehen.

Ehe er sein Amt antritt, soll er diesen Eid oder dieses Gelöbnis leisten: "Ich schwöre (oder gelobe) feierlich, daß ich das Amt der Präsidenten der Vereinigten Staaten getreulich verwalten und die Verfassung der Vereinigten Staaten nach besten Kräften erhalten, schützen und verteidigen will."

Abschnitt 2. Der Präsident ist Oberbefehlshaber des Heeres und der Flotte der Vereinigten Staaten und der Miliz der Einzelstaaten, wenn diese zur aktiven Dienstleistung für die Vereinigten Staaten aufgerufen wird; er kann von den Leitern der einzelnen Abteilungen der Bundesregierung eine schriftliche Stellungnahme zu Angelegenheiten aus dem Dienstbereich der betreffenden Behörde verlangen, und er hat, außer in Amtsanklagefällen, das Recht, Strafaufschub und Begnadigung für Straftaten gegen die Vereinigten Staaten zu gewähren.

Er hat das Recht, auf Anraten und mit Zustimmung des Senats Verträge zu schließen, vorausgesetzt, daß zwei Drittel der anwesenden Senatoren zustimmen. Er nominiert auf Anraten und mit Zustimmung des Senats Botschafter, Gesandte

---

[8] Durch den XII. Zusatzartikel ersetzt.
[9] Durch den XXV. Zusatzartikel ersetzt.
[10] Vgl. den XX. Zusatzartikel.

und Konsuln, die Richter des Obersten Bundesgerichts und alle sonstigen Amtsträger der Vereinigten Staaten, deren Bestellung hierin nicht anderweitig geregelt
ist und deren Ämter durch Gesetz geschaffen werden; doch kann der Kongreß
nach seinem Ermessen die Ernennung von Beamten niedrigeren Ranges durch
Gesetz dem Präsidenten allein, den Gerichtshöfen oder den Leitern der Bundesbe-
hörden übertragen.

Der Präsident hat die Befugnis, alle während der Senatsferien freiwerdenden
Stellen im Wege des Amtsauftrags zu besetzen, der mit dem Ende der nächsten
Sitzungsperiode erlischt.

Abschnitt 3. Er hat von Zeit zu Zeit dem Kongreß über die Lage der Union Bericht
zu erstatten und Maßnahmen zur Beratung zu empfehlen, die er für notwendig
und nützlich erachtet. Er kann bei außerordentlichen Anlässen beide oder eines
der Häuser einberufen, und er kann sie, falls sie sich über die Zeit der Vertagung
nicht einigen können, bis zu einem ihm geeignet erscheinenden Zeitpunkt vertagen. Er empfängt Botschafter und Gesandte. Er hat Sorge zu tragen, daß die
Gesetze gewissenhaft vollzogen werden, und er erteilt allen Amtsträgern der Vereinigten Staaten die Ernennungsurkunden.

Abschnitt 4. Der Präsident, der Vizepräsident und alle zivilen Amtsträger der Vereinigten Staaten werden ihres Amtes enthoben, wenn sie wegen Verrats, Beste-
chung oder anderer Verbrechen und Vergehen unter Amtsanklage gestellt und für
schuldig befunden worden sind.

Artikel III

Abschnitt 1. Die richterliche Gewalt der Vereinigten Staaten liegt bei einem Obersten Bundesgericht und bei unteren Gerichten, deren Errichtung der Kongreß von
Fall zu Fall anordnen wird. Die Richter sowohl des Obersten Bundesgerichts als
auch der unteren Gerichte sollen im Amte bleiben, solange ihre Amtsführung
einwandfrei ist, und zu bestimmten Zeiten für ihre Dienste eine Vergütung erhalten, die während ihrer Amtsdauer nicht herabgesetzt werden darf.

Abschnitt 2. Die richterliche Gewalt erstreckt sich auf alle Fälle nach dem Gesetzes-
und dem Billigkeitsrecht, die sich aus dieser Verfassung, den Gesetzen der Vereinigten Staaten und den Verträgen ergeben, die in ihrem Namen abgeschlossen
wurden oder künftig geschlossen werden; – auf alle Fälle, die Botschafter, Gesandte und Konsuln betreffen; – auf alle Fälle der Admiralitäts- und Seegerichtsbarkeit;
– auf Streitigkeiten, in denen die Vereinigten Staaten Streitpartei sind; – auf Streitigkeiten zwischen zwei oder mehreren Einzelstaaten; – zwischen einem Einzelstaat und den Bürgern eines anderen Einzelstaates[11]; – zwischen Bürgern verschiedener Einzelstaaten; – zwischen Bürgern desselben Einzelstaats, die auf
Grund von Zuweisungen seitens verschiedener Einzelstaaten Ansprüche auf Land
erheben, und zwischen einem Einzelstaat oder dessen Bürgern und fremden Staaten, Bürgern oder Untertanen.

---

[11] Durch den XI. Zusatzartikel eingeschränkt.

In allen Fällen, die Botschafter, Gesandte und Konsuln betreffen, und in solchen, in denen ein Einzelstaat Partei ist, übt das Oberste Bundesgericht ursprüngliche Gerichtsbarkeit aus. In allen anderen zuvor erwähnten Fällen ist das Oberste Bundesgericht Appellationsinstanz sowohl hinsichtlich der rechtlichen als auch der Tatsachenbeurteilung gemäß den vom Kongreß festzulegenden Ausnahme- und Verfahrensbestimmungen.

Alle Strafverfahren mit Ausnahme von Fällen der Amtsanklage sind von einem Geschworenengericht durchzuführen, und die Verhandlung findet in dem Einzelstaat statt, in dem die fragliche Straftat begangen worden ist. Wenn eine Straftat aber nicht im Gebiet eines der Einzelstaaten begangen worden ist, so findet die Verhandlung an dem Ort oder den Orten statt, die der Kongreß durch Gesetz bestimmen wird.

Abschnitt 3. Als Verrat gegen die Vereinigten Staaten gilt nur die Kriegsführung gegen sie oder die Unterstützung ihrer Feinde durch Hilfeleistung und Begünstigung. Niemand darf des Verrates schuldig befunden werden, es sei denn auf Grund der Aussage zweier Zeugen über dieselbe offenkundige Handlung oder auf Grund eines Geständnisses in öffentlicher Gerichtssitzung.

Der Kongreß hat das Recht, die Strafe für Verrat festzusetzen. Die Rechtsfolgen des Verrats sollen jedoch nicht über die Lebenszeit des Verurteilten hinaus Ehrverlust oder Vermögensverfall bewirken.

Artikel IV

Abschnitt 1. Gesetze, Urkunden und richterliche Entscheidungen jedes Einzelstaates genießen in jedem anderen Staat volle Würdigung und Anerkennung. Der Kongreß kann durch allgemeine Gesetzgebung bestimmen, in welcher Form der Nachweis derartiger Gesetze, Urkunden und richterlicher Entscheidungen zu führen ist und welche Geltung ihnen zukommt.

Abschnitt 2. Die Bürger eines jeden Einzelstaates genießen alle Vorrechte und Freiheiten der Bürger anderer Einzelstaaten[12].

Wer in irgendeinem Einzelstaate des Verrats oder eines Verbrechens oder Vergehens angeklagt wird, sich der Strafverfolgung durch Flucht entzieht und in einem anderen Staat aufgegriffen wird, muß auf Verlangen der Regierung des Staates, aus dem er entflohen ist, ausgeliefert und nach dem Staat geschafft werden, unter dessen Gerichtsbarkeit dieses Verbrechen fällt.

[Niemand, der in einem Einzelstaate nach dessen Gesetzen zu Dienst oder Arbeit verpflichtet ist und in einen anderen Staat flieht, darf auf Grund dort geltender Gesetze oder Bestimmungen von dieser Dienst- oder Arbeitspflicht befreit werden. Er ist vielmehr auf Verlangen desjenigen, dem er zu Dienst oder Arbeit verpflichtet ist, auszuliefern.][13]

---

[12] Durch den XIV. Zusatzartikel erweitert.
[13] Durch den XIII. Zusatzartikel überholt.

Abschnitt 3. Neue Staaten können vom Kongreß in diesen Bund aufgenommen werden. Jedoch darf kein neuer Staat innerhalb des Hoheitsbereichs eines anderen Staates gebildet oder errichtet werden. Auch darf kein neuer Staat durch die Vereinigung von zwei oder mehr Einzelstaaten oder Teilen von Einzelstaaten ohne die Zustimmung sowohl der gesetzgebenden Körperschaften der betreffenden Einzelstaaten als auch des Kongresses gebildet werden.

Der Kongreß hat das Recht, über die Ländereien und sonstiges Eigentum der Vereinigten Staaten zu verfügen und alle erforderlichen Anordnungen und Vorschriften hierüber zu erlassen; und keine Bestimmung dieser Verfassung soll so ausgelegt werden, daß durch sie Ansprüche der Vereinigten Staaten oder irgendeines Einzelstaates präjudiziert würden.

Abschnitt 4. Die Vereinigten Staaten gewährleisten jedem Staat innerhalb dieses Bundes eine republikanische Regierungsform; sie schützen jeden von ihnen gegen feindliche Einfälle und auf Antrag seiner gesetzgebenden Körperschaft oder Regierung (wenn die gesetzgebende Körperschaft nicht einberufen werden kann) auch gegen innere Gewaltakte.

Artikel V
Der Kongreß schlägt, wenn beide Häuser es mit Zweidrittelmehrheit für notwendig halten, Verfassungsänderungen vor oder beruft auf Ansuchen der gesetzgebenden Körperschaften von zwei Dritteln der Einzelstaaten einen Konvent zur Ausarbeitung von Abänderungsvorschlägen ein, die in beiden Fällen nach Sinn und Absicht als Teile dieser Verfassung Rechtskraft erlangen, wenn sie in drei Vierteln der Einzelstaaten von den gesetzgebenden Körperschaften oder den Konventen ratifiziert werden, je nachdem, welche Form der Ratifikation vom Kongreß vorgeschlagen wird. Jedoch darf keine Abänderung vor dem Jahre 1808 in irgendeiner Weise den 1. und 4. Absatz des 9. Abschnittes des I. Artikels berühren[14], und keinem Staat darf ohne seine Zustimmung das gleiche Stimmrecht im Senat entzogen werden.

Artikel VI
Alle vor Annahme dieser Verfassung aufgelaufenen Schulden und eingegangenen Verpflichtungen sind für die Vereinigten Staaten unter dieser Verfassung ebenso rechtsverbindlich wie unter den Konföderationsartikeln[15].

Diese Verfassung, die in ihrem Verfolg zu erlassenden Gesetze der Vereinigten Staaten sowie alle im Namen der Vereinigten Staaten abgeschlossenen oder künftig abzuschließenden Verträge sind das oberste Gesetz des Landes; und die Richter in jedem Einzelstaat sind ungeachtet entgegenstehender Bestimmungen in der Verfassung oder den Gesetzen eines Einzelstaates daran gebunden.

---

[14] Überholt.
[15] Durch den XVI. Zusatzartikel erweitert.

Die vorerwähnten Senatoren und Abgeordneten, die Mitglieder der gesetzgebenden Körperschaften der Einzelstaaten und alle Verwaltungs- und Justizbeamten sowohl der Vereinigten Staaten als auch der Einzelstaaten haben sich durch Eid oder Gelöbnis zur Wahrung dieser Verfassung zu verpflichten. Doch darf niemals ein religiöser Bekenntnisakt zur Bedingung für den Antritt eines Amtes oder einer öffentlichen Vertrauensstellung im Dienst der Vereinigten Staaten gemacht werden.

Artikel VII
Die Ratifizierung durch neun Staatskonvente ist ausreichend, diese Verfassung für die ratifizierenden Staaten in Kraft zu setzen.

Gegeben im Konvent mit einmütiger Zustimmung der anwesenden Staaten am 17. Tage des Monats September im Jahre des Herrn 1787 und im 12. Jahre der Unabhängigkeit der Vereinigten Staaten von Amerika; zu Urkund dessen wir hier unsere Namen unterzeichnen.

G. Washington, *President and deputy from Virginia; Attest* William Jackson, *Secretary; Delaware:* Geo. Read, Gunning Bedford, jr., John Dickinson, Richard Basset, Jaco. Broom; *Maryland:* James McHenry, Daniel of St. Thomas Jenifer, Daniel Carroll; *Virginia:* John Blair, James Madison, Jr.; *North Carolina:* Wm. Blount, Richd. Dobbs Spaight, Hu Williamson; *South Carolina:* J. Rutledge, Charles Cotesworth Pinckney, Charles Pinckney, Pierce Butler; *Georgia:* William Few, Abr. Baldwin; *New Hampshire:* John Langdon, Nicholas Gilman; *Massachusetts:* Nathaniel Gorham, Rufus King; *Connecticut:* Wm. Saml. Johnson, Roger Sherman; *New York:* Alexander Hamilton; *New Jersey:* Wil. Livingston, David Brearley, Wm. Paterson, Jona. Dayton; *Pennsylvania:* B. Franklin, Thomas Mifflin, Robt. Morris, Geo. Clymer, Thos. FitzSimons, Jared Ingersoll, James Wilson, Gouv. Morris.

Zusatzartikel

Artikel I[16]
Der Kongreß darf kein Gesetz erlassen, das die Einführung einer Staatsreligion zum Gegenstand hat, die freie Religionsausübung verbietet, die Rede- und Pressefreiheit oder das Recht des Volkes einschränkt, sich friedlich zu versammeln und die Regierung durch Petition um Abstellung von Mißständen zu ersuchen.

Artikel II
Da eine gut ausgebildete Miliz für die Sicherheit eines freien Staates erforderlich ist, darf das Recht des Volkes, Waffen zu besitzen und zu tragen, nicht beeinträchtigt werden.

---

[16] Die ersten zehn Zusatzartikel, die sogenannte *Bill of Rights* (Grundrechteartikel), wurden am 25.9.1789 vom Kongreß verabschiedet und traten nach der Ratifizierung durch drei Viertel der Staaten am 15.12.1791 in Kraft.

Artikel III
Kein Soldat darf in Friedenszeiten ohne Zustimmung des Eigentümers in einem Hause einquartiert werden und in Kriegszeiten nur in der gesetzlich vorgeschriebenen Weise.

Artikel IV
Das Recht des Volkes auf Sicherheit der Person und der Wohnung, der Urkunden und des Eigentums, vor willkürlicher Durchsuchung, Verhaftung und Beschlagnahme darf nicht verletzt werden, und Haussuchungs- und Haftbefehle dürfen nur bei Vorliegen eines eidlich oder eidesstattlich erhärteten Rechtsgrundes ausgestellt werden und müssen die zu durchsuchende Örtlichkeit und die in Gewahrsam zu nehmenden Personen oder Gegenstände genau bezeichnen.

Artikel V
Niemand darf wegen eines Kapitalverbrechens oder eines sonstigen schimpflichen Verbrechens zur Verantwortung gezogen werden, es sei denn auf Grund eines Antrages oder einer Anklage durch ein Großes Geschworenengericht. Hiervon ausgenommen sind Fälle, die sich bei den Land- und Seestreitkräften oder bei der Miliz ereignen, wenn diese in Kriegszeit oder bei öffentlichem Notstand im aktiven Dienst stehen. Niemand darf wegen derselben Straftat zweimal durch ein Verfahren in Gefahr des Leibes und des Lebens gebracht werden. Niemand darf in einem Strafverfahren zur Aussage gegen sich selbst gezwungen noch des Lebens, der Freiheit oder des Eigentums ohne vorheriges ordentliches Gerichtsverfahren nach Recht und Gesetz beraubt werden. Privateigentum darf nicht ohne angemessene Entschädigung für öffentliche Zwecke eingezogen werden.

Artikel VI
In allen Strafverfahren hat der Angeklagte Anspruch auf einen unverzüglichen und öffentlichen Prozeß vor einem unparteiischen Geschworenengericht desjenigen Staates und Bezirks, in welchem die Straftat begangen wurde, wobei der zuständige Bezirk vorher auf gesetzlichem Wege zu ermitteln ist. Er hat weiterhin Anspruch darauf, über die Art und Gründe der Anklage unterrichtet und den Belastungszeugen gegenübergestellt zu werden, sowie auf Zwangsvorladung von Entlastungszeugen und einen Rechtsbeistand zu seiner Verteidigung.

Artikel VII
In Zivilprozessen, in denen der Streitwert zwanzig Dollar übersteigt, besteht ein Anrecht auf ein Verfahren vor einem Geschworenengericht, und keine Tatsache, über die von einem derartigen Gericht befunden wurde, darf von einem Gerichtshof der Vereinigten Staaten nach anderen Regeln als denen des gemeinen Rechts erneut einer Prüfung unterzogen werden.

Artikel VIII
Übermäßige Bürgschaften dürfen nicht gefordert, übermäßige Geldstrafen nicht auferlegt und grausame oder ungewöhnliche Strafen nicht verhängt werden.

Artikel IX

Die Aufzählung bestimmter Rechte in der Verfassung darf nicht dahingehend ausgelegt werden, daß durch sie andere dem Volke vorbehaltene Rechte versagt oder eingeschränkt werden.

Artikel X

Die Machtbefugnisse, die von der Verfassung weder den Vereinigten Staaten übertragen noch den Einzelstaaten entzogen werden, bleiben den Einzelstaaten oder dem Volke vorbehalten.

Artikel XI[17]

Die richterliche Gewalt der Vereinigten Staaten darf nicht dahingehend ausgelegt werden, daß sie sich auf Klagen nach dem Gesetzes- oder Billigkeitsrecht erstreckt, die gegen einen der Vereinigten Staaten von Bürgern eines anderen Einzelstaates oder von Bürgern oder Untertanen eines ausländischen Staates angestrengt oder durchgefochten werden.

Artikel XII[18]

Die Wahlmänner treten in ihren Staaten zusammen und stimmen durch Stimmzettel für einen Präsidenten und einen Vizepräsidenten, von denen mindestens einer nicht Einwohner desselben Staates sein darf wie sie selbst. Sie bezeichnen auf ihrem Stimmzettel die Person, die sie zum Präsidenten wählen wollen, und auf einem gesonderten Zettel die Person, die sie zum Vizepräsidenten wählen wollen. Sie führen in getrennten Listen alle Personen auf, die Stimmen für die Präsidentschaft und für die Vizepräsidentschaft erhalten haben, und die Anzahl der ihnen zugefallenen Stimmen; diese Listen unterzeichnen, beglaubigen und übersenden sie versiegelt an den Sitz der Regierung der Vereinigten Staaten, zu Händen des Senatspräsidenten. Der Präsident des Senats öffnet vor Senat und Repräsentantenhaus alle diese beglaubigten Listen; anschließend sind die Stimmen zu zählen; derjenige, der die größte Stimmenzahl für die Präsidentschaft auf sich vereinigt, soll Präsident sein, wenn diese Zahl der Mehrheit der Gesamtzahl der bestellten Wahlmänner entspricht; wenn niemand eine derartige Mehrheit erreicht hat, soll das Repräsentantenhaus sogleich aus den höchstenfalls drei Personen, die auf der Liste der für die Präsidentschaft abgegebenen Stimmen die größten Stimmenzahlen aufweisen, durch Stimmzettel den Präsidenten wählen. Bei dieser Präsidentschaftsstichwahl wird jedoch nach Staaten abgestimmt, wobei die Vertretung jedes Staats eine Stimme hat. Zur Beschlußfähigkeit ist für diesen Zweck die Anwesenheit von je einem oder mehreren Mitgliedern von zwei Dritteln der Staaten und zum Wahlentscheid eine Mehrheit aller Einzelstaaten erforderlich. [Wenn das Wahlrecht dem Repräsentantenhaus zufällt und es nicht vor dem darauffolgenden 4. März einen Präsidenten wählt, so amtiert der Vizepräsident als Präsident wie im Falle des Todes oder einer sonstigen durch die Verfassung bezeichne-

---

[17] Vom Kongreß verabschiedet 5.3.1794; ratifiziert 7.2.1795; in Kraft 8.1.1798.
[18] Vom Kongreß verabschiedet 12.12.1803; in Kraft 25.9.1804.

ten Amtsunfähigkeit des Präsidenten][19]. Derjenige, der die größte Stimmenzahl für die Vizepräsidentschaft auf sich vereinigt, soll Vizepräsident sein, wenn diese Zahl der Mehrheit der Gesamtzahl der bestellten Wahlmänner entspricht; wenn niemand eine derartige Mehrheit erreicht hat, soll der Senat aus den zwei Personen, die auf der Liste die größten Stimmenzahlen aufweisen, den Vizepräsidenten wählen; zur Beschlußfähigkeit ist für diesen Zweck die Anwesenheit von zwei Dritteln der Gesamtzahl der Senatoren und zum Wahlentscheid eine Mehrheit ihrer Gesamtzahl erforderlich. Wer jedoch nach der Verfassung nicht für das Amt des Präsidenten wählbar ist, darf auch nicht in das Amt des Vizepräsidenten der Vereinigten Staaten gewählt werden.

Artikel XIII[20]

Abschnitt 1. Weder Sklaverei noch Zwangsdienstbarkeit darf, außer als Strafe für ein Verbrechen, dessen die betreffende Person in einem ordentlichen Verfahren für schuldig befunden worden ist, in den Vereinigten Staaten oder in irgendeinem Gebiet unter ihrer Gesetzeshoheit bestehen.

Abschnitt 2. Der Kongreß hat das Recht, diesen Zusatzartikel durch entsprechende Gesetze zur Durchführung zu bringen.

Artikel XIV[21]

Abschnitt 1. Alle Personen, die in den Vereinigten Staaten geboren oder eingebürgert sind und ihrer Gesetzeshoheit unterstehen, sind Bürger der Vereinigten Staaten und des Einzelstaates, in dem sie ihren Wohnsitz haben. Keiner der Einzelstaaten darf Gesetze erlassen oder durchführen, die die Vorrechte oder Freiheiten von Bürgern der Vereinigten Staaten beschränken, und kein Staat darf irgend jemandem ohne ordentliches Gerichtsverfahren nach Recht und Gesetz Leben, Freiheit oder Eigentum nehmen oder irgend jemandem innerhalb seines Hoheitsbereiches den gleichen Schutz durch das Gesetz versagen.

Abschnitt 2. Die Abgeordneten werden auf die einzelnen Staaten im Verhältnis zu ihrer Einwohnerzahl verteilt, wobei in jedem Staat die Gesamtzahl aller Personen mit Ausnahme der nicht besteuerten Indianer zugrunde gelegt wird. Wenn aber das Wahlrecht bei irgendeiner Wahl zur Bestimmung der Wahlmänner für den Präsidenten und Vizepräsidenten der Vereinigten Staaten, der Abgeordneten im Kongreß, der Verwaltungs- und Justizbeamten eines Einzelstaates oder der Mitglieder seiner gesetzgebenden Körperschaft irgendwelchen männlichen Einwohnern dieses Staates, die über einundzwanzig Jahre alt und Bürger der Vereinigten Staaten sind, abgesprochen oder irgendwie beschränkt wird, außer wenn dies wegen Teilnahme an einem Aufstand oder wegen eines sonstigen Verbrechens geschieht, so ist die Grundzahl für die Vertretung daselbst im selben Verhältnis zu

---

[19] Durch den XX. Zusatzartikel aufgehoben.
[20] Vom Kongreß verabschiedet 1.2.1865; in Kraft 18.12.1865.
[21] Vom Kongreß verabschiedet 16.6.1866; in Kraft 28.7.1868.

vermindern, in dem die Zahl solcher männlichen Bürger zur Gesamtzahl der männlichen Bürger über einundzwanzig Jahre in diesem Staate steht.

Abschnitt 3. Niemand darf Senator oder Abgeordneter im Kongreß oder Wahlmann für die Wahl des Präsidenten oder Vizepräsidenten sein, irgendein ziviles oder militärisches Amt im Dienste der Vereinigten Staaten oder eines Einzelstaates bekleiden, der, nachdem er als Mitglied des Kongresses oder als Beamter der Vereinigten Staaten oder als Mitglied der gesetzgebenden Körperschaft eines der Einzelstaaten oder als Verwaltungs- oder Justizbeamter in einem der Einzelstaaten auf die Einhaltung der Verfassung der Vereinigten Staaten vereidigt worden ist, an einem Aufstand oder Aufruhr gegen sie teilgenommen oder ihre Feinde unterstützt oder begünstigt hat. Doch kann der Kongreß mit Zweidrittelmehrheit in jedem der beiden Häuser diese Amtsunfähigkeit aufheben.

Abschnitt 4. Die Rechtsgültigkeit der gesetzlich genehmigten Staatsschulden der Vereinigten Staaten mit Einschluß der Verpflichtungen, die aus der Zahlung von Pensionen und Sonderzuwendungen für Teilnahme an der Unterdrückung von Aufstand und Aufruhr erwachsen sind, darf nicht in Frage gestellt werden. Doch dürfen weder die Vereinigten Staaten noch irgendein Einzelstaat eine Schuld oder Verbindlichkeit übernehmen oder einlösen, die aus der Unterstützung eines Aufstands oder Aufruhrs gegen die Vereinigten Staaten erwachsen ist, oder irgendeinem Ersatzanspruch für den Verlust oder die Freilassung eines Sklaven stattgeben; vielmehr sind alle derartigen Schulden, Verbindlichkeiten und Ansprüche ungesetzlich und nichtig.

Abschnitt 5. Der Kongreß ist befugt, die Bestimmungen dieses Zusatzartikels durch entsprechende Gesetze zur Durchführung zu bringen.

Artikel XV[22]
Abschnitt 1. Das Wahlrecht der Bürger der Vereinigten Staaten darf von den Vereinigten Staaten oder einem Einzelstaat nicht auf Grund der Rassenzugehörigkeit, der Hautfarbe oder des vormaligen Dienstbarkeitsverhältnisses versagt oder beschränkt werden.

Abschnitt 2. Der Kongreß ist befugt, diesen Zusatzartikel durch entsprechende Gesetze zur Durchführung zu bringen.

Artikel XVI[23]
Der Kongreß hat das Recht, Steuern auf Einkommen beliebiger Herkunft zu legen und einzuziehen, ohne sie proportional auf die einzelnen Staaten aufteilen zu müssen oder an eine Schätzung oder Volkszählung gebunden zu sein.

---

[22] Vom Kongreß verabschiedet 27.2.1869; in Kraft 30.3.1870.
[23] Vom Kongreß verabschiedet 12.7.1909; in Kraft 25.2.1913.

Artikel XVII[24]

Der Senat der Vereinigten Staaten besteht aus je zwei Senatoren von jedem Einzelstaat, die von dessen Bevölkerung auf sechs Jahre gewählt werden. Jedem Senator steht eine Stimme zu. Die Wähler in jedem Staate müssen den gleichen Bedingungen genügen, die für die Wähler der zahlenmäßig stärksten Kammer der gesetzgebenden Körperschaften der Einzelstaaten vorgeschrieben sind.

Wenn in der Vertretung eines Staates Senatssitze frei werden, dann schreibt dessen Regierung Ersatzwahlen aus, um die erledigten Mandate neu zu besetzen. Doch kann die gesetzgebende Körperschaft jedes Einzelstaates dessen Regierung ermächtigen, vorläufige Ernennungen vorzunehmen, bis das Volk die freigewordenen Sitze durch Wahlen gemäß den Anweisungen der gesetzgebenden Körperschaften neu besetzt.

Dieser Zusatzartikel darf nicht so ausgelegt werden, daß dadurch die Wahl oder die Amtsperiode eines Senators berührt wird, der bereits gewählt war, bevor dieser Zusatzartikel als Teil der Verfassung in Kraft tritt.

Artikel XVIII[25]

[*Abschnitt 1.* Nach Ablauf eines Jahres von der Ratifikation dieses Artikels an ist die Herstellung, der Verkauf oder der Transport alkoholischer Flüssigkeiten für Getränkezwecke innerhalb der Vereinigten Staaten, ihre Einfuhr in die oder ihre Ausfuhr aus den Vereinigten Staaten nebst allen ihrer Hoheit unterstehenden Gebieten hiermit verboten.

Abschnitt 2. Der Kongreß und die Einzelstaaten sind gleichermaßen befugt, diesen Zusatzartikel durch entsprechende Gesetze zur Durchführung zu bringen.

Abschnitt 3. Dieser Zusatzartikel ist unwirksam, wenn er nicht, wie in der Verfassung vorgesehen, durch die gesetzgebenden Körperschaften der Einzelstaaten binnen sieben Jahren, gerechnet vom Zeitpunkt seiner Übermittlung an die Staaten durch den Kongreß, als Verfassungszusatz ratifiziert wird].[26]

Artikel XIX[27]

Das Wahlrecht der Bürger der Vereinigten Staaten darf von den Vereinigten Staaten oder einem Einzelstaat nicht auf Grund des Geschlechts versagt oder beschränkt werden.

Der Kongreß ist befugt, diesen Zusatzartikel durch entsprechende Gesetze zur Durchführung zu bringen.

Artikel XX[28]

Abschnitt 1. Die Amtsperioden des Präsidenten und Vizepräsidenten enden am Mittag des 20. Tages des Monats Januar und die Amtsperioden der Senatoren und

---

[24] Vom Kongreß verabschiedet 16.5.1912; in Kraft 31.5.1913.
[25] Vom Kongreß verabschiedet 17.12.1917; in Kraft 29.1.1919.
[26] Durch den 21. Zusatzartikel aufgehoben.
[27] Vom Kongreß verabschiedet 5.6.1919; in Kraft 26.8.1920.
[28] Vom Kongreß verabschiedet 3.3.1932; ratifiziert 23.1.1933; voll in Kraft 15.10.1933.

Abgeordneten am Mittag des 3. Tages des Monats Januar des jeweiligen Jahres, in dem diese Amtsperioden geendet hätten, wenn dieser Artikel nicht ratifiziert worden wäre; sodann beginnt die Amtsperiode ihrer Nachfolger.

Abschnitt 2. Der Kongreß tritt wenigstens einmal in jedem Jahr zusammen, und zwar beginnt diese Sitzung am Mittag des 3. Tages des Monats Januar, falls er nicht durch Gesetz einen anderen Tag bestimmt.

Abschnitt 3. Wenn zu der für den Beginn der Amtsperiode des Präsidenten festgesetzten Zeit der gewählte Präsident verstorben sein sollte, dann wird der gewählte Vizepräsident Präsident. Wenn vor dem für den Beginn der Amtsperiode festgesetzten Zeitpunkt kein Präsident gewählt worden sein sollte oder wenn der gewählte Präsident die Voraussetzungen der Amtsfähigkeit nicht erfüllt, dann nimmt der gewählte Vizepräsident die Geschäfte des Präsidenten wahr, bis ein amtsfähiger Präsident ermittelt ist. Für den Fall, daß weder ein gewählter Präsident noch ein gewählter Viezpräsident amtsfähig ist, kann der Kongreß durch Gesetz bestimmen, wer dann die Geschäfte des Präsidenten wahrnehmen soll, oder das Verfahren festlegen, nach dem derjenige, der die Geschäfte wahrnehmen soll, auszuwählen ist. Dieser übt daraufhin die Geschäfte aus, bis ein amtsfähiger Präsident oder Vizepräsident ermittelt ist.

Abschnitt 4. Der Kongreß kann durch Gesetz Bestimmungen erlassen für den Fall des Ablebens einer der Personen, aus deren Mitte das Repräsentantenhaus einen Präsidenten wählen kann, wenn ihm das Wahlrecht zufällt, sowie für den Fall des Ablebens einer der Personen, aus deren Mitte der Senat einen Vizepräsidenten wählen kann, wenn ihm das Wahlrecht zufällt.

Abschnitt 5. Der erste und zweite Abschnitt sollen am 15. Tage des Monats Oktober, der der Ratifikation dieses Artikels folgt, in Kraft treten.

Abschnitt 6. Dieser Zusatzartikel ist unwirksam, wenn er nicht durch die gesetzgebenden Körperschaften von drei Vierteln der Einzelstaaten binnen sieben Jahren, gerechnet vom Zeitpunkt seiner Übermittlung, als Verfassungszusatz ratifiziert wird.

Artikel XXI[29]

Abschnitt 1. Der achtzehnte Zusatzartikel zur Verfassung der Vereinigten Staaten wird hiermit aufgehoben.

Abschnitt 2. Der Transport oder die Einfuhr von alkoholischen Getränken in einen Einzelstaat, ein Territorium oder eine Besitzung der Vereinigten Staaten zwecks Abgabe oder dortigem Gebrauch ist hiermit verboten, wenn dies gegen ein dort gültiges Gesetz verstößt.

Abschnitt 3. Dieser Artikel ist unwirksam, wenn er nicht, wie in der Verfassung vorgesehen, durch die Konvente der Einzelstaaten binnen sieben Jahren, gerech-

---

[29] Vom Kongreß verabschiedet 20.2.1933; in Kraft 5.12.1933.

net vom Zeitpunkt seiner Übermittlung an die Staaten durch den Kongreß, als Verfassungszusatz ratifiziert wird.

Artikel XXII[30]

Abschnitt 1. Niemand darf mehr als zweimal in das Amt des Präsidenten gewählt werden; und niemand, der länger als zwei Jahre der Amtszeit, für die ein anderer zum Präsidenten gewählt worden war, das Amt des Präsidenten innehatte oder dessen Geschäfte wahrnahm, darf mehr als einmal in das Amt des Präsidenten gewählt werden. Dieser Zusatzartikel findet jedoch keine Anwendung auf jemanden, der das Amt des Präsidenten zu dem Zeitpunkt innehatte, zu dem dieser Zusatzartikel durch den Kongreß vorgeschlagen wurde, noch hindert er jemanden, der das Amt des Präsidenten in der Periode innehat oder wahrnimmt, in der dieser Zusatzartikel in Kraft tritt, daran, für den Rest dieser Amtsperiode das Amt des Präsidenten innezuhaben oder dessen Geschäfte wahrzunehmen.

Abschnitt 2. Dieser Zusatzartikel ist unwirksam, wenn er nicht durch die gesetzgebenden Körperschaften von drei Vierteln der Einzelstaaten binnen sieben Jahren, gerechnet vom Zeitpunkt seiner Übermittlung an die Staaten durch den Kongreß, als Verfassungszusatz ratifiziert wird.

Artikel XXIII[31]

Abschnitt 1. Der Distrikt, der als Sitz der Regierung der Vereinigten Staaten dient, bestimmt in vom Kongreß vorzuschreibender Weise:
Eine Anzahl von Wahlmännern für die Wahl des Präsidenten und Vizepräsidenten entsprechend der Gesamtzahl der Senatoren und Abgeordneten, die dem Distrikt im Kongreß zuständen, falls er ein Staat wäre, jedoch keinesfalls mehr als der Einzelstaat mit den wenigsten Einwohnern; diese sind den von den Einzelstaaten bestimmten hinzuzuzählen, aber für die Zwecke der Wahl des Präsidenten und Vizepräsidenten als von einem Einzelstaat bestimmte Wahlmänner zu betrachten; und sie treten in dem Distrikt zusammen und versehen solche Pflichten, wie im zwölften Zusatzartikel vorgesehen.

Abschnitt 2. Der Kongreß ist befugt, diesen Zusatzartikel durch entsprechende Gesetze zur Durchführung zu bringen.

Artikel XXIV[32]

Abschnitt 1. Das Recht der Bürger der Vereinigten Staaten, in Vor- oder anderen Wahlen ihre Stimme für den Präsidenten oder Vizepräsidenten, für die Wahlmänner bei der Wahl des Präsidenten oder Vizepräsidenten, oder für Senatoren oder Abgeordnete im Kongreß abzugeben, darf von den Vereinigten Staaten oder einem Einzelstaat nicht auf Grund eines Wahl- oder anderen Steuersäumnisses versagt oder beschränkt werden.

---

[30] Vom Kongreß verabschiedet 24.3.1947; in Kraft 27.2.1951.
[31] Vom Kongreß verabschiedet 16.6.1960; in Kraft 29.3.1961.
[32] Vom Kongreß verabschiedet 27.8.1962; in Kraft 23.1.1964.

Abschnitt 2. Der Kongreß ist befugt, diesen Zusatzartikel durch entsprechende Gesetze zur Durchführung zu bringen.

Artikel XXV[33]

Abschnitt 1. Im Falle der Amtsenthebung, des Todes oder des Rücktritts des Präsidenten wird der Vizepräsident Präsident.

Abschnitt 2. Sofern das Amt des Vizepräsidenten frei wird, benennt der Präsident einen Vizepräsidenten, der das Amt nach Bestätigung durch Mehrheitsbeschluß beider Häuser des Kongresses antritt.

Abschnitt 3. Sofern der Präsident dem Präsidenten pro tempore des Senats und dem Sprecher des Repräsentantenhauses eine schriftliche Erklärung des Inhalts übermittelt, daß er unfähig ist, die Befugnisse und Obliegenheiten seines Amtes wahrzunehmen, und bis er ihnen eine schriftliche Erklärung gegenteiligen Inhaltes übermittelt, werden diese Befugnisse und Obliegenheiten vom Vizepräsidenten als amtierendem Präsidenten wahrgenommen.

Abschnitt 4. Sofern der Vizepräsident und eine Mehrheit entweder der Leiter der Ministerien der Bundesregierung oder einer anderen vom Kongreß durch Gesetz zu benennenden Körperschaft dem Präsidenten pro tempore des Senates und dem Sprecher des Repräsentantenhauses eine schriftliche Erklärung des Inhalts übermitteln, daß der Präsident unfähig ist, die Befugnisse und Obliegenheiten seines Amtes wahrzunehmen, übernimmt der Vizepräsident unverzüglich die Befugnisse und Obliegenheiten des Amtes als amtierender Präsident.

Wenn danach der Präsident dem Präsidenten pro tempore des Senats und dem Sprecher des Repräsentantenhauses eine schriftliche Erklärung des Inhalts übermittelt, daß keine Amtsunfähigkeit besteht, gehen die Befugnisse und Obliegenheiten seines Amtes wieder auf ihn über, es sei denn, der Vizepräsident und eine Mehrheit entweder der Leiter der Ministerien der Bundesregierung oder einer anderen vom Kongreß durch Gesetz zu benennenden Körperschaft übermittelt binnen vier Tagen dem Präsidenten pro tempore des Senats und dem Sprecher des Repräsentantenhauses eine schriftliche Erklärung des Inhalts, daß der Präsident unfähig ist, die Befugnisse und Obliegenheiten seines Amtes wahrzunehmen. In diesem Falle entscheidet der Kongreß die Sache und tritt zu diesem Zwecke, falls er sich nicht in Session befindet, binnen 48 Stunden zusammen. Wenn der Kongreß innerhalb 21 Tagen nach Erhalt der letztgenannten schriftlichen Erklärung, oder, sofern er nicht tagt, innerhalb 21 Tagen nach dem vorgeschriebenen Zeitpunkt des Zusammentretens des Kongresses, mit Zweidrittelmehrheit beider Häuser entscheidet, daß der Präsident unfähig ist, die Befugnisse und Obliegenheiten seines Amtes wahrzunehmen, nimmt der Vizepräsident dieselben weiterhin als amtierender Präsident wahr; andernfalls übernimmt der Präsident wiederum die Befugnisse und Obliegenheiten seines Amtes.

---

[33] Vom Kongreß verabschiedet 6.7.1965; in Kraft 10.2.1967.

Artikel XXVI[34]

Abschnitt 1. Das Wahlrecht der Bürger der Vereinigten Staaten, die 18 Jahre oder darüber sind, darf von den Vereinigten Staaten oder einem Einzelstaat nicht auf Grund des Alters versagt oder beschränkt werden.

Abschnitt 2. Der Kongreß ist befugt, diesen Zusatzartikel durch entsprechende Gesetze zur Durchführung zu bringen.

Artikel XXVII[35]

Kein Gesetz, das die Höhe der Vergütung für die Aufgabenerfüllung der Senatoren und Abgeordneten verändert, soll vor der nächstfolgenden Abgeordnetenwahl in Kraft treten.

4. "The Star-Spangled Banner" (Nationalhymne)

4.1 Allgemeines

Das Lied wurde von dem Rechtsanwalt Francis Scott Key (1779–1843) geschrieben, als die Briten während des Kriegs von 1812 am 13./14.9.1814 das zu Baltimore gehörende Fort McHenry bombardierten. Die Melodie, von dem Engländer John Stafford Smith ursprünglich für "Anacreon in Heaven" komponiert, war in den Vereinigten Staaten populär. Präsident W. Wilson ordnete 1916 den Gebrauch des Lieds durch das Militär bei feierlichen Gelegenheiten an. Der Kongreß bestimmte es am 3.3.1931 zur Nationalhymne.

4.2 Text der Nationalhymne (englisch)

The Star-Spangled Banner

I

Oh, say can you see by the dawn's early light
    What so proudly we hailed at the twilight's last gleaming?
Whose broad stripes and bright stars thru the perilous fight,
    O'er the ramparts we watched were so gallantly streaming?
And the rocket's red glare, the bombs bursting in air,
    Gave proof through the night that our flag was still there.
Oh, say does that star-spangled banner yet wave
    O'er the land of the free and the home of the brave?

---

[34] Vom Kongreß verabschiedet 23.3.1971; in Kraft 1.7.1971.
[35] Vom Kongreß verabschiedet 25.9.1789; in Kraft 7.5.1992.

II

On the shore, dimly seen through the mists of the deep,
   Where the foe's haughty host in dread silence reposes,
What is that which the breeze, o'er the towering steep,
   As it fitfully blows, half conceals, half discloses?
Now it catches the gleam of the morning's first beam,
   In full glory reflected now shines in the stream:
'Tis the star-spangled banner! Oh long may it wave
    O'er the land of the free and the home of the brave!

III

And where is that band who so vauntingly swore
   That the havoc of war and the battle's confusion,
A home and a country should leave us no more!
   Their blood has washed out their foul footsteps' pollution
No refuge could save the hireling and slave
   From the terror of flight, or the gloom of the grave.
And the star-spangled banner in triumph doth wave
    O'er the land of the free and the home of the brave!

IV

Oh! thus be it ever, when freemen shall stand
   Between their loved home and the war's desolation
Blest with victory and peace, may the heav'n rescued and
   Praise the Power that hath made and preserved us a
   nation.
Then conquer we must, when our cause it is just,
   And this be our motto: "In God is our trust."
And the star-spangled banner in triumph shall wave
    O'er the land of the free and the home of the brave!

5. Treuegelöbnis *(Pledge of Allegiance)*

5.1 Allgemeines

In den meisten Staaten ist heute das tägliche Treuegelöbnis in den Grundschulen gesetzlich vorgeschrieben, wobei die rechte Hand auf das Herz gelegt wird. Eine erste Fassung wurde 1892 in einer Jugendzeitschrift veröffentlicht und in der Folge etwas abgeändert. Am 28.12.1945 nahm der Kongreß den Text offiziell an, und 1954 fügte er die Worte "under God" ein.

5.2 Text des Treuegelöbnisses (englisch)

Pledge of Allegiance to the Flag

I pledge allegiance to the Flag of the United States of America and to the Republic for which it stands, one Nation under God, indivisible, with liberty and justice for all.

5.3 Text des Teuegelöbnisses (deutsch)

Treuegelöbnis

Ich gelobe Treue der Fahne der Vereinigten Staaten von Amerika und der Republik, die sie repräsentiert, einer Nation unter Gott, unteilbar, mit Freiheit und Gerechtigkeit für alle.

Glossar

act Gesetz.

admiralty courts ab 1696 von der britischen Regierung in den Kolonien eingerichtete Gerichte, die anstelle der als zu nachgiebig erachteten bodenständigen Gerichte besonders Zollangelegenheiten bearbeiteten.

affirmative action Maßnahme(n) zur Förderung von Minderheiten.

amendment Veränderung eines Gesetzesvorschlags; Zusatz zu einem solchen; Verfassungszusatz.

antebellum period die Periode vor dem Bürgerkrieg.

apportionment alle zehn Jahre stattfindende Festlegung der Zahl der Abgeordneten eines Staates im Repräsentantenhaus gemäß den Ergebnissen der neuesten Volkszählung.

appropriation gesetzliche Mittelzuweisung für ein bereits genehmigtes Programm.

Australian ballot geheime Wahl (im Gegensatz zur bis Ende des 19. Jahrhunderts üblichen offenen Stimmabgabe).

barrio von ↗Hispanics bewohntes Stadtviertel.

Bible Belt die Staaten des Südens, die von protestantischem Fundamentalismus geprägt sind.

bill Gesetzesvorlage.

bill of attainder Gesetz, das eine Person ohne Gerichtsverfahren schuldig findet und Strafe stipuliert.

Bill of Rights die ersten zehn Verfassungszusätze (Grundrechtekatalog).

blue laws Verordnungen auf Staats- oder Gemeindeebene, die bestimmte Aktivitäten an Sonn- und Feiertagen untersagen.

bootlegging illegale Herstellung bzw. ebensolcher Transport oder Verkauf von alkoholischen Getränken.

bracero mexikanischer Gastarbeiter in den Vereinigten Staaten.

cabinet aus den Leitern der einzelnen Bundesministerien (departments) bestehendes Beratungsgremium des Präsidenten. Es besitzt keinen offiziellen Status.

camp meeting in der ersten Hälfte des 19. Jahrhunderts in dünn besiedelten Gegenden häufig begegnende, oft mehrere Tage dauernde Versammlung aus religiösem Anlaß.

caucus informelle Versammlung von Politikern bestimmter Couleur oder Überzeugung. ↗congressional caucus.

chattel bewegliches Vermögen (juristischer Ausdruck).

checks and balances, Sicherheitssystem, das durch Verteilung der Machtkompetenzen auf verschiedene Regierungszweige die Kontrolle derselben erlaubt.

closed primary (Gegensatz: ↗direct primary), ↗primary, an der nur Parteimitglieder teilnehmen können.

closed shop (Gegensatz: ↗open shop), Firma, die aufgrund von Tarifabmachungen nur Mitglieder bestimmter Gewerkschaften beschäftigen darf.

cloture Verfahren, im Senat eine Debatte, vor allem ↗filibuster, zu beenden; erfordert eine Dreifünftel-Mehrheit.

Chicano ein aus Mexiko eingewanderter Amerikaner.

commerce clause Passus in der Verfassung (Art. I,8), welcher den Kongreß autorisiert, den Handel mit dem Ausland und zwischen den Einzelstaaten zu regulieren.

concurrent majority Mehrheit auch in der durch ein Gesetz betroffenen Region und nicht nur im Land insgesamt.

conference committee Vermittlungsausschuß.

congressional caucus Fraktionssitzung im Kongreß, -versammlung.

conscientious objector Kriegsdienstverweigerer.

conservation Umweltschutz, besonders der Schutz öffentlicher Ländereien vor Ausbeutung durch private Unternehmer.

constituency Wahlbezirk.

contract clause in der Verfassung (Art. I,10) enthaltene Bestimmung, die es den Einzelstaaten verbietet, die Gültigkeit von Privatverträgen zu beeinträchtigen.

cooperative federalism Regierungssystem, in dem die Regierungsgewalt auf verschiedenen Ebenen (Bund, Staaten, Gemeinden) kooperativ ausgeübt wird.

cost-plus contract Vertrag, der einem Erzeuger Gewinn garantiert, gleichgültig wie hoch die Herstellungskosten sind.

covert action geheime Unternehmung, etwa durch den Geheimdienst eines Landes in einem anderen Land.

dark horse wenig bekannter oder aussichtsloser Kandidat, der unerwartet nominiert oder gewählt wird.

direct primary (auch open primary genannt; Gegensatz: ↗closed primary), ↗primary, an der nicht nur Parteimitglieder, sondern alle Wähler teilnehmen können.

dole Arbeitslosenhilfe.

doughboys Spitzname für die amerikanischen Soldaten im Ersten Weltkrieg.

elector Wahlmann (oder -frau).

Electoral College durch die Verfassung (Art. II,1) etabliertes Wahlmännerkollegium, das den Präsidenten und den Vizepräsidenten offiziell wählt.

eminent domain behördliches Recht, Privatbesitz, besonders Land, für öffentliche Zwecke gegen Entschädigung zu enteignen.

entail Fideikommiß (Bestimmung, daß Erbgut unteilbar bleibt).

excise tax Verbrauchssteuer, auch Binnenzoll, Akzise.

executive agreement durch den Präsidenten getroffene internationale

Vereinbarung, die nicht der Bestätigung durch den Senat bedarf.

executive privilege beanspruchtes Privileg der Exekutive, gewisse Unterlagen (Geheimdienstdokumente, Gesprächsprotokolle) dem Kongreß vorzuenthalten. Die rechtliche Basis ist umstritten.

fall line etwa von New York NY in südwestlicher Richtung bis Columbus SC verlaufende gedachte Linie, die durch Wasserfälle entlang dem Fuß der Appalachen gekennzeichnet ist und die Grenze leicht durchzuführender Westausdehnung darstellte.

favorite son Spitzenkandidat.

felony Verbrechen, das mit mehr als einem Jahr Gefängnis bestraft wird.

filibuster Obstruktion der Gesetzgebungsprozesses durch Dauerreden im Senat, wo die Redezeit unbeschränkt ist.

floor leader Fraktionsvorsitzender in einer der Kammern des Kongresses.

Founding Fathers die Mitglieder des Verfassungskonvents in Philadelphia 1787, insbesondere die 39 Unterzeichner.

free soil um die Mitte des 19. Jahrhunderts benutztes Schlagwort für die Absicht, die Sklaverei aus den noch nicht organisierten Territorien herauszuhalten.

fundamentalism in verschiedenen Religionsgemeinschaften anzutreffende, strenggläubige Richtung des Protestantismus.

gentrification Renovierung heruntergekommener Häuser oder Straßenzüge, die für gewöhnlich zum Einzug sozial besser gestellter Bewohner führt.

gerrymandering die Manipulation der Grenzen eines Wahlbezirks, um einer Partei einen unfairen Vorteil zu verschaffen.

G.O.P. (Grand Old Party), Spitzname der Republikanischen Partei.

grand jury Großes Geschworenengericht.

grants-in-aid zweckgebundene finanzielle Zuschüsse des Kongresses an Einzelstaaten oder lokale Körperschaften zur Durchführung von Bundesprogrammen.

greenbacks heute volkstümliche Bezeichnung für den amerikanischen Dollar, ursprünglich für das von der Unionsregierung während des Bürgerkriegs ab 1862 ausgegebene Papiergeld.

Hispanics zumeist noch spanisch sprechende Amerikaner puertoricanischer, mexikanischer oder sonstiger lateinamerikanischer Abstammung.

impeachment vom Repräsentantenhaus erhobene Anklage gegen den Präsidenten oder andere hohe Amtsträger der Bundesregierung wegen gewisser Vergehen. Der Senat kann daraufhin mit Zweidrittelmehrheit die Amtsenthebung beschließen.

imperial presidency von Arthur M. Schlesinger, Jr. geprägter Terminus für die gewachsene präsidentielle Machtfülle.

impressment Methode besonders der britischen Kriegsmarine, Seeleute von nicht ihr zugehörigen Schiffen zu holen und in den eigenen Dienst zu pressen.

incumbent Amtsinhaber.

indenture Arbeitsvertrag, der Leibeigenschaft auf Zeit festlegte, zumeist zum Abarbeiten der Transatlantikpassage. (Indenture = Einriß, der zwei Kopien des Vertragsdokuments als identisch kennzeichnete).

indictment von einer ↗grand jury erhobene Anklage.

injunction gerichtliche Verfügung.

Jim-Crow-Gesetze Gesetze besonders im Süden, welche die Rassentrennung regelten.

jingoism übersteigerter, oft gewaltbereiter Patriotismus.

joint resolution gemeinsamer Kongreßbeschluß beider Kammern; dient oft zur Umgehung der in bestimmten Fällen im Senat bestehenden Erfordernis einer Zweidrittelmehrheit.

joint-stock company Gesellschaft mit beschränkter Haftung, Aktiengesellschaft.

judicial review Befugnis der Gerichte, über die Verfassungskonformität von Handlungen der Legislative oder der Exekutive zu entscheiden.

lame duck Amtsträger vor dem Erlöschen seines Mandats, besonders abtretender Präsident zwischen der Wahl seines Nachfolgers im November und dessen Amtsantritt im folgenden März/Januar.

libel (schriftliche) Verleumdung. ↗slander

log rolling gegenseitiges In-die-Hände-Arbeiten, um ein Gesetz durchzubringen, Kuhhandel.

loose interpretation (Gegensatz: ↗strict interpretation), Verfassungsinterpretation, die der Bundesregierung

nicht nur die im geschriebenen Text ausdrücklich aufgeführten, sondern auch sogenannte implizierte Vollmachten zugesteht.

mandamus ↗writ of mandamus.

manumission Freilassung eines Sklaven.

mechanic in der Frühphase der Industrialisierung übliche Bezeichnung für Handwerker und Facharbeiter.

metropolitan area das auch über die eigentlichen Stadtgrenzen hinausgehende Einzugsgebiet einer Großstadt.

minutemen illegale Milizeinheiten zur Revolutionszeit besonders in Neuengland, die "minutenschnell" mobilisiert werden konnten.

miscegenation Rassenmischung.

national convention Parteitag einer Partei, um den Präsidentschaftskandidaten zu nominieren.

nativism Fremdenfeindlichkeit, besonders in der zweiten Hälfte des 19. Jahrhunderts.

naturalization Einbürgerung.

omnibus bill Gesetzesvorschlag, der zahlreiche verschiedene Gegenstände betrifft.

open primary ↗direct primary.

open shop (Gegensatz: ↗closed shop), ursprünglich eine Firma, die keine Gewerkschaftsmitglieder beschäftigt; später auch eine Firma mit gemischter Belegschaft.

outwork ↗putting-out-System.

PAC (Political Action Committee), von privater Seite gegründete Organisation, um Kandidaten für öffentliche Ämter bei Wahlen zu unterstützen.

party platform Wahlprogramm einer Partei.

patronage Ernennungsgewalt für öffentliche Ämter.

patroon holländischer Großgrundbesitzer im Hudsontal.

platform ↗party platform.

plurality einfache, relative Mehrheit.

pocket veto Methode des Präsidenten, ein Gesetz durch Nichtunterzeichnung zu Fall zu bringen, wenn innerhalb von zehn Tagen die Sitzungsperiode des Kongresses endet.

Political Action Committee ↗PAC.

poll tax Steuer, die eine Person bezahlen muß, um wählen zu können.

pork barrel project öffentliches Projekt, etwa Bauvorhaben, das dem Wahlbezirk eines bestimmten Mitglieds der Legislative zugeschoben wird, um dessen Wahlchancen zu erhöhen.

president pro tempore stellvertretender Vorsitzender des Senats, der in Abwesenheit des Vorsitzenden (das heißt des Vizepräsidenten) den Senat leitet.

primary Vorwahl, in der die Kandidaten einer Partei für eine kommende Wahl bestimmt werden. ↗closed primary; ↗direct primary.

privateer Handelsschiff, das im Krieg von der Regierung mit Kriegführung insbesondere gegen feindliche Handelsschiffe beauftragt wird, Freibeuter.

Progressivism politische Reformbewegung nach 1900, die Regierungsintervention zur Behebung politischer und sozialer Übelstände forderte.

putting-out-System (outwork), Methode, Arbeit in Heimfertigung zu vergeben.

quitrent von Landsassen regelmäßig zu zahlende Gebühr (Geld oder Sachleistung) während der Kolonialzeit.

quorum beschlußfähige Zahl Stimmberechtigter.

reapportionment Korrektur der Zahl der den einzelnen Staaten im Repräsentantenhaus zustehenden Sitze entsprechend der alle zehn Jahre stattfindenden Volkszählung.

redemptioner jemand, der sich freiwillig durch ↗indenture verpflichtet, eine bestimmte Anzahl von Jahren zu dienen (etwa, um die Transatlantikpassage abzuarbeiten).

rider an eine andere Gesetzesvorlage angehängte Bestimmung.

roll call vote Abstimmung im Kongreß, bei der das Stimmverhalten namentlich festgehalten wird.

Rust Belt die Regionen des Nordostens und oberen Mittleren Westens, die in jüngerer Zeit Bevölkerungsschwund und Niedergang der Industrie verzeichneten.

scab Streikbrecher (Schimpfwort).

seniority rule die Praxis im Kongreß, die in einem Ausschuß dem Mitglied der Mehrheitspartei mit der längsten Ausschußzugehörigkeit den Vorsitz zugesteht.

separation of powers Gewaltenteilung.

Sezession die Lossagung der elf sich

dann konföderierenden Staaten von der Union.

slander (mündliche) Verleumdung. ↗libel.

smokestack industries Schwerindustrie besonders aus der Frühphase der Industrialisierung.

Snow Belt mehr oder weniger identisch mit ↗Rust Belt.

speakeasy Lokalität, in der während der Prohibition Alkohol illegal ausgeschenkt wurde.

Speaker of the House Präsident des Repräsentantenhauses.

specie Hartgeld.

spoils system Patronagesystem, in dem eine siegreiche politische Partei ihre Anhänger mit öffentlichen Positionen belohnt.

squatter jemand, der ohne Berechtigung auf einem Stück Land siedelt, besonders auf solchem in öffentlichem Besitz.

stagflation Wirtschaftslage, in der sich Stagnierung der Wirtschaftstätigkeit mit hoher Inflation verbindet.

stalwart treuer, unerschütterlicher Anhänger einer Partei.

standing committee ständiger Ausschuß.

State of the Union address von der Verfassung (Art. II,3) vorgeschriebener, für gewöhnlich jährlich vom Präsidenten gehaltener Vortrag vor dem Kongreß über die Probleme der Nation.

strict interpretation (Gegensatz: ↗loose interpretation), Verfassungsinterpretation, die sich eng an den geschriebenen Text hält besonders in bezug auf die Vollmachten der Bundesregierung und dadurch den Einzelstaaten großen Handlungsraum zugesteht.

Sun Belt die südlichen und südwestlichen Regionen der Vereinigten Staaten.

sunset law Gesetz, dessen Geltungsdauer befristet ist.

supremacy clause Passus in der Verfassung (Art. II,2), der Bundesrecht über Staatenrecht setzt.

tenement Mietskaserne.

third party eine Partei, die mit den beiden großen Parteien (der Demokratischen und der Republikanischen) in einer Wahl konkurrieren möchte.

township Verwaltungsbezirk (oftmals 6 mal 6 Meilen groß).

tycoon Industriemagnat.

(vice-)admiralty courts ↗admiralty courts.

vigilantes Mitglieder von Selbstschutzgruppierungen.

ward Stadtbezirk, besonders auch (städtischer) Wahlbezirk.

whip Geschäftsführer einer Fraktion in einer der Kammern des Kongresses.

writ of mandamus Verfügung, die einen Amtsträger anweist, etwas durchzuführen.

yellow dog contract Arbeitsvertrag, durch den ein Bewerber sich verpflichtet, während des Beschäftigungsverhältnisses keiner Gewerkschaft beizutreten.

yellow journalism Sensationsjournalismus.

yeoman landbesitzender Kleinfarmer.

Weiterführendes Schrifttum

Gilbert, Martin, *American History Atlas* (London: Weidenfeld and Nicolson, rev. ed. 1985).

Heideking, Jürgen, *Geschichte der USA* (Tübingen: Francke, ²1999).

Helms, Erwin, *USA: Staat und Gesellschaft, Werden und Wandel* (Hannover: Fackelträger, ⁹1993).

Jäger, Wolfgang und Wolfgang Welz, *Regierungssystem der USA: Lehr- und Handbuch* (München: Oldenbourg, 1995).

Moltmann, Günter, *USA Ploetz: Geschichte der Vereinigten Staaten zum Nachschlagen* (Freiburg: Ploetz, ⁴1998).

Morris, Richard B. und Jeffrey B. Morris, *Encyclopedia of American History* (New York: HarperCollins, ⁷1996).

Sautter, Udo, *Geschichte der Vereinigten Staaten von Amerika* (Stuttgart: Kröner, ⁶1998).

Sautter, Udo, *Lexikon der amerikanischen Geschichte* (München: Beck, 1997).

Wersich, Rüdiger B., Hg., *USA Lexikon: Schlüsselbegriffe zu Politik, Wirtschaft, Gesellschaft, Kultur, Geschichte und zu den deutsch-amerikanischen Beziehungen* (Berlin: E. Schmidt, 1995).

Karten

Karte 1: Frühe Republik

Quebec
Montreal
St. John
Halifax
MAINE (1820)
NORTHWEST TERRITORY
WISCONSIN (1848)
MICHIGAN (1837)
MISSISSIPPI
MINN. TERR.
V.T. (1791)
NEW HAMPS.
NEW YORK
MASS.
CONN.
Boston
Niagara
Buffalo
Rhode Island
IOWA (1846)
Detroit
New York
Cleveland
PENNSYLVANIA
N.J.
Philadelphia
ILLINOIS (1816)
Tippecanoe
OHIO (1803)
DELAWARE
Vandalia
Cincinnati
IND. (1818)
MARYLAND
St. Louis
Louisville
Ohio
VIRGINIA
Norfolk
MISSOURI (1821)
Frankfort
Atlantik
KENTUCKY (1792)
Nashville
NORTH CAROLINA
TENNESSEE (1796)
ARKANSAS (1836)
S. CAROLINA
Charleston
MISSISSIPPI (1817)
ALABAMA (1819)
GEORGIA
LOUISIANA (1812)
Savannah
Baton Rouge
Mobile
New Orleans
FLORIDA (1846)

Grenzen der
13 Gründer-Staaten

Grenzen neuer Staaten.
Jahr der Aufnahme
in Klammern

Golf von Mexiko

0   500 km

Karte 2: Gebietswachstum der Vereinigten Staaten

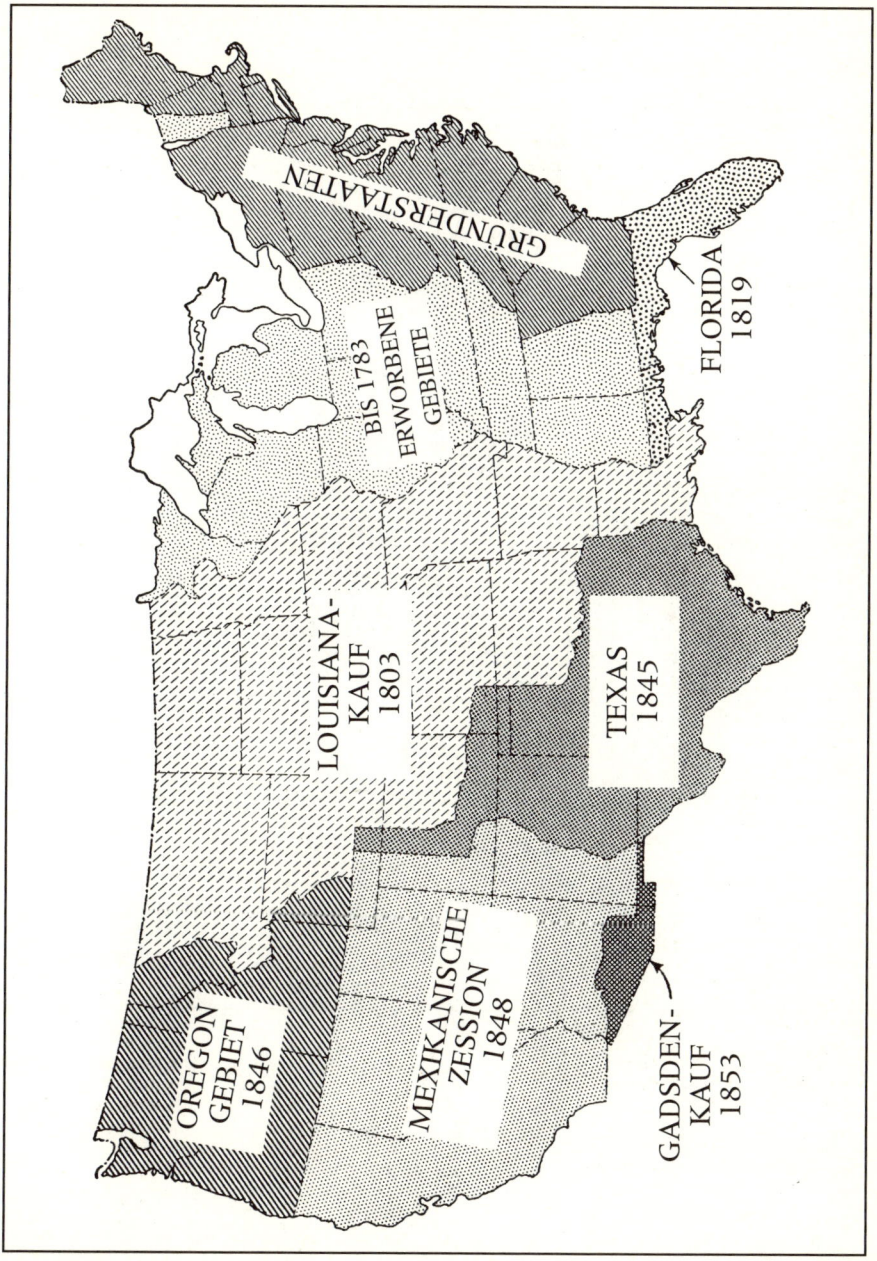

Karte 3: Die Staaten im Bürgerkrieg

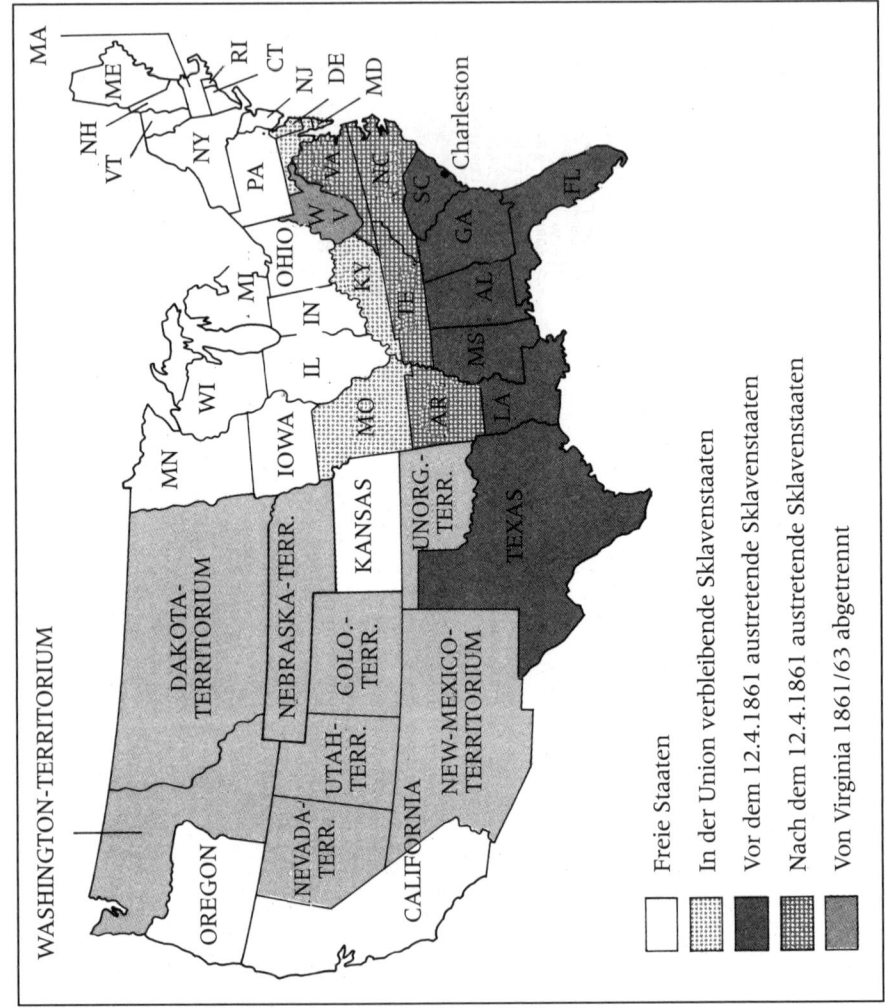

Karte 4: Die heutigen Vereinigten Staaten

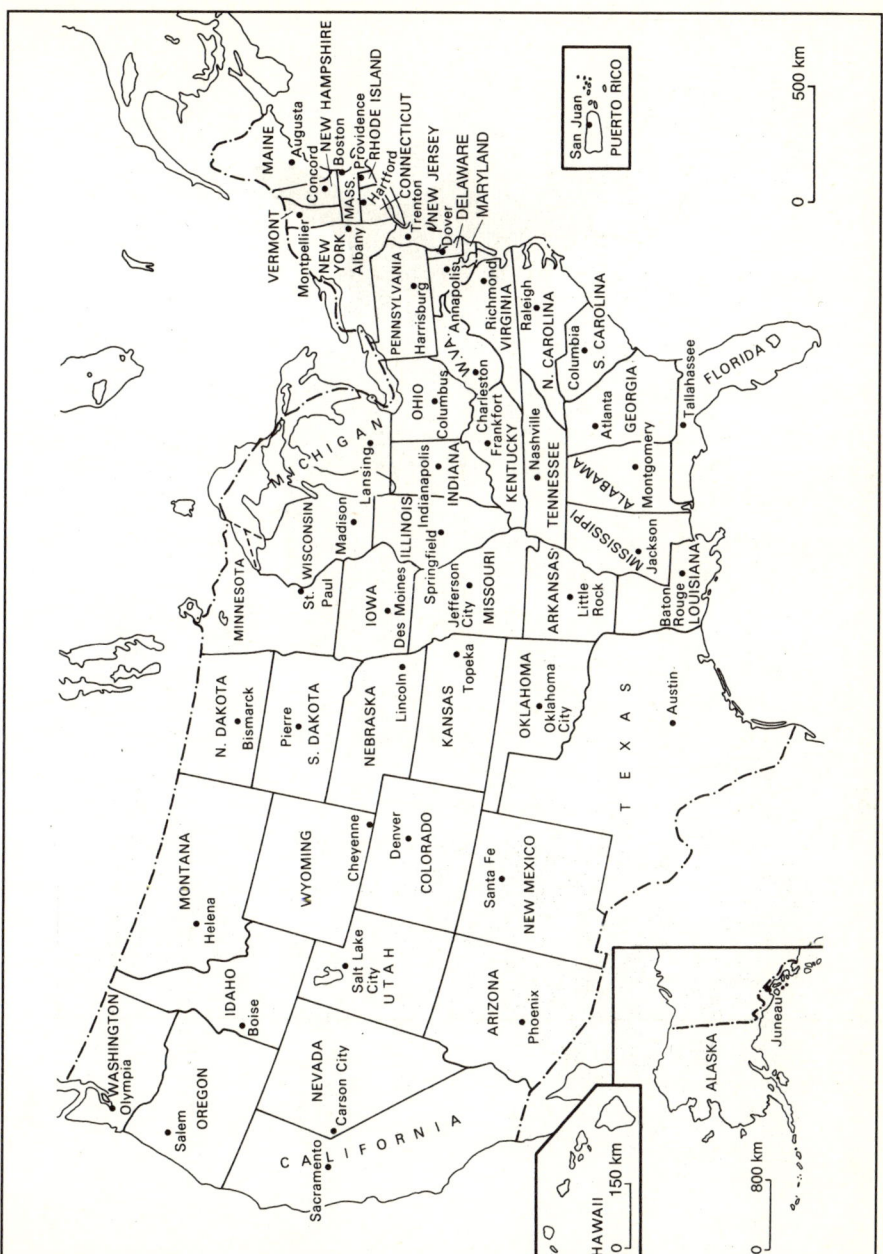

Quellen

Austin, Erik W., *Political Facts of the United States since 1789* (New York: Columbia University Press, 1986).

The Encyclopedia Americana (verschiedene Jahrgänge).

Flanders, Stephen A. und Carl N. Flanders, *Dictionary of American Foreign Affairs* (New York: Macmillan, 1993).

Henretta, James A. u.a., *America's History.* 2 Bde. (New York: Worth, ²1993).

McCusker, John J., *How Much Is That in Real Money? A Historical Price Index for Use as a Deflator of Money Values in the Economy of the United States* (Worcester: American Antiquarian Society, 1992).

Norton, Mary Beth u.a., *A People and a Nation: A History of the United States.* 2 Bde. (Boston: Houghton Mifflin, ⁴1994).

Sautter, Udo, *Lexikon der amerikanischen Geschichte* (München: Beck, 1997).

Time Almanac 1999 (Boston: Information Please, 1998).

United States. Department of Commerce. Bureau of the Census, *Historical Statistics of the United States: Colonial Times to 1970: Bicentennial Edition.* 2 Bde. (Washington: GPO, 1975).

United States. Department of Commerce. Bureau of the Census, *Statistical Abstract of the United States* (Washington: GPO, verschiedene Jahrgänge).

The World Almanac and Book of Facts (Mahwah, NJ: World Almanac Books, verschiedene Jahrgänge).

Konsultiert wurden außerdem:

Office of the Clerk of the U.S. House of Representatives
U.S. Information Resource Center, Frankfurt a.M.
U.S. National Archives and Records Administration
U.S. Office of the Special Counsel
Web-sites amerikanischer Behörden